# 집밥2.0

KB010413

푸드 트렌드 No. 4

# 집밥2.0

| | |
|---|---|
| 초판1쇄 펴냄 | 2020년 12월 15일 |
| 지은이 | 문정훈·이동민·엄하람·서울대학교 푸드비즈니스랩 |
| 책임편집 | 김미선 |
| 교정교열 | 이송찬 |
| 펴낸곳 | 도서출판 이김 |
| 등록 | 2015년 12월 2일 (제25100-2015-000094) |
| 주소 | 서울시 은평구 통일로 684 22-206 (녹번동) |
| ISBN | 979-11-89680-25-1 (03320) |

© 문정훈, 이동민, 엄하람 2020

잘못된 책은 구입한 곳에서 바꿔 드립니다.

이 도서의 국립중앙도서관 출판예정도서목록(CIP)은 서지정보유통지원시스템 홈페이지(http://seoji.nl.go.kr)와
국가자료공동목록시스템(http://www.nl.go.kr/kolisnet)에서 이용하실 수 있습니다.
(CIP제어번호: CIP2020051784)

본 성과물은(논문, 산업재산권, 품종보호권 등)은 농촌진흥청 연구사업(세부과제번호: PJ014869012020)의 지원에
의해 이루어졌습니다. 본문에는 저작권이 해결된 사진을 사용하였으며, 사용허가를 받지 못한 사진은 저작권자와
연락이 닿는 대로 게재 허가를 받겠습니다. 이 책에 언급된 브랜드나 제품 선정에 대해 금전적인 지원을 받지
않았습니다.

그림 크레딧

Cover ©YSK1, shutterstock.com       p. 3 ©sungsu han, shutterstock.com
p. 7 ©WHYFRAME, shutterstock.com     p. 63 ©Anna Zheludkova, shutterstock.com
p. 113 ©JeniFoto, shutterstock.com   p. 117 ©lynxstocker, shutterstock.com
p. 125 ©almaje, shutterstock.com     p. 155 ©TheWorst, shutterstock.com
p. 159 ©stockcreations, shutterstock.com

# 차례

들어가며     *4*

## 01
식생활을 바꾸다,
코로나19 임팩트     *6*

## 02
특별함에서 일상으로,
새벽배송     *30*

## 03
신선하고 간편하게,
2020 밀키트     *62*

## 04
대한민국 단백질 패권 경쟁,
육류 간편식     *88*

### 인터뷰
RMR 개발로 코로나19의 위협에 대응하는
한식벽제     *120*

## 05
바다에서 찾은 대체 단백질,
수산가공식품     *124*

### 기고
포스트 코로나 시대의
수산식품 R&D 발전 방향     *154*

## 06
집밥의 부활,
조미·향신·소스·유지류     *158*

## 07
산지의 신선함을 담아서,
커뮤니티 농산가공     *184*

### 인터뷰
코로나19 이후의
신선 원예농산 시장의 변화     *216*

맺으며     *220*
푸드 트렌드 연구 후기     *221*

# 들어가며

외식의 천국 서울, 밤이 더 밝았던 대한민국의 수도 서울의 저녁은 어두워졌고, 거리는 비었다. 목 좋은 오피스가에서 '가게 15년간 하면서 손님이 한 명도 없었던 적은 처음'이라는 유명 식당 주인. '코로나 재앙의 해'로 역사에 영원히 기록될 2020년은 외식업체, 그리고 이들 업체에게 공급하는 제조사들에게 너무나 가혹한 한 해였다. 1년이 채 지나지 않는 기간 동안 푸드서비스업체, 식자재 가공업체, 음료 및 주류 업체들은 수십년 간 쌓아온 업력이 한 순간에 무너지는 것을 경험했다.

반면 가정 간편식 제조업체와 새벽배송을 포함한 온라인 식료품 판매업체에게 2020년은 어리둥절한 한해였다. 매출이 폭증했다. 코로나로 집에 갇힌 사람들의 장바구니엔 어김없이 간편식이 담겨 있었고, 최대한 빨리 선도가 유지된 상태로 집 앞에 놓여 있어야 했기 때문이다. 집밥2.0 시대의 도래. 하지만 이렇게 매출이 증가하는데도 시간이 갈수록 수익률에서는 오히려 더 어려워지고 있다는 이야기가 들린다.

2015년 백종원 신드롬과 함께 시작되었던 집밥1.0 시기에 누렸던 식품 산업의 호황은 엉뚱하게도 코로나와 함께 다시 도래했다. 2019년까지 식품 소비 행동의 주요 키워드가 혼밥, 혼술이었다면, 2020년에는 홈밥, 홈술이 그 자리를 꿰어 찼다. 인류가 코로나 바이러스와의 전쟁에서 승리하기 전까지 집밥2.0의 상황은 식품 산업에 큰 영향을 미칠 것이다. 각자의 자리에서 각자의 방식으로 버티고는 있지만, 이 어둠의 끝은 보이질 않는다.

2021년 푸드 트렌드 No.4 《집밥2.0》에서는 다음 일곱 가지의 키워드로 식품 산업의 돌파구를 찾아보았다.

I. 코로나19. 급격한 기후 변화와 통제할 수 없는 환경 속에 사는 우리는 머지않은 미래에 또 다른 공포와 불확실성을 맞닥뜨리게 될 것이다. 모든 것이 불확실한 패닉 상황에서 인간은 어떤 선택을 할까? 위기에 대한 학습이 필요하다. 평화롭고 즐거웠던 우리의 식생활에 대한 코로나19의 임팩트는 무엇이었을까? 이런 공포 상황 속에서 집밥 2.0의 시대가 어떻게 열렸는지 고찰한다.

II. 새벽배송. 새벽배송은 집에 갇혀버린 집밥2.0 시대의 댁내 식량 공급망이 되었고, 코로나19의 공격으로부터 가족을 보호하는 방패가 되어 주었으며, 답답함과 갑갑함을 풀어주는 소소한 '쇼핑 게임'으로서의 해방구 역할을 했다. 기존의 강자들과 마켓컬리, 쿠팡, 오아시스와 같이 새롭게 떠오르는 신흥 세력 간 한판 경쟁이 불붙었다. 어떤 소비자가 컬리의 품에 안기고, 어떤 소비자가 쿠팡이라는 스포츠카 위에 올라 탔을까? 그리고 그들은 무엇을 원하고 있을까?

III. 밀키트. 코로나 발생 후 늘어난 간편식 섭취는 오히려 갓 조리한 음식에 대한 열망을 키웠다. 집밥2.0 시대에서 간편식은 '더 집밥 같은 간편식'이어야 한다. 편리해야 하지만 신선한 야채의 식감은 살아 있어야 한다는 니즈는 밀키트 카테고리의 급격한 성장을 불러왔다. 다양한 형태와 가격대의 상품이 쏟아져 나오며 고객들의 선택을 기다리고 있다. 유통기한 사흘의 밀키트, 격화되는 경쟁 상황, 표준화와 자동화가 어려운 상품 특성, 어떻게 극복할 수 있을까?

IV. 육류 간편식. 우리나라 간편식은 육류를 중심으로 성장해 왔다. 이제 경험을 통한 학습이 필요하다. 고기 덮밥 신제품을 출시한다면 언제 출시해야 할까? 소비자들은 언제 간편식 설렁탕을 더 먹을까? 냉장, 냉동, 상온 육류 간편식 제품은 시장에서 어떻게 경쟁하고 있을까? 팬데믹 상황에서 소비자들은 어떤 육류 간편식의 소비를 늘리고, 어떤 육류 간편식을 외면하고 있을까? 닐슨의 POS 데이터를 활용해 대한민국 육류 간편식의 흐름을 좇는다.

V. 수산가공식품. 한국인의 단백질 선호가 소, 돼지, 닭의 육류 일변도에서 생선, 갑각류, 어패류, 연체류 등의 바다 단백질로 확산되고 있다는 증거들이 나타나고 있다. 집밥2.0 시대에 육류 기반의 단조로운 내식생활은 소비자들의 시선을 바다 쪽으로 돌리는 계기를 만들었다. 그러나 소비자들은 신선 수산물에 불편함을 느낄 때가 많다. 가공의 힘이 필요하다. 어떤 어종을 선택하여 어떻게 가공하여 소비자에게 가치를 제안할 것인지를 살펴본다.

VI. 조미향신소스유지류. 다시 성장하는 집밥 시장. 이에 자연스럽게 따라오는 것은 가정 내 조미·향신·소스·유지류의 성장이다. 이 카테고리에도 세세한 취향이 있고, 커다란 트렌드가 있으며, 그 속에 새로운 기회가 보인다. 2021 대한민국 국민들의 입맛이 어디를 향하고 있는지 알아본다.

VII. 커뮤니티 농산가공 가공이 정도가 높은 간편식은 일정 이상의 규모의 식품기업의 전유물일 수 밖에 없다. 그러나 원물의 특성을 그대로 살린 가공의 정도가 낮은 농산가공식품의 경우는 산지에서의 적절한 협력체계로도 경쟁력을 가질 수 있다. 과일, 채소, 곡물 등의 원물과 건조, 착즙, 발효, 숙성, 분말 등의 비교적 전통적인 가공기술로 어떤 새로운 기회를 찾을 수 있을까?

일부 식품 산업계에 코로나19는 어쩌면 새로운 기회처럼 보인다. 그들의 제품이 외식을 버리고 내식을 선택한 소비자들의 냉장고와 냉동고를 가득 채웠다. 매출도 주가도 급상승했다. '없어서 못판다'는 소리가 나오기 시작했다. 생산 규모를 늘리고, OEM 생산기지를 알아보고, 공장 신축을 고민한다. 그러나 어느 순간 교착 상태에 빠져있음을 깨닫는다. 수익률은 오히려 박해졌고, 파이가 커진 것이 아니라 파이의 다른 쪽이 잠깐 내 방향으로 돌아섰던 것일 뿐.

푸드 트렌드 No. 4《집밥2.0》은 이런 어려움 속에서 조심스럽게 걸어 나갈 수 있는 방향의 '근거'를 제시한다. 우리는 선언하지 않는다. 대신 큰 데이터의 흐름을 다각도로 바라보고, 정리해서 관점을 제시한다. 이 책 속에 정답은 없지만 판단의 근거는 있다. 약동섭천(若冬涉川). '살얼음이 낀 겨울 냇물을 건너듯' 신중하고, 또 신중하게.

2020년 12월
서울대 농경제사회학부 푸드비즈니스랩
대표저자 문정훈 교수

# 식생활을 바꾸다, 코로나19 임팩트

2019년 12월 중국 후베이성에서 SARS-CoV-2의 감염증인 코로나바이러스감염증 (COVID-19, 코로나19)의 첫 사례가 발견되었다. 2020년 1월 20일에는 코로나19의 첫 국내 사례가 나왔고, 3월 12일 세계보건기구(WHO)는 공식적으로 신종코로나바이러스감염증의 세계적 대유행(팬데믹)을 선언하는 데 이르렀다.

1장은 수십년간 인류가 경험해보지 못했던 크나큰 질병 재앙, 팬데믹 상황이 발생했을 때 인간 생활의 3대 요소인 '의(衣)식(食)주(住)' 중 '식'에 있어 어떤 행동이 나타나는지에 대한 분석이다. 닐슨 POS 데이터를 활용해 2020년 3월 코로나19 팬데믹 시점을 기준으로, 주요 가공식품군을 대상으로 팬데믹 상황이 벌어진 2020년 3월의 식품 소비 행동이 과거의 동기간이었던 2017년 3월, 2018년 3월, 2019년 3월 대비 어떤 변화가 있었는지에 대한 분석을 수행한다. 이어서 일상적이었던 2019년 12월부터, 2020년 1월, 2020년 2월, 2020년 3월로 이어지는 패닉의 확산이 식품 소비 행동에 어떤 영향을 미쳤는지 분석한다. 중점적으로 연구한 품목군은 한국의 주식인 '밥'과 '국' 간편식이다. 밥은 상온즉석밥에 해당하는 컵밥과 냉동밥에 해당하는 냉동볶음/비빔밥을 조사했고, 국류는 조리방식에 따라 국류, 탕류, 찌개류, 찜/조림류, 전골류로 나누어 분석하여 세부 결과를 얻었다.

이 장에서는 '패닉의 상황에서 인간이 어떤 선택을 하는지'에 집중해 보았다. 2020년 3월, 한 치 앞을 내다볼 수 없는 시계제로(視界Zero)의 순간에서 우리는 어떤 선택을 했을까? 미래에 언제든 덮쳐올 수 있는 또 다른 미지의 패닉의 순간에서 소비자들과 식품 및 외식기업들이 대응할 방법을 찾을 수 있는 단서를 제공할 수 있길 바란다. 엄하람 연구원

# 간편식과 집밥

2020년 2월 28일 CJ에서 진행한 설문조사에서 "코로나19 발생 이후 식사 마련법이 어떻게 바뀌었는가"라는 질문에 '직접 조리가 조금 늘었다'는 응답이 32.8%, '매우 늘었다'는 응답이 51.4%로 직접 조리가 많아졌음을 확인했다. "상황이 장기화된다면 식사 마련법이 어떻게 바뀔 것 같은가"라는 질문에도 역시 '직접 조리를 늘릴 것 같다'는 응답이 77.5%, '간편식을 늘릴 것 같다'는 응답이 65.4%를 차지했다. 이 설문조사의 결과는 간편식 시장 규모가 팬데믹으로 인해 가속화됨과, 뚜렷하게 감소하던 직접조리 비율이 팬데믹을 기점으로 다시 높아지고 있음을 말해준다.

간편식 제품의 신규 구입자 수가 증가하면서 즉석밥, 냉동식품, 수산 간편식을 비롯한 간편식 매출은 크게 증가하고 있다. 이베이코리아에 따르면, 코로나 이후 G마켓의 냉동·간편조리식품 매출이 3배 이상(248%) 증가했고(천지일보, 2020), 위메프에서는 1~2월 가정간편식 매출은 지난 동월대비 490% 증가했다고 밝혔다(연합뉴스, 2020). 2020년 1,2분기 가구당 월평균 육류가공품 소비지출액이 전년동기대비 약 15% 증가했고, 그에 발맞춰 육가공품 생산 규모도 성장하고 있다. 육류 가공식품에 대한 자세한 분석은 4장에서 살펴볼 수 있다. 간편식 중에서도 건강하고 균형잡힌 한끼를 찾는 이들이 증가하면서(푸드아이콘, 2020) 수산 간편식 시장은 규모는 작지만 가파르게 성장하고 있다. 이러한 양상은 코로나19로 인해 더욱 강화될 전망이다. 이번 호에서는 수산물에 대해 좀더 면밀히 분석했는데 그 내용은 5장에서 다루고 있다.

밀키트 시장 역시 팬데믹 상황 이후로 폭발적으로 성장하고 있다. 월별 밀키트 SNS 감성어 언급 추이는 국내 첫 사례 발생 이후 급격히 증가했으며 사태가 장기화되면서 긍정 감성어 검색량이 급격히 늘어났다. 시장 규모는 2017년 15억 원에서 2019년 370억 원으로 약 24.7배 성장했는데, 2020년에는 1,000억원에 달할 것으로 전망된다. 밀키트에 대한 자세한 분석은 3장에서 다루고 있다.

코로나19가 장기화되면서 독특한 현상이 발견되었다. 집에서 직접 조리해 먹는 비중이 높아지면서 그동안 큰 주목을 받지 못한 품목인 조미료, 향신료, 소스류, 유지류 매출이 덩달아 성장한 것이다. 조미 식품 국내판매액은 꾸준히 증가하는 추세이며, 특히 2014년 대비 2018년에 53%의 성장률을 보이며 크게 성장했다. 2020년 상반기(1,2분기) 소비지출액은 조미식품과 유지류가 전년동기대비 각각 26%, 28% 증가했다. 조미/향신/소스/유지류 관련 분석은 6장에서 상세하게 다루고 있다.

COVID-19 발생 이후, 식사마련법 변화(n=1,000)

| | | |
|---|---|---|
| 직접조리 | 32.8 | 51.4 |
| 간편식 | 34.0 | 12.4 |
| 배달 | 25.0 | 21.8 |
| 포장 | 27.6 | 24.0 |
| 외식 | 59.4 | 25.3 |

■매우 줄었다 ■조금 줄었다 ■그대로다 ■조금 늘었다 ■매우 늘었다

COVID-19 장기화 시, 예상되는 식사마련법(n=1,000)

| | | |
|---|---|---|
| 직접조리 | 77.5 | |
| 간편식 | 65.4 | |
| 배달 | 43.6 | 23.8 |
| 포장 | 42.9 | 19.3 |
| 외식 | 77.9 | |

■줄일 것 같다 ■변화 없을 것 같다 ■늘일 것 같다

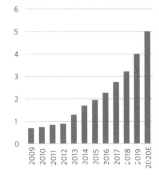

국내 간편식 시장규모(단위: 조 원)
(출처: 농림축산식품부, 한국농식품유통공사)

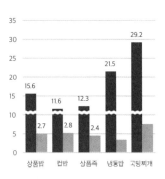

COVID-19 이후 최근 1주일 내
간편식 품목별 구입율(단위: %)
(출처: CJ제일제당 2월 28일 소비자 조사)

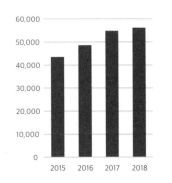

국내 식육가공품 생산 규모(단위: 억 원)
(출처: 식품의약품안전처, 농림축산식품부)

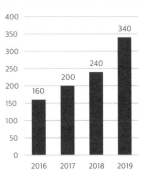

국내 수산물 간편식 시장 규모(단위: 억 원)
(출처: 매일경제, 2020)

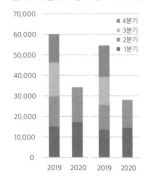

분기별 가구당 월평균 육류 및 수산물 가공품
소비지출액 추이 (단위: 원)/(출처: 통계청)

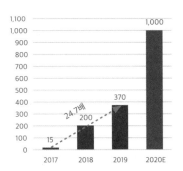

국내 밀키트 시장 규모(단위: 억 원)
(출처: 한국경제, 2020; 유로모니터, 2020;
한국농촌경제연구원, 2020)

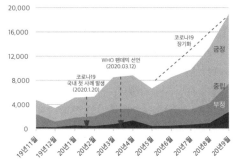

월별 밀키트 감성어 추이
(출처 : Sometrend)

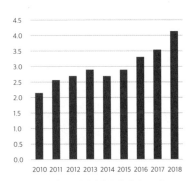

연별 조미식품 국내판매액 추이 (단위: 조 원)
(출처: 통계청)

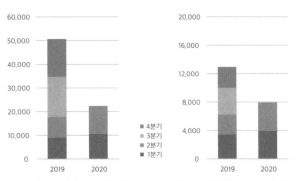

분기별 가구당 월평균 조미식품 소비지출액 추이
(단위: 원)(출처: 통계청)

분기별 가구당 월평균 유지류 소비지출액 추이
(단위: 원)(출처: 통계청)

9

# 채널

팬데믹이 본격화된 2020년 3월을 기준으로 각 채널의 소비가 어떻게 변하고 있는지 살펴보았다. 연별 3월 소매 업태별 판매액 지수를 살펴보면 비대면으로 장을 볼 수 있는 온라인 채널(인터넷쇼핑, 홈쇼핑)과 집 가까이에서 짧은 시간 안에 장을 보고 들어올 수 있는 체인 슈퍼마켓 채널에서의 소비가 증가했다. 다른 사람을 마주치지 않고 제품을 받을 수 있는 비대면 소비에 대한 니즈가 커지면서 20년 3월 온라인 식료품 시장과 배달시장은 전년동기대비 각각 66%, 77%로 크게 성장했다.

## 온라인 식료품 시장

국내 전체 온라인 시장(B2C)은 2014년을 기점으로 급격하게 성장했는데, 2019년에는 2014년 대비 시장 규모가 약 3배 성장했다. 특히 같은 기간 동안 PC와 모바일을 이용한 쇼핑은 각각 58%, 486% 증가했다. 이제는 모바일 쇼핑이 그야말로 대세가 된 것이다. 식품으로 한정해도 모바일 시장의 대세를 확인할 수 있다. 신선식품(농축산물)과 가공식품(음식료품)의 2020년 데이터에 의하면 PC에 비해 모바일에서 각각 2.3배, 2.5배 더 많은 구매가 일어나고 있다.

2019년 1월부터 2020년 9월까지 전체 온라인 시장 및 온라인 식료품 시장 규모를 월별로 살펴본 결과 특정 시점(팬데믹 선포 시점인 2020년 3월과 사회적 거리두기 2.5단계가 시행된 2020년 9월)에서 갑자기 시장 규모가 커지는 현상이 뚜렷하게 나타났다. 전체 온라인 시장 규모는 전년동기대비 2020년 3월에 12.1%, 2020년 9월에 30.7% 증가했다. 온라인 식료품 시장은 전년동기대비 2020년 3월에 66.2%, 2020년 9월에 84.8% 증가했으며, 그중에서도 모바일 구매 증가분이 압도적이다. 9월 사회적 거리두기가 강화된 시점에서 사람들이 빠르게 대응할 수 있었던 이유는 3월에 이미 모바일 쇼핑으로 간편하게 식품을 구매해 본 경험이 있기 때문이다. 코로나19 임팩트로 인한 온라인 시장 성장률은 가공식품보다 신선식품 분야에서 극적으로 요동쳤다. 가공식품은 전년동기대비 2020년 3월에 58.9%, 9월에 76.8% 증가했고, 신선식품은 전년동기대비 2020년 3월에 94.5%, 9월에 112.4% 증가했다. 이 현상 또한 모바일에서 더욱 두드러졌다.

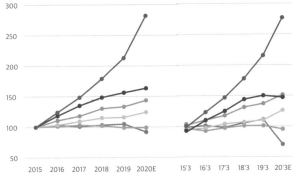

연별 소매업태별 판매액 지수 및 연별 3월 소매업태별 판매액 지수* (출처: 통계청)
(*경상지수를 디플레이터로 나눈 불변 지수를 사용함, 2015=100)

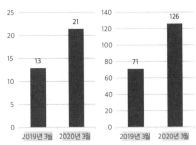

코로나19 발생 전후
온라인 식료품 시장 추이
(단위: 천억 원, 출처: 통계청)

코로나19 발생 전후
온라인 음식 배달 서비스 추이
(단위: 천억 원, 출처: 통계청)

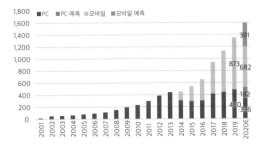

국내 전체 온라인 시장(B2C) 규모 연별 추이 (2020E: 추정치)
(단위: 천억 원, 출처: 통계청)

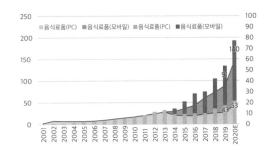

국내 식료품 품목별 온라인 시장(B2C) 규모 연별 추이 (2020E: 추정치)
(단위: 천억 원, 출처: 통계청)

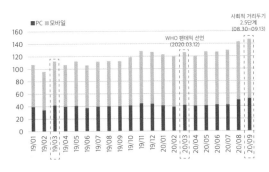

국내 전체 온라인 시장(B2C) 규모 월별 추이 (20/08~09: 통계청 추정치)
(단위: 천억 원, 출처: 통계청)

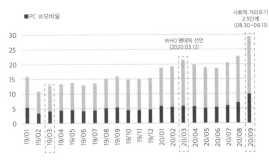

국내 식료품 온라인 시장(B2C) 규모 월별 추이 (20/08~09: 통계청 추정치)
(단위: 천억 원, 출처: 통계청)

국내 가공식품 온라인 시장(B2C) 규모 월별 추이(20/08~09: 통계청 추정치)
(단위: 천억 원, 출처: 통계청)

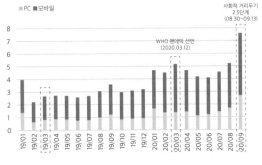

국내 신선식품 온라인 시장(B2C) 규모 월별 추이(20/08~09: 통계청 추정치)
(단위: 천억 원, 출처: 통계청)

이 장에서는 코로나19 임팩트를 데이터 기반으로 보다 면밀히 살펴보기 위해 닐슨 코리아에서 제공한 2017년 3월부터 2020년 3월까지의 국내 주요 유통채널의 간편식 판매 관련 POS 데이터를 활용하였다. 이 데이터는 국내 주요 가공식품의 오프라인 전체 시장 규모를 알 수 있지만, 신선식품과 온라인 채널에서의 판매 데이터는 제한적으로 수집되어 있다. 본 분석에서는 대형마트, 체인슈퍼마켓, 조합마트(하나로마트, 수협 등), 편의점, 개인슈퍼마켓 등의 오프라인 판매 내역은 대부분 포함하였고, 온라인은 대형마트 온라인몰 판매 내역만 포함시켰다.

분석의 범위는 상온 백미/잡곡즉석밥(햇반류)을 제외, 대용식 냉동밥과 레토르트 컵밥을 포함하는 즉석밥류와 상온, 냉장, 냉동 국/탕/찌개/전골/찜/조림 제품 중 반조리 및 완조리되어 있는 제품을 포함하는 즉석국탕찌개류로 한정하였다. 앞서 언급했던 코로나19 장기화 시 식사마련법에서 '간편식을 늘릴 것 같다'는 응답이 65.4%이었다. 따라서, 간편식 중에서도 식사를 대체한다고 말할 수 있는 '국'과 '밥' 간편식에 초점을 맞추어서 분석을 진행했다. 분석에는 총 2,706개의 제품, 3,089개의 SKU 매출 데이터가 사용되었다.

| 간편식 분류 | |
|---|---|
| 즉석밥류 | |
| 컵밥 | 덮밥 |
| | 국밥 |
| | 비빔밥 |
| 냉동밥 | 볶음밥 |
| | 비빔밥 |
| 즉석국탕찌개류 | |
| 국류 | |
| 탕류 | |
| 찌개류 | |
| 찜/조림류 | |
| 전골류 | |

# 즉석밥류

즉석밥류 매출은 2020년 1월 대비 2020년 3월에 23% 성장했다. 연별 3월 매출액은 2017년부터 2020년까지 지속적으로 증가하고 있으며, 제품 SKU(stock keeping unit; 보관단위) 수는 2020년에 감소했다. 즉석밥류를 상온제품인 컵밥과 냉동제품인 냉동밥으로 한정해 분석했다.

## 컵밥

먼저 컵밥류를 국밥, 덮밥, 비빔밥, 기타(볶음밥/리조또)로 나누어 분석했다. 컵밥류의 2020년 3월 매출은 2020년 1월 대비 20% 성장했고, 연별 3월 매출액은 2017년부터 2020년까지 지속적으로 증가하고 있으며, 제품 SKU 수는 2020년에 감소했다.

컵밥류의 종류별 매출 추이를 살펴봤을 때, 덮밥은 2020년 1월 대비 3월에 급격히 성장했으며, 비빔밥과 국밥은 전년동기대비 2020년 3월에 감소했다. 2019년 12월부터

2020년 3월까지 컵밥-덮밥류의 메인 식재료 중 축산물 비중이 비교적 급격히 높아졌으며, 특히 가금류의 증가가 두드러졌다. 2020년 2~3월부터 편의점 음식을 만드는 TV 경연 프로그램 "편스토랑"을 통해 출시된 가금류 활용 제품이 출시되면서 인기를 끈 것이 원인으로 보인다. 2020년 3월, 편스토랑 제품들은 약 21%의 시장 점유율을 차지하면서 2018년 9월 출시되어 현재까지 덮밥류 매출 1위를 굳건히 유지해 온 CJ 스팸마요덮밥의 자리를 위협하고 있다.

대형마트 오프라인 매장에서의 덮밥류 판매는 2019년 12월부터 2020년 2월까지 11억 원대에서 정체되어 있다가 2020년 3월에 14억 원대로 가파르게 성장했다. 대형마트의 채널별 컵밥류 판매 비중을 보자면, 오프라인 판매 비중이 2019년 12월 84%에서 2020년 3월 79%로 줄었고, 온라인 판매 비중이 16%에서 22%로 상승했다.

| | 2019년 12월 시장점유율 순위 | | | 2020년 1월 시장점유율 순위 | | | 2020년 2월 시장점유율 순위 | | | 2020년 3월 시장점유율 순위 | |
|---|---|---|---|---|---|---|---|---|---|---|---|
| 1 | CJ 컵반 스팸마요 덮밥 | 12.6% | 1 | CJ 컵반 스팸마요 덮밥 | 13.0% | 1 | CJ 컵반 스팸마요 덮밥 | 11.1% | 1 | CJ 컵반 스팸마요 덮밥 | 10.5% |
| 2 | CJ 컵반 치킨마요 덮밥 | 9.2% | 2 | CJ 컵반 치킨마요 덮밥 | 9.5% | 2 | CJ 컵반 치킨마요 덮밥 | 8.4% | 2 | CU 편스토랑 수란덮밥 | 9.0% |
| 3 | 오뚜기 톡톡 김치알밥 | 7.5% | 3 | 오뚜기 톡톡 김치알밥 | 7.1% | 3 | CJ 편스토랑 꼬꼬덮밥 간장 | 6.5% | 3 | CJ 컵반 치킨마요 덮밥 | 8.2% |
| 4 | CJ 컵반 고추장제육 덮밥 | 7.1% | 4 | CJ 컵반 고추장제육 덮밥 | 6.5% | 4 | 오뚜기 톡톡 김치알밥 | 6.2% | 4 | CJ 편스토랑 꼬꼬덮밥 간장 | 6.4% |
| 5 | CJ 컵반 불고기 덮밥 | 6.8% | 5 | CJ 컵반 불고기 덮밥 | 5.9% | 5 | CJ 컵반 고추장제육 덮밥 | 5.6% | 5 | 오뚜기 톡톡 김치알밥 | 5.8% |
| 6 | 오뚜기 김치참치 덮밥 | 5.5% | 6 | 오뚜기 김치참치 덮밥 | 5.3% | 6 | CJ 편스토랑 꼬꼬덮밥 마라 | 5.6% | 6 | CJ 컵반 고추장제육 덮밥 | 5.2% |
| 7 | CJ 컵반 중화마파두부덮밥 | 5.2% | 7 | CJ 컵반 볶음김치 덮밥 | 4.9% | 7 | CJ 컵반 불고기 덮밥 | 4.9% | 7 | CJ 편스토랑 꼬꼬덮밥 마라 | 5.1% |
| 8 | CJ 컵반 볶음김치 덮밥 | 5.1% | 8 | CJ 컵반 중화마파두부덮밥 | 4.6% | 8 | 오뚜기 김치참치 덮밥 | 4.6% | 8 | CJ 컵반 불고기 덮밥 | 4.8% |
| 9 | 오뚜기 매콤낙지 덮밥 | 4.0% | 9 | 오뚜기 참치마요 덮밥 | 4.2% | 9 | 오뚜기 참치마요 덮밥 | 4.4% | 9 | 오뚜기 김치참치 덮밥 | 4.2% |
| 10 | 오뚜기 참치마요 덮밥 | 3.9% | 10 | 오뚜기 매콤 낙지덮밥 | 3.8% | 10 | CJ 컵반 볶음김치 덮밥 | 4.2% | 10 | 오뚜기 참치마요 덮밥 | 4.0% |
| | ... | 33.0% | | ... | 33.0% | | ... | 38.6% | | ... | 36.9% |

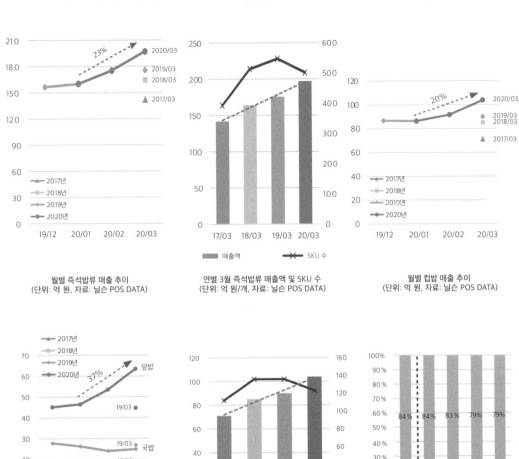

월별 즉석밥류 매출 추이
(단위: 억 원, 자료: 닐슨 POS DATA)

연별 3월 즉석밥류 매출액 및 SKU 수
(단위: 억 원/개, 자료: 닐슨 POS DATA)

월별 컵밥 매출 추이
(단위: 억 원, 자료: 닐슨 POS DATA)

월별 컵밥 종류별 매출 추이
(단위: 억 원, 자료: 닐슨 POS DATA)

연별 3월 컵밥 매출액 및 SKU 수
(단위: 억 원/개, 자료: 닐슨 POS DATA)

월별 컵밥-덮밥류 대형마트 채널별 비중 추이
(단위: 억 원, 자료: 닐슨 POS DATA)

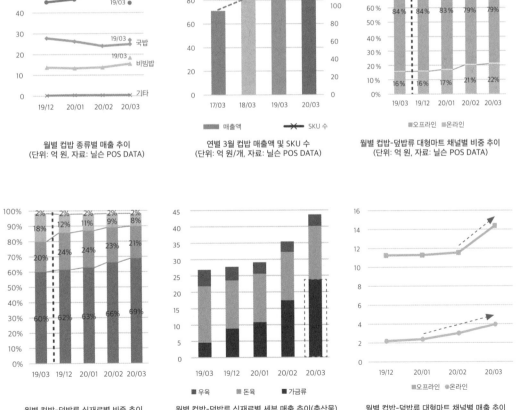

월별 컵밥-덮밥류 식재료별 비중 추이
(단위: %, 자료: 닐슨 POS DATA)

월별 컵밥-덮밥류 식재료별 세부 매출 추이(축산물)
(단위: 억 원, 자료: 닐슨 POS DATA)

월별 컵밥-덮밥류 대형마트 채널별 매출 추이
(단위: 억 원, 자료: 닐슨 POS DATA)

컵밥 카테고리 중 국밥류는 전반적으로 감소 추세를 보이고 있다. 컵밥류의
식재료에서 가장 큰 비중을 차지하고 있는 것은 수산물(47%)이며 그중 해조류(미역
등) 비중이 높은 편이다. 수산물 국밥류의 종류(SKU)는 13종이며, 재료는 미역/
황태/혼합(짬뽕류)으로 제한적이다. 축산물을 메인 식재료로 한 제품의 비중은
40%로, 그 중 쇠고기 비중이 가장 높다. 2020년 2,3월 기준 쇠고기 제품 매출이 약
83%를 차지했다. 국밥류 중에서 돼지고기와 가금류를 사용한 제품의 매출 비중은
매우 낮은 편이다. 다만, 가금류 국밥류의 비중이 낮음에도 닭곰탕 제품이 2020년
2,3월 매출 4위(매출비중 약 8%)로 선전했다는 점이 독특하다.

국밥류의 대형마트 매출 비중은 오프라인 판매 비중이 2020년 1월 83%에서
2020년 3월 77%로 줄어들었고, 매출액은 2019년 12월부터 2020년 2월까지
감소하다가 2020년 3월에 반등했다. 온라인 판매 비중은 17%에서 23%로 상승했다.

컵밥 카테고리 중 비빔밥은 2019년 3월 대비 매출이 전반적으로 감소했다. 컵밥-
비빔밥 식재료의 가장 큰 비중을 차지는 비육류 제품의 비중은 감소 추세를 보이고,
축산물 제품 비중은 2019년 3월 대비 2020년 3월 10%p 증가했다. 비빔밥의 축산물
제품 SKU 수는 매우 적으며, 메인 식재료가 돼지고기(장조림), 쇠고기(차돌)으로
한정적이다.

비빔밥의 매출은 2020년 1월부터 3월까지 대형마트 온/오프라인에서 모두 증가했다.
대형마트 오프라인 매출은 2020년 1월 대비 3월에 25%, 대형마트 온라인은 50%
증가하였으며 매출 비중이 3%p 늘어났다.

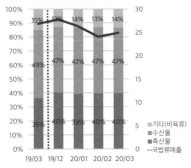

컵밥-국밥류 식재료별 비중 추이
(단위: %/억 원, 사료: 닐슨 POS DATA)

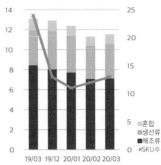

월별 국밥류 수산물 / 축산물 식재료별 매출액 및 SKU 수
(단위: 억 원/개, 자료: 닐슨 POS DATA)

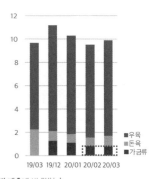

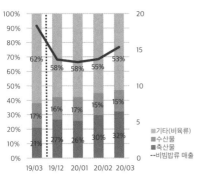

월별 컵밥-국밥류 대형마트 채널별 비중 추이
(단위: 억 원, 자료: 닐슨 POS DATA)

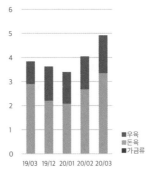

월별 컵밥-국밥류 대형마트 채널별 매출 추이
(단위: 억 원, 자료: 닐슨 POS DATA)

| 2020년 2~3월 컵밥-국밥류 시장점유율 순위 | | |
|---|---|---|
| 1 | CJ 컵반 사골곰탕국밥 | 19.9% |
| 2 | CJ 컵반 육개장국밥 얼큰한맛 | 17.9% |
| 3 | CJ 컵반 설렁탕밥 | 12.6% |
| 4 | **CJ 햇반 컵반 닭곰탕** | 8.3% |
| 5 | 오뚜기 뚝배기 불고기밥 | 7.6% |
| 6 | 오뚜기 서울식 설렁탕국밥 | 7.1% |
| 7 | 오뚜기 의정부식 부대찌개밥 | 6.3% |
| 8 | 정금에프앤씨 양평서울 장터국밥 | 6.3% |
| | … | 13.8% |

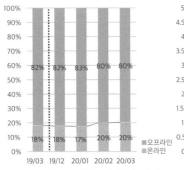

컵밥-비빔밥류 식재료별 비중 추이
(단위: %/억 원, 자료: 닐슨 POS DATA)

월별 비빔밥류 축산물 식재료별 매출액
(단위: 억 원, 자료: 닐슨 POS DATA)

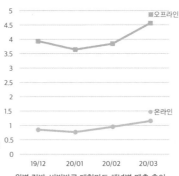

월별 컵밥-비빔밥류 대형마트 채널별 비중 추이
(단위: %, 자료: 닐슨 POS DATA)

월별 컵밥-비빔밥류 대형마트 채널별 매출 추이
(단위: 억 원, 자료: 닐슨 POS DATA)

| 2020년 2~3월 컵밥-비빔밥 축산물 시장점유율 순위 | | |
|---|---|---|
| 1 | CJ 햇반 컵반 버터 장조림 비빔밥 | 67.3% |
| 2 | 오뚜기 컵밥 차돌강된장 보리밥 | 31.0% |
| | … | 1.7% |

## 냉동밥류

냉동밥류는 형태에 따라 (1)국밥 (2)덮밥 (3)볶음(비빔)밥 (4)기타(도시락)으로 나눌 수 있다. 전체 냉동밥 매출에서 (3)볶음(비빔)밥의 비중이 2020년 3월 기준 92%를 차지하므로 (1), (2), (4)는 제외하고 분석을 진행했다.

냉동밥류는 2020년 3월 매출이 2020년 1월 대비 26% 성장했다. 연별 3월 냉동밥류 제품 가짓수(SKU)를 살펴본 결과 2017년 3월에서 2019년 3월까지 130개 증가하였으나, 2020년 3월에 33개 감소했음을 알 수 있었다.

볶음(비빔)밥류의 제품 가짓수는 2017년 3월 대비 2018년 3월 70개 가량 증가하였으나 이후 다시 감소하는 추이를 보였다. 볶음밥 매출은 2020년 1월 대비 2020년 3월에 27%, 비빔밥 매출은 20% 증가했다.

볶음밥류 식재료별 비중은 2020년 3월 기준 수산물 제품의 비중이 52%로 가장 높고, 축산물 제품이 40%로 뒤따르고 있다. 수산물 볶음밥은 새우 볶음밥을 중심으로 2019년 12월부터 2020년 3월까지 매출이 지속적으로 증가하고 있다. 축산물 볶음밥 매출도 지속적으로 증가하고 있다. 2020년 3월 쇠고기 볶음밥의 매출은 전월대비 15% 증가했으며, 특히 차돌 부위를 활용한 볶음밥이 1위로 랭크되었다. 육류 볶음밥의 매출은 꾸준히 증가하고 있으며, 그 중에서도 쇠고기, 돼지고기를 사용한 제품이 전반적으로 증가하는 추세다.

볶음밥류의 대형마트 온/오프라인 매출은 2019년 12월 이후 꾸준히 증가하고 있고, 대형마트 온/오프라인 모두 대용량 새우볶음밥 제품의 매출이 높다. 낙지볶음밥은 온라인 채널 판매 2위에 랭크됐다. 온라인 판매 비중은 2019년 12월 22%에서 2020년 3월 28%로 늘어났다.

| | 2020년 2~3월 냉동밥류 시장점유율 순위 | | | 2020년 3월 축산물 볶음밥류 시장점유율 순위 | | 대형마트 채널별 2020년 2,3월 볶음밥류 매출 TOP 2 제품 | |
|---|---|---|---|---|---|---|---|
| 1 | CJ 비비고 새우볶음밥 | 3.2% | 1 | CJ 비비고 **차돌** 깍두기 볶음밥 | 5.4% | 대형마트 온라인 | |
| 2 | 이마트 피코크 새우볶음밥 | 2.9% | 2 | CJ 프레시안 스팸 김치 볶음밥 | 3.4% | 1 | 이마트 피코크 새우볶음밥 (6인분) |
| 3 | 풀무원 생가득 일곱가지 야채와 통새우볶음밥 | 2.4% | 3 | 풀무원 고슬고슬 계란코팅 황금밥알 포크스크램블 볶음밥 | 2.9% | 2 | 이마트 피코크 낙지볶음밥 (5인분) |
| 4 | CJ 비비고 차돌깍두기볶음밥 | 1.8% | 4 | CJ 비비고 노릇노릇 구워낸 주먹밥 불고기 | 2.2% | 대형마트 오프라인 | |
| 5 | CJ 비비고 불고기비빔밥 | 1.3% | 5 | CJ 스팸 김치 볶음밥 | 2.1% | 1 | 이마트 피코크 새우볶음밥 (6인분) |
| 6 | 천일식품 더 맛있는 곤드레 나물밥 | 1.3% | 6 | CJ 비비고 닭가슴살 볶음밥 | 2.0% | 2 | 천일식품 더 맛있는 새우볶음밥 (7인분) |
| 7 | 이마트 피코크 낙지볶음밥 | 1.3% | 7 | 풀무원 생가득 일곱가지 야채와 닭가슴살 볶음밥 | 1.9% | | |
| 8 | 풀무원 고슬고슬 황금밥알 새우갈릭볶음밥 | 1.2% | 8 | 빙그레 **차돌** 김치 볶음밥 | 1.8% | | |
| | … | … | | … | | | |

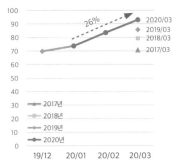

월별 냉동밥류 매출 추이(단위: 억 원)
(사료: 닐슨 POS DATA)

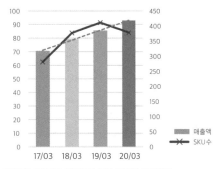

연별 3월 냉동밥류 매출액 및 SKU 수(단위. 익 원/개)
(자료: 닐슨 POS DATA)

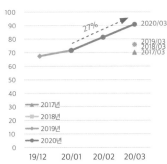

월별 볶음비빔밥류 매출 추이
(단위: 억 원, 자료: 닐슨 POS DATA)

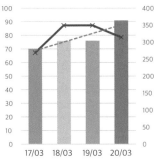

연별 3월 볶음비빔밥류 매출액 및 SKU 수
(단위: 억 원/개, 자료: 닐슨 POS DATA)

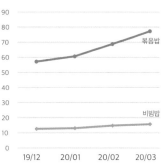

월별 볶음비빔밥류 종류별 매출 추이
(단위: 억 원, 자료: 닐슨 POS DATA)

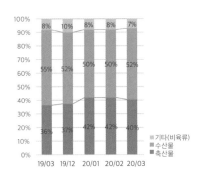

볶음밥류 식재료별 비중 추이
(단위: %, 자료: 닐슨 POS DATA)

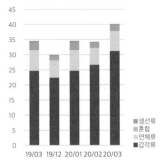

볶음밥류 수산물 식재료별 매출액
(단위: 억 원, 자료: 닐슨 POS DATA)

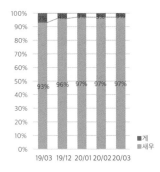

볶음밥류 식재료별(갑각류) 비중 추이
(단위: %, 자료: 닐슨 POS DATA)

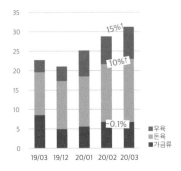

볶음밥류 축산물 식재료별 매출액
(단위: 억 원, 자료: 닐슨 POS DATA)

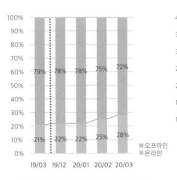

월별 볶음밥류 대형마트 채널별 비중 추이
(단위: 억 원, 자료: 닐슨 POS DATA)

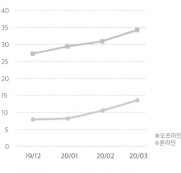

월별 볶음밥류 대형마트 채널별 매출 추이
(단위: 억 원, 자료: 닐슨 POS DATA)

비빔밥 중에는 비육류 비빔밥의 매출 비중이 가장 크며, 이 중 곤드레 나물밥의
성장이 돋보인다. 비육류 비빔밥의 매출 비중은 2019년 3월 51% 대비 2020년 3월에
57%로 6%p 증가했다. 그 중에서도 곤드레 나물밥의 매출은 2019년 12월부터
2020년 3월까지 39%가량 늘어나며 꾸준히 성장하고 있다.

축산물 비빔밥 매출 비중은 2019년 3월 40%에서 2020년 3월에 31%로 9%p
감소했다. 매출은 2019년 12월부터 2020년 2월까지 오르다 3월 다소 감소했다.
수산물 비빔밥 매출 비중은 2019년 3월 9%에서 2020년 3월 12%로 증가했다.
수산물 비빔밥 중에서 약 99%가 낙지 비빔밥으로, 2020년 1월부터 매출이
지속적으로 증가하고 있다.

대형마트에서의 비빔밥 매출은 온라인/오프라인 모두 꾸준히 증가 추이를 보인다.
2019년 3월 12%였던 비빔밥류의 대형마트 온라인 매출은 2020년 1월 이후
가파르게 증가해 30%를 차지했다. 대형마트 온/오프라인 모두 곤드레 나물밥이
1위이며, 오프라인에서는 불고기 비빔밥 제품이 2위에 랭크됐다.

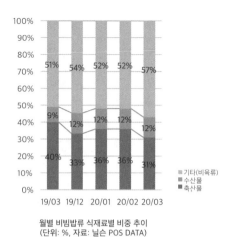

월별 비빔밥류 식재료별 비중 추이
(단위: %, 자료: 닐슨 POS DATA)

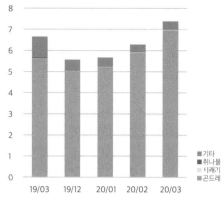

비빔밥류 식재료별 세부 매출 추이(비육류)
(단위: 억 원, 자료: 닐슨 POS DATA)

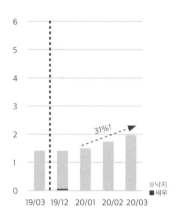

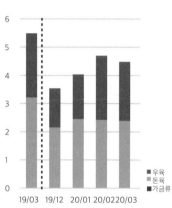

월별 비빔밥류 수산물 / 축산물 식재료별 세부 매출 추이
(단위: 억 원/개 자료: 닐슨 POS DATA)

| 2020년 2,3월 축산 비빔밥 매출 TOP 2 제품 | |
|---|---|
| 1 | CJ 비비고 불고기 비빔밥 |
| 2 | 풀무원 생가득 소고기 버섯 비빔밥 |

| 2020년 2,3월 수산 비빔밥 매출 TOP 2 제품 | |
|---|---|
| 1 | CJ 비비고 낙지비빔밥 |
| 2 | 이마트 피코크 무교동 유정낙지비빔밥 |

| 2020년 2,3월 곤드레밥 매출 TOP 4 제품 | |
|---|---|
| 1 | 천일식품 더 맛있는 곤드레 나물밥 |
| 2 | 이마트 피코크 정선 곤드레나물밥 |
| 3 | CJ 비비고 곤드레 나물밥 |
| 4 | 풀무원 생가득 곤드레 나물솥밥 |

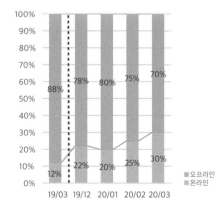

월별 비빔밥류 대형마트 채널별 비중 추이
(단위: 억 원, 자료: 닐슨 POS DATA)

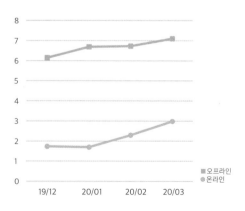

월별 비빔밥류 대형마트 채널별 매출 추이
(단위: 억 원, 자료: 닐슨 POS DATA)

# 즉석국탕찌개류

즉석국탕찌개류는 코로나19 팬데믹 기점인 2020년 3월 매출이 2020년 1월 대비 28% 감소했다. 즉석국탕찌개류의 연별 3월 매출액과 제품 SKU 수는 2017년부터 2020년까지 지속적으로 증가하고 있다. 조리 형태에 따라 즉석국탕찌개류를 (1)국류, (2)탕류, (3)찌개류, (4)찜/조림류, (5)전골류로 정의하여 분석해 보았다.

국류는 2020년 1월 이후 매출이 지속적으로 감소하며, 성장률은 2020년도 1월 대비 3월 -36%를 기록했다. 국류의 2020년 3월 매출은 전년동기대비 다소 감소한 반면, 제품의 종류(SKU)는 2017년 3월 이후 꾸준히 증가한다. 전체 국류의 매출은 2019년 3월 대비 2020년 3월에 다소 감소했으나, 2020년 3월 사골육수의 매출이 크게 증가했다.

2020년 1월부터 2020년 3월까지 축산물 국류의 매출 비중은 높아졌으나, 매출액은 2020년 1월 이후 감소하는 추세다. 그중 육수 제품은 전월대비 2020년 3월 58% 성장했으며, 이는 코로나19로 인한 가정내 요리 빈도 증가에 의한 것으로 보인다.

국류 메인식재료 중 수산물의 매출 비중은 2020년 3월에 32%로 2020년 1월 대비 약 3%p 감소했다. 가장 매출이 높은 메뉴인 미역국은 2020년 1월 정점을 찍고 꾸준히 감소하고 있으며, 이외 국 제품의 매출 또한 감소하는 추세다.

대형마트에서 국류의 오프라인 대비 온라인 매출 비중은 2019년 12월 이후 꾸준히 증가하고 있다. 매출액 역시 온라인은 증가 추이를 보이며, 오프라인은 2020년 1월 정점을 찍고 감소 후 3월에 다시 올랐다. 대형마트 온/오프라인 모두 육개장과 미역국 제품이 2020년 3월 매출 상위권에 포진되어 있다.

| 2020년 2~3월 국류 시장점유율 순위 | | |
|---|---|---|
| 1 | CJ 비비고 **육개장** | 20.2% |
| 2 | CJ 비비고 소고기 **미역국** | 16.5% |
| 3 | CJ 비비고 소고기 **무국** | 4.1% |
| 4 | CJ 비비고 소고기 **장터국** | 4.1% |
| 5 | 오뚜기 옛날 **육개장** | 3.2% |
| 6 | 신세계푸드 한우 **사골육수** | 2.6% |
| 7 | CJ 비비고 황태 **해장국** | 2.1% |
| 8 | 신세계푸드 양지 **육수** | 1.9% |
| … | … | … |

| 대형마트 채널별 2020년 2,3월 국류 매출 TOP 2 제품 | |
|---|---|
| **대형마트 온라인** | |
| 1 | CJ 비비고 육개장 |
| 2 | CJ 비비고 소고기 미역국 |
| **대형마트 오프라인** | |
| 1 | CJ 비비고 육개장 |
| 2 | CJ 비비고 소고기 미역국 |

| 2020년 2,3월 육수 매출 TOP 4 제품 | |
|---|---|
| 1 | 이마트 피코크 한우사골육수 |
| 2 | 이마트 피코크 양지육수 |
| 3 | 풀무원 찬마루 한우사골육수 |
| 4 | 칠갑농산 사골떡국육수 |

| 카테고리별 2020년 2~3월 매출 TOP 1 제품 | | | | |
|---|---|---|---|---|
| 국류 | 탕류 | 찌개류 | 찜/조림류 | 전골류 |
| CJ 비비고 육개장 | CJ 비비고 사골곰탕 | 신세계푸드 어메이징 부대찌개 | CJ 비비고 돼지갈비찜 | 대상 종가집 종가반상 곱창전골 |

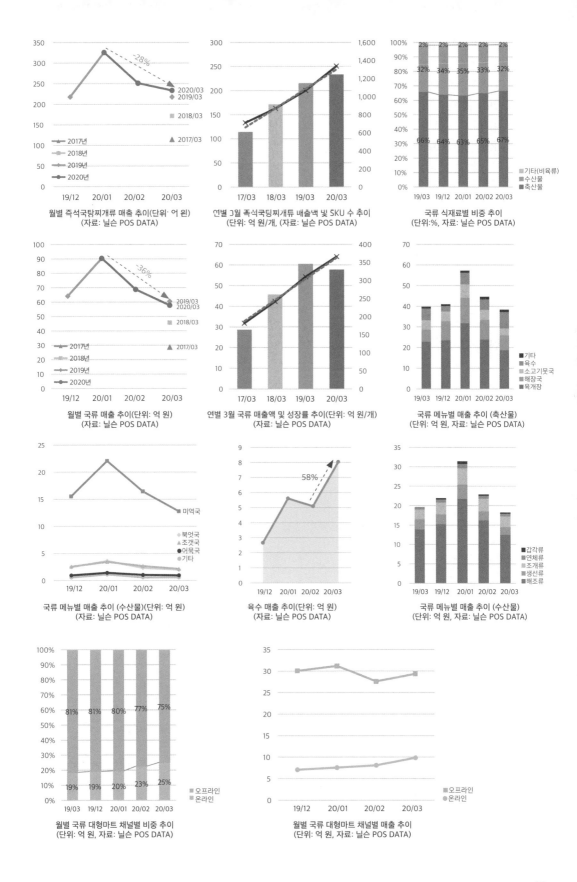

월별 즉석국탕찌개류 매출 추이(단위: 억 원)
(자료: 닐슨 POS DATA)

연별 3월 즉석국딩찌개류 매출액 및 SKU 수 추이
(단위: 억 원/개, 자료: 닐슨 POS DATA)

국류 식재료별 비중 추이
(단위:%, 자료: 닐슨 POS DATA)

월별 국류 매출 추이(단위: 억 원)
(자료: 닐슨 POS DATA)

연별 3월 국류 매출액 및 성장률 추이(단위: 억 원/개)
(자료: 닐슨 POS DATA)

국류 메뉴별 매출 추이 (축산물)
(단위: 억 원, 자료: 닐슨 POS DATA)

국류 메뉴별 매출 추이 (수산물)(단위: 억 원)
(자료: 닐슨 POS DATA)

육수 매출 추이(단위: 억 원)
(자료: 닐슨 POS DATA)

국류 메뉴별 매출 추이 (수산물)
(단위: 억 원, 자료: 닐슨 POS DATA)

월별 국류 대형마트 채널별 비중 추이
(단위: 억 원, 자료: 닐슨 POS DATA)

월별 국류 대형마트 채널별 매출 추이
(단위: 억 원, 자료: 닐슨 POS DATA)

탕류는 2017년 3월 이후 동기간(3월) 매출액과 제품 SKU 수 모두 지속적으로 증가하는 추세다. 탕류의 2020년 3월 매출은 2020년 2월 대비 3% 증가했다. 2020년 2월 대비 3월 매출이 증가한 탕류 품목은 사골곰탕이며, 증가한 매출의 대부분을 차지했다. 2020년 1, 2월 대비 2020년 3월 탕류의 메인 식재료 중 축산물의 비중이 높아졌으며, 특히 쇠고기의 비중이 증가했다. 이는 전월대비 2020년 3월 25% 성장한 사골곰탕류 매출 증가로 인한 현상으로 사료된다.

2020년 3월 탕류의 대형마트 온라인 매출은 전월대비 30% 성장했으며, 대형마트 오프라인 매출 또한 12% 성장했다. 대형마트 온/오프라인에서 가장 매출이 높은 탕류는 사골곰탕이며, 갈비탕이 그 뒤를 잇고 있다.

찌개류는 2020년도 1월 대비 3월 성장률 -38%를 기록했으며, 2020년 1월 이후 매출이 지속적으로 감소하고 있다. 찌개류의 연별 3월 매출액은 2019년까지 증가하다가 2020년 소폭 감소했다. 제품 SKU 수는 2017년 이후 꾸준히 증가하는 추세다.

찌개류의 메인 식재료 비중은 축산물이 75%으로 가장 크며, 2020년 3월 돼지고기와 쇠고기 모두 매출이 감소했다. 축산물 식재료 중 2020년 3월 기준 돼지고기 찌개류의 매출은 약 80%, 쇠고기 찌개류의 매출은 약 20%를 차지하고 있는데, 돼지고기와 쇠고기 제품 모두 2020년 1월을 기점으로 2020년 3월까지 지속적으로 매출이 감소하고 있다.

찌개류의 비육류 메인식재료 제품 비중은 23%이며, 2020년 1월 대비 3월 매출이 전반적으로 감소했다. 찌개류의 비육류 식재료는 2020년 3월 기준 채소류(47%)와 두류(29%), 버섯류(5%) 순으로 높은 매출 비중을 차지하고 있는데, 모두 2020년 1월을 기점으로 2020년 3월까지 지속적으로 매출이 감소하고 있다.

찌개류의 대형마트 온라인 매출 비중은 2019년 12월 대비 2020년 3월에 약 3%p 증가하여 20%를 차지했다. 온라인 매출은 2020년 1월 이후 꾸준히 증가하고 있으며, 부대찌개와 김치찌개 제품이 상위권을 차지했고, 오프라인 매출은 2020년 2월 소폭 감소했다가 팬데믹 기점인 3월 다시 증가했으며, 부대찌개 제품이 상위권을 차지했다.

| | 2020년 2~3월 탕류 시장점유율 순위 | |
|---|---|---|
| 1 | 씨제이 비비고 사골곰탕 | 27.1% |
| 2 | 오뚜기 옛날 사골곰탕 | 12.5% |
| 3 | 씨제이 비비고 갈비탕 | 4.5% |
| 4 | 씨제이 비비고 설렁탕 | 3.5% |
| 5 | 씨제이 비비고 알탕 | 2.1% |
| 6 | 대상 종가집 종가반상 남도 추어탕 | 1.8% |
| 7 | 원미푸드 동태알탕 | 1.1% |
| 8 | 씨제이 비비고 추어탕 | 1.1% |
| | ... | ... |

| 대형마트 채널별 2020년 2,3월 탕류 매출 TOP 2 제품 | | | |
|---|---|---|---|
| | 대형마트 온라인 | | 대형마트 오프라인 |
| 1 | CJ 비비고 사골곰탕 | 1 | CJ 비비고 사골곰탕 |
| 2 | CJ 비비고 갈비탕 | 2 | CJ 비비고 갈비탕 |

| | 2020년 2~3월 찌개류 시장점유율 순위 | |
|---|---|---|
| 1 | 신세계푸드 어메이징 부대찌개 | 14.4% |
| 2 | CJ 비비고 차돌 된장찌개 | 7.9% |
| 3 | CJ 비비고 스팸부대찌개 | 5.9% |
| 4 | CJ 비비고 돼지고기 김치찌개 | 4.9% |
| 5 | 미가인에프앤비 송탄식 부대찌개 | 3.6% |
| 6 | 씨제이 비비고 두부김치찌개 | 3.5% |
| 7 | 미가인에프앤비 의정부식 부대찌개 | 3.4% |
| 8 | 신세계푸드 우리집 차돌박이 된장찌개 | 3.3% |
| | ... | ... |

| 대형마트 채널별 2020년 2,3월 찌개류 매출 TOP 2 제품 | | | |
|---|---|---|---|
| | 대형마트 온라인 | | 대형마트 오프라인 |
| 1 | 신세계푸드쟌슨빌소시지부대찌개 | | 신세계푸드어메이징부대찌개 |
| 2 | 신세계푸드묵은지김치찌개 | 2 | CJ 비비고차돌된장찌개 |

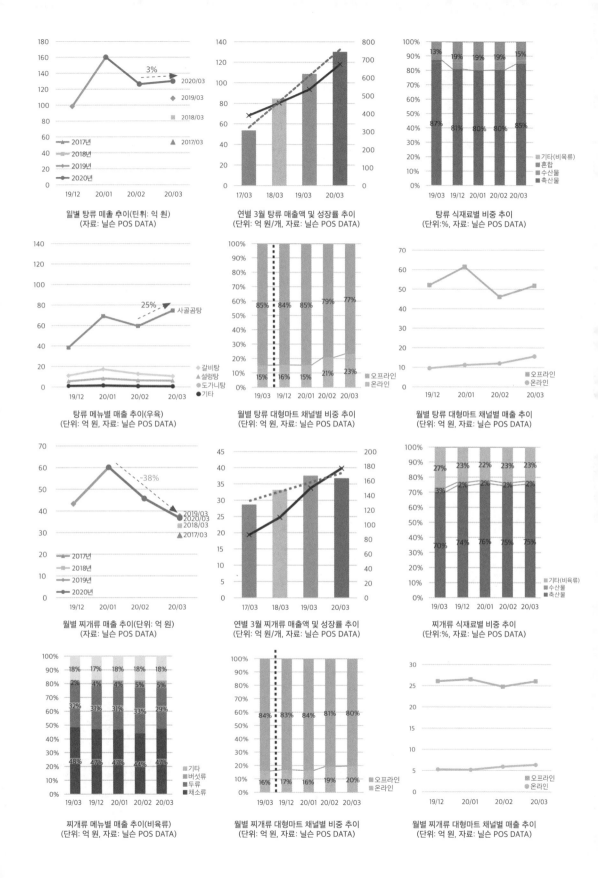

일별 탕류 매출 추이(단위: 억 원)
(자료: 닐슨 POS DATA)

연별 3월 탕류 매출액 및 성장률 추이
(단위: 억 원/개, 자료: 닐슨 POS DATA)

탕류 식재료별 비중 추이
(단위:%, 자료: 닐슨 POS DATA)

탕류 메뉴별 매출 추이(우육)
(단위: 억 원, 자료: 닐슨 POS DATA)

월별 탕류 대형마트 채널별 비중 추이
(단위: 억 원, 자료: 닐슨 POS DATA)

월별 탕류 대형마트 채널별 매출 추이
(단위: 억 원, 자료: 닐슨 POS DATA)

월별 찌개류 매출 추이(단위: 억 원)
(자료: 닐슨 POS DATA)

연별 3월 찌개류 매출액 및 성장률 추이
(단위: 억 원/개, 자료: 닐슨 POS DATA)

찌개류 식재료별 비중 추이
(단위:%, 자료: 닐슨 POS DATA)

찌개류 메뉴별 매출 추이(비육류)
(단위: 억 원, 자료: 닐슨 POS DATA)

월별 찌개류 대형마트 채널별 비중 추이
(단위: 억 원, 자료: 닐슨 POS DATA)

월별 찌개류 대형마트 채널별 매출 추이
(단위: 억 원, 자료: 닐슨 POS DATA)

찜/조림류는 2020년도 1월 대비 3월 성장률이 -48%로, 매출이 지속적으로 감소하고 있다.연별 3월 매출액은 2018년 이후 지속적으로 감소하고 있고, 제품 SKU 수는 증가하고 있다.

찜/조림류는 98%가 축산물 제품으로 구성되어 있는데, 축산물 식재료 중 2020년 3월 기준 돼지고기가 47%, 가금류가 29%의 매출 비중을 차지하고 있다. 모두 2020년 1월을 기점으로 2020년 3월까지 지속적으로 매출이 감소하고 있다.

찜/조림류의 대형마트 온라인 매출 비중은 2019년 12월 대비 2020년 3월에 약 7%p 증가해 19%를 기록했다. 대형마트 온라인 매출 역시 꾸준히 증가하고 있으며, 특히 코로나19 초기인 2월 매출이 전월대비 성장했다. 대형마트 오프라인 매출은 2019년 12월 이후 2020년 3월까지 지속적으로 감소하는 경향을 보였다.

전골류의 2020년도 1월 대비 3월 성장률은 -31%로, 2020년 1월 이후 매출이 지속적으로 감소하고 있다. 전골류의 연별 3월 매출은 2018년 대비 2019년 크게 성장했으며, 제품 SKU 수는 2019년 대비 2020년 크게 증가했다. 전골류 중 축산물 매출 비중이 94%로 가장 높으며, 매출은 2020년 1월 이후 감소하고 있다. 2020년 1월 대비 3월 쇠고기와 돼지고기의 매출이 모두 감소했으며, 돼지고기 전골류 중 곱창전골만 2020년 2월 대비 3월 소폭 증가했다.

전골류는 대형마트 오프라인에서의 매출이 평균 90%에 이를 정도로 다른 간편식 제품에 비해 큰 편인데, 온라인 매출 비중이 2020년도 1월을 기점으로 소폭 꾸준히 증가하고 있다. 매출액 역시 2020년 1월 이후 대형마트 오프라인 매출이 감소하고, 대형마트 온라인 매출은 증가했다. 전골류의 2020년 2,3월 인기상품은 대형마트 온/오프라인 채널에서 곱창전골 제품이 차지했다.

| 2020년 3월 찜류 시장점유율 순위 | | |
|---|---|---|
| 1 | 씨제이 비비고 돼지갈비찜 | 12.9% |
| 2 | 하림 궁중식 찜닭 | 12.7% |
| 3 | 씨제이 비비고 매운 돼지갈비찜 | 7.4% |
| 4 | 나팔꽃에프앤비 김수미 그때그맛 돼지갈비찜 | 6.7% |
| 5 | 스토아 브랜드 신성티엔에프 매운 간장 찜닭 | 6.4% |
| 6 | 오뚜기 칼칼한 돼지고기 김치찜 | 6.1% |
| 7 | 신세계푸드 올반 심플리쿡 동파육 | 5.2% |
| 8 | 하림 심플리쿡 궁중식 찜닭용 | 4.1% |
| | ... | ... |

| 대형마트 채널별 2020년 2,3월 찜류 매출 TOP 2 제품 | | | |
|---|---|---|---|
| 대형마트 온라인 | | 대형마트 오프라인 | |
| 1 | CJ 비비고돼지갈비찜 | 1 | 하림궁중식 찜닭 |
| 2 | 오뚜기칼칼한돼지고기 김치찜 | 2 | CJ 비비고돼지갈비찜 |

| 2020년 2~3월 전골류 시장점유율 순위 | | |
|---|---|---|
| 1 | 대상 종가집 종가반상 곱창전골 | 16.7% |
| 2 | 천일식품 소곱창전골 | 16.3% |
| 3 | 농심 쿡탐 부대전골 | 10.7% |
| 4 | 미가인에프앤비 미가인 소곱창전골 | 10.6% |
| 5 | 농심 쿡탐 돼지김치전골 | 9.5% |
| 6 | 농심 쿡탐 장터 소고기전골 | 6.9% |
| 7 | 농심 쿡탐 곱창전골 | 5.4% |
| 8 | 피코크 피콕포차 곱창전골 | 4.7% |
| | ... | ... |

| 대형마트 채널별 2020년 2,3월 찌개류 매출 TOP 2 제품 | | | |
|---|---|---|---|
| 대형마트 온라인 | | 대형마트 오프라인 | |
| 1 | 대상 종가집 종가반상 곱창전골 | 1 | 대상 종가집 종가반상 곱창전골 |
| 2 | 피코크 서울요리원 소불고기전골 | 2 | 천일식품 소곱창전골 |

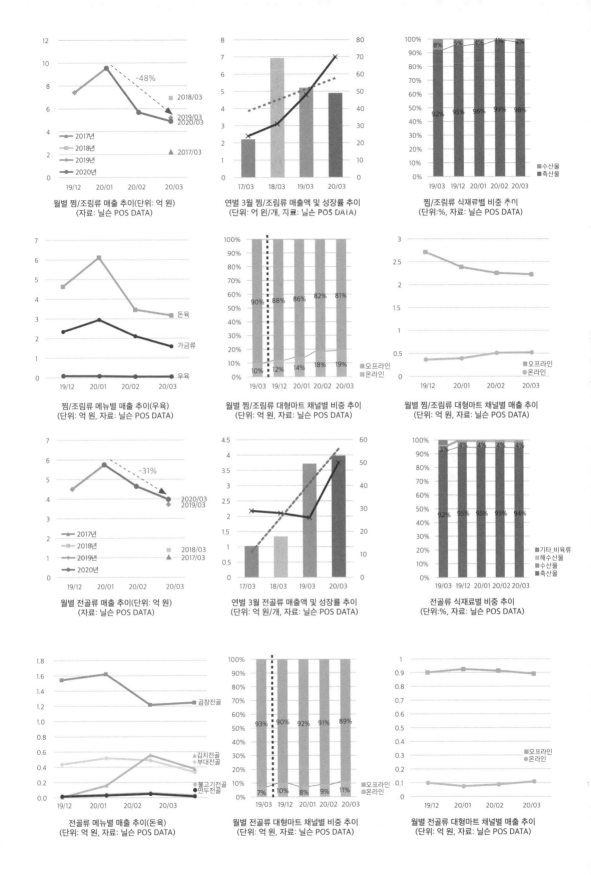

월별 찜/조림류 매출 추이(단위: 억 원)
(자료: 닐슨 POS DATA)

연별 3월 찜/조림류 매출액 및 성장률 추이
(단위: 억 원/개, 자료: 닐슨 POS DATA)

찜/조림류 식재류별 비중 추이
(단위:%, 자료: 닐슨 POS DATA)

찜/조림류 메뉴별 매출 추이(우육)
(단위: 억 원, 자료: 닐슨 POS DATA)

월별 찜/조림류 대형마트 채널별 비중 추이
(단위: 억 원, 자료: 닐슨 POS DATA)

월별 찜/조림류 대형마트 채널별 매출 추이
(단위: 억 원, 자료: 닐슨 POS DATA)

월별 전골류 매출 추이(단위: 억 원)
(자료: 닐슨 POS DATA)

연별 3월 전골류 매출액 및 성장률 추이
(단위: 억 원/개, 자료: 닐슨 POS DATA)

전골류 식재료별 비중 추이
(단위:%, 자료: 닐슨 POS DATA)

전골류 메뉴별 매출 추이(돈육)
(단위: 억 원, 자료: 닐슨 POS DATA)

월별 전골류 대형마트 채널별 비중 추이
(단위: 억 원, 자료: 닐슨 POS DATA)

월별 전골류 대형마트 채널별 매출 추이
(단위: 억 원, 자료: 닐슨 POS DATA)

지금까지 살펴본 것처럼 코로나19 팬데믹(2020년 3월) 임팩트는 국내 식문화에 큰 변화를 촉발시켰다. 빠르게 성장하고 있었던 간편식 시장이 팬데믹으로 인해 신규구입 소비자가 증가하고 성장 속도가 더욱 빨라졌다. 반대로, 감소하고 있던 집밥 직접 조리 횟수는 전환점을 맞이하여 집밥 관련 시장(ex. 조미향신료)이 성장했다.

즉석밥류는 '컵밥-국밥'을 제외하고 모두 매출액이 증가했으며, 온라인 매출액 증가율이 오프라인 증가율을 압도했다. 즉석국탕찌개류는 '탕류'를 제외하고 모두 매출액이 감소했으나, 온라인의 경우 매출액이 전 카테고리에서 증가했다

국과 밥의 형태, 채널에 따라 다양한 매출변화가 우리에게 시사하는 점은 무엇일까? 하나의 표로 정리했을 때 우리는 숲을 보는 관점에서 세 가지를 알 수 있었다. 첫째로 코로나19 팬데믹이 우리 사회에 끼친 위험으로부터 '국'보다는 '밥'에서 소비심리가 드러났다. 밥 간편식에서 국물이 들어간 컵밥-국밥을 제외하고 모두 매출이 증가했다. 국 간편식 대부분은 매출이 감소했다. 두번째로 유일하게 증가한 국 간편식은 '탕류'로서 모든 국요리의 베이스가 될 수 있는 곰탕류만이 증가했다. 국 섭취는 국 간편식보다 직접 조리의 빈도를 높였다는 것을 추정해 볼 수 있다. 세번째는 대형마트 온라인 채널의 증가이다. 밥과 국 간편식 안에서 어떤 세부 카테고리를 보더라도 2020년 1월부터 3월까지 온라인 매출은 모두 증가한다.

| 즉석밥류 매출 성장률 | | | | | | |
|---|---|---|---|---|---|---|
| | | 2020년 1월→2월 | | | 2020년 2월→3월 | | |
| | | 전체 | 대형마트 오프라인 | 대형마트 온라인 | 전체 | 대형마트 오프라인 | 대형마트 온라인 |
| 컵밥 | 덮밥 | +15%▲ | +2% ▲ | +27%▲ | +18%▲ | +25%▲ | +31%▲ |
| | 국밥 | -8%▼ | -13%▼ | +15%▲ | +3%▲ | +13%▲ | +27%▲ |
| | 비빔밥 | +3%▲ | +6%▲ | +24%▲ | +12%▲ | +19%▲ | +21%▲ |
| 냉동밥 | 볶음밥 | +13%▲ | +5%▲ | +29%▲ | +12%▲ | +11%▲ | +29%▲ |
| | 비빔밥 | +13%▲ | +1%▲ | +36%▲ | +6%▲ | +6%▲ | +30%▲ |

| 즉석국탕찌개류 매출 성장률 | | | | | | |
|---|---|---|---|---|---|---|
| | 2020년 1월→2월 | | | 2020년 2월→3월 | | |
| | 전체 | 대형마트 오프라인 | 대형마트 온라인 | 전체 | 대형마트 오프라인 | 대형마트 온라인 |
| 국류 | -23%▼ | -12%▼ | +7%▲ | -16%▼ | +6%▲ | +21%▲ |
| 탕류 | -21%▼ | -25%▼ | +7%▲ | +3%▲ | +12%▲ | +31%▲ |
| 찌개류 | -24%▼ | -6%▼ | +14%▲ | -20%▼ | +5%▲ | +7%▲ |
| 찜/조림류 | -41%▼ | -5%▼ | +30%▲ | -14%▼ | -1%▼ | +2%▲ |
| 전골류 | -19%▼ | -1%▼ | +16%▲ | -14%▼ | -2%▼ | +25%▲ |

# 02
# 특별함에서 일상으로, 새벽배송

장보기는 빠르게 변화하고 있다. 온라인으로 신선식품을 주문하고 배송받는 것은 예전에는 몇몇 가정에서나 하던 특별한 일이었으나 이제 온라인에서 식료품을 구매하고 새벽에 받아보는 일은 일상이 되었다. 특히 코로나19로 비대면 거래가 늘어나면서 이런 현상은 더욱 심화되었다. 그런데 모든 오프라인 거래가 그대로 온라인으로 이동했을까? 브랜드마다 소비자는 같은 상품을 구매할까? 1~2인 가구만이 온라인에서 장을 보는 것일까? 이 장에서는 온라인 식료품 거래의 새로운 장을 열고 매년 성장하고 있는 '새벽배송' 서비스에 대해 다루며 이 질문에 대한 답을 담아내고자 하였다.

가장 먼저 새벽배송 산업의 전반적인 내용을 핵심 경쟁 요인을 통해 제시하고, 새벽배송 이용 소비자의 구매 패턴을 분석하여 어떤 특징을 가진 소비자가 새벽배송을 이용하는지, 어떤 식료품을 구매하는지를 살펴보고, 더 나아가 새벽배송의 대표 브랜드인 마켓컬리, 쿠팡, 오아시스 이용 시 각각의 장바구니 특징을 담았다. 위의 분석 방법은 농촌진흥청 소비자 패널 가구 데이터를 활용하였으며, 2019년 1,222가구 구매 데이터 중 새벽배송 구매 데이터 총 6,021건을 통해 시사점을 도출하고자 하였다. 또한 새벽배송 이용자 381명의 설문 결과를 활용해 새벽배송 브랜드별 소비자의 특징을 별도 제시하였으며, 마지막으로 마켓컬리로부터 자료를 제공 받아 추가적인 분석을 진행하였다.

이 장을 통해 새벽배송 관련 업체들과 종사자들이 소비자에 대해 알게 되길 바라고, 앞으로 더욱 확대되고 변화할 온라인 식료품 구매에 대한 이해에 도움이 되었으면 한다. **최수현 연구원**

오늘 주문하면 내일 새벽에 문 앞으로 배달해 주는 새벽배송 시장은 2015년 '마켓컬리'의 서비스를 시작으로 급속도로 확대되었다. 2015년 총 매출 100억 원이던 새벽배송 시장은 4년 만에 80배 성장해 2019년에는 8000억 규모로 추정되며, 며 코로나19로 인한 비대면 장보기에 대한 선호가 급증한 2020년 매출은 이를 훨씬 상회할 것으로 전망된다. 새벽배송 시장이 성장한 두 가지 주된 원인은 식재료 구입 시간이 단축되고. '새벽배송'의 '신선도'에 대한 신뢰감이 높아졌기 때문으로 보인다(엠브레인, 2020; econvil, 2019). 가구당 연간 온라인 식품 구매액이 증가하고 비대면 소비가 강화되면서 새벽배송에 대한 수요는 점점 늘어나고 있다(식품음료신문, 2020). 현재 새벽배송 서비스를 위한 자체물류센터를 갖고 있는 기업은 마켓컬리, 헬로네이처, GS프레시, 쿠팡, 오아시스, SSG, 롯데ON, 현대백화점의 총 8곳이다. 새벽배송 시장이 성장하면서 대기업이 다수 진입하며 경쟁은 심화되고 있으며 사업을 철수하는 기업도 발생했다.

우리는 새벽배송의 핵심 차별화 요소를 세 가지로 꼽았다. 첫 번째는 물류 인프라 확보다. 새벽배송 업체는 기존의 쇼핑채널이 차용하는 위탁 방식이 아니라 상품을 물류센터로 직접 매입해서 상온, 냉장, 냉동 상태로 배송하고 있다. 따라서 자사 물류센터와 냉장, 냉동 배송을 위한 콜드체인 기술을 확보할 수 밖에 없다. 두 번째는 패키지와 지속가능성 문제이다. 식품을 배송받는 것은 시간과 노력을 아껴주는 반면, 빈번한 배송으로 인한 포장재 쓰레기를 남기는 것은 소비자에게 또다른 골칫거리다. 신선 유지 기능을 충분히 확보하면서도 친환경적이며 소비자 편의를 증대시키기 위한 새벽배송 업체들의 방식을 살펴보았다. 세 번째는 사용자 경험 차별화다. 판매자가 직접 상품 상세 페이지를 구성해서 모든 상품이 대동소이한 사용자 경험을 주는 기존의 쇼핑 채널과는 달리 새벽배송 업체는 각각의 특성에 따라 상품 큐레이션, PB상품, UI(사용자 인터페이스)와 UX(사용자 경험)을 다르게 제공하고 있다. 마켓컬리 케이스 스터디로 이 장 마지막 부분에서 간단하게 살펴볼 것이다.

## 2020 새벽배송 서비스

마켓컬리, 쿠팡, SSG, 오아시스, 헬로네이처, GS Fresh, 롯데프레시 / 2020.06.17 데이터 기준

| 평균 무료배송 기준 금액 | 평균 월 회비 | 평균 주문 마감 시간 | 평균 도착 시간 |
|---|---|---|---|
| ₩32,140 | ₩3,700 | 11:10pm | 7:00am |
| | 쿠팡, 마켓컬리 기준 | | |

| 평균 1회 지출 금액 | 평균 구매 빈도(월/회) | SKU 중 신선식재료 비중 |
|---|---|---|
| ₩45,155 | 2.73 | 26.5% |

오픈서베이 온라인 식료품 구매 트렌드 2020. 쿠팡, 마켓컬리, SSG 기준

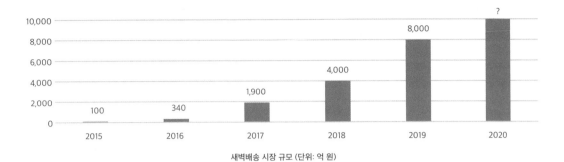

새벽배송 시장 규모 (단위: 억 원)

| 새벽배송 브랜드별 물류망 현황 (2020년 6월 현재 조사 내용) | | | | | |
|---|---|---|---|---|---|
| BRAND | 서비스명 | 개시일 | 배송지역 | 주문마감 | 주요 특징 |
| 마켓컬리 | 샛별배송 | 2015.05 | 서울, 경기, 인천 | 23시 | - 새벽배송 최초 실시, 2020년 배송된 총 판매 상품은 전년 대비 3.1배, 배송 비용은 24% 감소하며 고성장 중<br>- 물류보다는 '상품'에 집중해 생산지부터 배송지까지 배송 과정에서 신선을 유지하는 '풀콜드체인시스템과 100%직매입 비즈니스 모델을'고수하고 있음 |
| 쿠팡 | 로켓프레시 | 2018.10 | 서울, 경기, 인천 전 지역<br>비수도권: 부산, 대구, 대전, 울산, 광주 등 | 24시 | - 물류를 보관하는 장소가 곧 출고 장소가 되는 랜덤 스토우 물류 처리 방식 활용<br>- 인공지능이 미리 출고 동선을 예측해 물건을 두고 출고 작업자가 최적화된 경로를 따라 움직이도록 지정하며 배송기사가 트럭에 물건을 실을 위치까지 정해 주기 때문에 최종 배달 시 동선이 줄어들고 속도가 향상됨 |
| SSG | 새벽배송 | 2018.10 | 서울, 경기 | 수도권 24시<br>비수도권19시 | - 익일 새벽배송과 당일 오후 배송 두 가지 상품 배송 시스템을 구축<br>- 새벽배송은 SSG의 대규모 물류센터(NEO)가 담당, 당일 배송은 대형마트 매장을 오프라인 판매처이자 온라인 물류/배송기지로 활용해 전국 이마트 158개 매장 중 100여 곳에 설치한 피킹&패킹(PP) 센터가 담당 |
| 오아시스 | 새벽배송 | 2018.08 | 서울 전 지역<br>인천, 경기<br>주요 지역 | 23시<br>(일부지역20시) | - '오아시스 루트(ROOT)앱'을 활용해 직원들이 물류 작업<br>- 작업자는 앱을 통해 주문확인서를 QR코드로 스캔해 상품의 위치를 파악, 피킹 작업 및 패킹 작업을 수행<br>- 생산자 직거래 시스템으로 모든 상품을 직매입해 유통 단계를 줄이면서 소비자가를 낮춤 |
| 헬로네이처 | 새벽배송 | 2016.05 | 서울, 경기<br>주요 지역 | 24시 | - BGF 리테일이 2018년 헬로네이처를 인수하고 물류망을 보완, 하루 약 1만건의 물류처리가 가능한 신선물류센터 설립<br>- 보이스 오더 방식의 AI 피킹 시스템을 도입해 헤드셋을 통해 인공지능이 작업자에게 최적의 동선을 알려줌으로써 물량 처리 속도가 3배 가량 빨라지고 오피킹률이 감소 |
| GS Fresh | 새벽배송 | 2017.08 | 서울 전 지역 | 23시 | - 위메프와 함께 주문 후 3시간 내 당일배송이 가능한 전문매장 '마트 당일배송관' 서비스 시작<br>- GS Fresh는 위메프와의 제휴를 통해 서비스 채널을 확대하고, 차별화 제품을 선보여 소비자 선택의 폭을 넓히는 한편, 위메프는 GS 리테일이 확보하고 있는 전국 물류 인프라를 활용할 수 있게 되는 셈 |
| 롯데프레시 | 당일배송 | 2019.02 | 서울, 경기, 부산, 대구, 대전, 광주 일부 지역 | 22시 | - 기존처럼 매장에서 상품을 판매하는 것 뿐만 아니라 매장 내 상품 분류, 배송 시스템을 구축해 온라인 주문이 들어오면 2시간 내에 소비자 집 앞까지 상품을 배송하는 바로배송 서비스 실시<br>- 스마트스토어와 다크스토어라는 배송 거점 전환 모델을 이용해 연내 점포수를 줄이는 한편 배송가능매장 수 증가 계획 |

# 새벽배송 전쟁, 경쟁력은 '유통망'과 '물류 센터'에서

식품은 배송부터 보관까지 모든 단계에서 변질 가능성이 높아 고위험 상품군에 속한다(dailypop,2020). 게다가 소비자들은 상온식품보다는 냉장이나 냉동 유통 식품을 선호하기 시작했다. 따라서 식품 유통업체의 라스트마일 배송(목적지까지 가는 마지막 배송 단계)을 위한 자동화, 실시간 온도관리기술을 갖춘 차세대 콜드체인 시스템 구축이 필수적인 과제로 떠오르게 되었다.

새벽배송 시장의 각 서비스 업체는 많은 적자에도 불구하고 물류 인프라 구축을 통해 시장 점유율을 높이려 하고있다. 물류센터 확장은 배송시간 단축과 전국 단위 물류망 확보를 위한 필수조건이다. 유통 허브 기준으로는 쿠팡이 전국에 가장 많은 물류센터를 보유하고 있고, 마켓컬리는 수도권에 집중하고 있다. SSG는 김포에 물류센터 1곳을 운영하고 있고, 향후 5년 안에 최소 11개, 최대 20개의 네오센터를 전국에 개설할 계획이라고 한다(팍스넷뉴스 2019). SSG를 비롯한 대형마트는 기존의 마트 내 물류창고를 사용할 수 있지만 현재는 영업시간 규제로 별도의 물류창고를 구축해 새벽배송 시장에 진입하고 있다.

새벽배송 시장은 마켓컬리, 오아시스 등 원조 신선식품 전문 플랫폼에 쿠팡, SSG 등 대형 이커머스, 온라인 푸드마켓인 헬로네이처 등이 가세하여 새롭게 진입한 유통 빅플레이어들과 전통의 강자들이 각축을 벌이는 장이다. 마켓컬리는 '가장 자주 이용하는 새벽배송 서비스' 순위 1위(39.4%)를 차지하였으며 쿠팡(35.8%), SSG(16.4%)이 뒤를 잇고 있다(한국방송광고진흥공사 설문조사, 2019). 새벽배송의 하루 주문 건수는 약 10만 건이며 그중 마켓컬리, 쿠팡이 각 4만 건이며 SSG, 헬로네이처가 약 3,000~4,000건이다(업계추산, 중앙일보, 2019).

최근에는 당일배송 풀필먼트 서비스를 내세운 네이버 스마트 스토어가 새로운 유통 빅브라더로 떠오르고 있다. 풀필먼트(fulfillment) 서비스란 판매자들이 물류를 온라인 사업자가 지정한 물류센터에 입고하고, 온라인 사업자 또는 주문 정보를 공유하는 물류 전문업체가 재고관리, 포장, 배송, CS 등 물류 전반을 대행해 주는 서비스다. 이를 통해 유통 사업자들은 자체 인프라 투자 없이도 3자 물류방식으로 판매처 제한 없는 신속한 배송을 제공할 수 있게 되었다. 네이버 스마트 스토어는 이러한 풀필먼트 서비스에 적극적으로 투자하여 자체 인프라 확보라는 진입장벽을 허물고, 강력한 플랫폼 파워를 이용하여 새로운 방식으로 기존 새벽배송 키플레이어들을 위협하고 있다.

사진: 쿠팡 뉴스룸

## 새벽배송 물류센터 분포

| 기업명 | | 물류센터명 | 센터 수 |
|---|---|---|---|
| 쿠팡 | ● | HUB | 16개소 |
| 롯데프레시 | ● | 프레시센터 | 12개소 |
| 마켓컬리 | ● | 물류센터 | 6개소 |
| SSG | ● | NEO | 3개소 |
| 오아시스 | ● | 물류센터 | 1개소 |
| 헬로네이처 | ● | 물류센터 | 1개소 |
| GS프레시 | ● | 온라인물류센터 | 5개소 |

## 네이버 물류 관련 투자 및 협력 현황

| | 기업 | 사업내용 | 투자액(억 원) |
|---|---|---|---|
| 2017.7 | 매쉬코리아 | 이륜차 배송 부릉 운영 | 240 |
| 2017.10 | 우아한형제들 | 음식배송 플랫폼 | 350 |
| 2020.3 | 위킵 | 풀필먼트 | 25 |
| | 두손컴퍼니 | 풀필먼트 | 비공개 |
| | 신상마켓 | 국내 1위 B2B 패션 플랫폼 | 비공개 |
| 2020.5 | FSS | 풀필먼트 | 비공개 |
| 2020.4 | CJ 대한통운 | 풀필먼트 + 라스트마일배송 | 비공개 |

# 패키지와 지속가능성

신선식품 배송과 패키지의 환경 문제와 지속 가능성은 떼어놓기 어려운 문제다. 잘 포장된 제품을 받았을 때의 편리함은 잠시지만, 스티로폼 박스, 아이스팩, 완충용 에어캡을 치우는 데에는 생각보다 많은 노력과 부담이 필요하다. 2017년 일평균 생활폐기물 발생량은 53,490톤으로 2015년 대비 4.4%증가하였고, 이 중 포장 폐기물은 약 40%로 폐기물 중에서 가장 높은 비중을 차지하고 있다. 장보기의 비대면 배송 수요가 극대화된 2020년에는 포장 폐기물 양이 절대적으로 늘어났을 것으로 예측된다.

녹색소비자연대의 설문조사에 따르면 소비자의 64%가 과대포장으로 인해 불편함을 느끼고 있으며, 포장재를 간소화했을 때 구매 의사가 있다고 응답한 소비자가 전체 70%에 이를 만큼 포장 문제에 민감하게 반응하고 있다. 과거에는 스티로폼 박스와 고흡수성 수지가 든 아이스팩으로 배송하는 것이 당연하게 느껴졌지만, 포장 쓰레기 문제가 사회문제가 되자 기업들이 이에 반응하기 시작했다. 이제는 신선도를 유지하면서도 환경에 영향을 덜 끼치는 패키지를 만드는 것이 새벽배송 채널의 고민이다.

롯데프레시는 100% 재생지를 사용해 만든 에코 프레시 박스를 활용하고 있다. 비닐 완충재는 여전히 사용하고 있지만 재생종이박스를 도입함으로써 친환경 포장재 사용에 동참하려는 의지를 엿볼 수 있다.

마켓컬리는 종이 박스 제작에 90% 비율로 재생지를 사용하고 있으며, 2019년 9월부터 '올페이퍼 챌린지'라는 이름으로 상자뿐만 아니라 부자재도 종이로 바꾸는 시도를 했다. 또한 배송한 종이 박스를 다음 주문 건 배송 시 회수하고 있다. 최근 마켓컬리는 올페이퍼 챌린지의 성과물 중의 하나인 종이 보냉팩을 투명 LDPE 단일 재질로 교체하였다. 종이 보냉팩의 경우 시각적으로 보았을 때 친환경적으로 보이나, 팩 내부의 냉매용 얼음이 녹으면서 물이 새는 것을 막기 위해 안쪽면을 비닐로 코팅할 수 밖에 없고, 이 경우 이 팩을 재활용하기가 어렵다. 컬리는 이를 100% 재활용 가능한 단일 소재로 교체하였다. 이외의 모든 종이 상자도 100% 재활용할 수 있게 하는 등 환경 문제에 능동적으로 대처하고 있다.

SSG에서는 재사용 가능한 알비백(I'll BE BAG)을 도입해 처음 약 2개월 동안 일회용 포장용품 소모를 약 80만 개 만큼 절감했다(신세계그룹 인사이드, 2019). 관계자는 친환경 배송에 공감하는 소비자가 늘어나면서 알비백 재사용률은 95%에 달한다고 밝혔다(신세계그룹 인사이드, 2020). 친환경 패키지 전략을 시행하기 전에는 비닐봉지를 사용하는 경우도 있었는데, 알비백 도입 이후 소비자들이

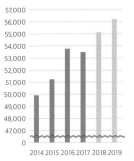

생활폐기물 발생량 추이
(자료: 환경부, 한국환경공단)

기타폐기물
약 30%

포장폐기물
약 40%

음식물쓰레기
약 30%

■ 포장폐기물 ■ 음식물쓰레기 ■ 기타폐기물

생활폐기물 내 포장 폐기물 비중
(자료: 국립환경과학원, 자원순환사회연대)

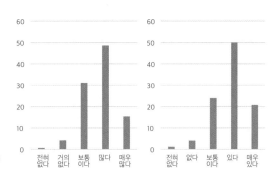

과대포장으로 느끼는 불편함 & 포장재 간소화 시 구매 의사
(자료: 녹색소비자연대, 2018, 국민 1000명을 대상으로 한 설문조사)

## History of Package

**2017.04 | ECO BOX V1**

냉동 · 냉장 스티로폼 박스 → 냉장 박스만 종이 박스로 변경

- 박스 내부 은박 비닐로 보냉력 유지
- 외부 종이와 내부 비닐로 분리해 배출

**2019.01 | ECO BOX V2 · V3**

외부 종이, 내부 비닐 냉장 박스 → 재생지 냉장 박스

- 이중 골판지 공기층 구조로 보냉력 유지
- 발수 코팅으로 품질 유지
- 종이로 분리배출

**2019.09 | All Paper Challenge**

재생지 냉장 박스 → 모든 배송 포장재를 종이로 변경 시작

스티로폼 박스 → 종이 박스
비닐 파우치 / 지퍼백 → 종이 파우치
박스 테이프 → 종이 테이프

비닐 완충 포장재 → 종이 완충 포장재

새벽배송
신규고객님은
무료 증정

2020년 1월 1일 주문건부터는
콜라보레이션 알비백 무료 증정!
(한정수량, 준비된 수량 소진시
기존 알비백으로 대체)

친환경 포장재에 호의적으로 반응하고 활용하는 모습을 볼 수 있다. 2020년 6월 하겐다즈와의 제휴로 진행한 미니 알비백(9L) 증정 이벤트에 소비자들은 뜨거운 반응을 보였다.

헬로네이처에서는 상온/냉장/냉동 제품을 모두 재사용 가능한 보냉백 혹은 재생종이 박스로 배송하고 있다. 쌀포대 소재와 자투리 천으로 만든 더그린박스, 물과 전분, 재생종이로 만든 더 그린 아이스팩을 사용한 '더그린배송'의 서비스 이용률은 56%로 헬로네이처 새벽배송 이용객 50%에 달한다(아시아경제, 2019). 더그린박스는 접어서 보관했다가 다음 주문 시 아이스팩과 함께 수거해 가며 1회 사용 후에는 세척을 위해 세탁 전문 스타트업 백의민족에서 관리한다.

쿠팡은 과대포장의 문제점과 친환경 포장재 사용을 위하여 2020년 4월부로 재활용 가능한 프레시백에 담아 배송하는 로켓프레시 에코를 도입했으며 2020년 현재 수도권 전 지역에서 시행하고 있다. 프레시백은 다음 로켓배송 주문 시 배송받는 장소에 내놓으면 쿠팡맨이 수거해 간다. 60일 이내에 반납해야 하며 미 반납 시 개당 8,000원의 지연사용료가 부과된다(반납 시 자동 환불).

오아시스마켓은 주문 페이지에서 포장 방법과 재활용 포장재 사용 옵션을 제공하여 포장 폐기물을 최소화하려는 노력을 하고 있다. 눈에 띄는 것은 보냉 방법의 변화인데, 아이스팩 스폰지, 물이 든 아이스팩을 제공하다가 2019년 12월부터는 얼린 생수로 대체하기 시작했다. 또한 포장재 감축을 위해 친환경 특수보냉박스를 사용하며, 새벽배송이 가능한 일부 지역에서 보냉백을 사용한다.

GS프레시에서는 기존 스티로폼 상자를 종이상자나 반영구적 사용이 가능한 보냉가방으로 전환하는 친환경 포장정책을 시행 중이라고 보도했는데(데일리한국, 2019) 아직 새벽배송에서의 보냉백 사용은 자사 가정간편식 브랜드인 '심플리쿡' 제품 포장 위주로 이루어지고 있다. 친환경 아이스팩을 사용하는 모습도 눈에 띄었다.

이처럼 환경문제와 고객 편의 모두를 해결하기 위해 다양한 시도들이 이뤄지고 있다. 일회용 패키지를 친환경 소재로 전환하거나 여러 번 사용이 가능한 패키지를 도입하고 있으나, 과대포장 문제와 전환비용에 대한 고려는 앞으로도 해결해 나가야할 과제다.

프레시백

## 시백 **무료제공**

식품을 받아보세요.

배송 시
수거해 갈게요.

배송과 함께 진행됩니다.

캣배송 🚀 로켓프레시

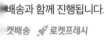

## 더그린배송으로
## 내일 새벽 문 앞에

# 라이프스타일을 바꾼 새벽배송

택배와 마트 배달 시간을 기다리지 않아도, 사람이 밀집된 마트에 가지 않아도 장을 볼 수 있다면? 온라인 장보기, 그 중에서도 새벽배송은 이런 소비자들의 니즈를 정확히 충족시켜주는 서비스로 자리잡아 빠르게 성장하고 있다. 이제는 주문 마감 시간만 잘 지킨다면 다음날 아침 문 앞에 배달된 물건을 찾을 수 있는 시대가 되었다.

새벽배송 서비스 이용 경험자 670명을 대상으로 한 조사(엠브레인)에 따르면 새벽배송 서비스를 이용하는 이유는 배송이 빨라서(63.0%), 따로 시간을 내서 장을 보지 않아도 되기 때문에(49.7%), 장을 본 후 무거운 짐을 들 필요가 없기 때문에(39.6%) 등 편의에 기반한 응답이 상위권을 차지했다. 그 다음으로는 품질이 좋아서(24.8%), 간편식 이용이 용이해서(22.7%), 시중에서 구하기 어려운 독특하거나 프리미엄 식재료를 구할 수 있어서 라는 응답이 이어졌다.

새벽배송은 '한 번도 안 써본 사람은 있지만 한 번만 이용한 사람은 없다.'는 말이 돌 정도로 편리하고 혁신적인 방식으로 일상생활에 변화를 가져왔다. 변화를 가져왔다는 근거는 재구매율이다. 새벽배송 시장을 주도하는 키플레이어 3사의 재구매율은 60% 이상을 기록했다(쿠팡 68%, 마켓컬리 61%, SSG 60%). 엠브레인의 조사에 따르면 새벽배송 서비스 이용자 2명 중 1명(+50.7%)이 예전보다 온라인 장 보기의 비중이 증가했다고 응답했다. 반면 편의점 이용(-34.9%), 마트 및 시장 이용(-56.6%) 비중은 큰 폭으로 감소했다. 집에서 직접 요리하는 비중(+25.4%)과 밥을 먹는 비중(+21.9%)도 소폭 증가하며 이에 비해 외부 음식을 포장해서 먹거나(-28.4%), 외식을 하는(-24.8%)등 '외부 음식'으로 끼니를 해결하는 소비자는 다소 감소한 것으로 나타났다(매드타임즈, 2020). 또한 1,000명 중 60.6%가 새벽배송을 이용하면 아침식사를 든든하게 챙겨먹을 수 있을 것 같다고 응답했고(엠브레인, 2019) 실제로 새벽배송 덕분에 아침밥을 챙겨 먹는 사람이 많아지고 있다는 보도도 있었다(동아일보, 2019; 식품외식경제, 2020).

새벽배송은 장보러 마트에 가기 꺼려지는 포스트 코로나 시대의 새로운 기준인 안전함에 대한 니즈마저 만족시키고 있다(식품음료신문, 2020).

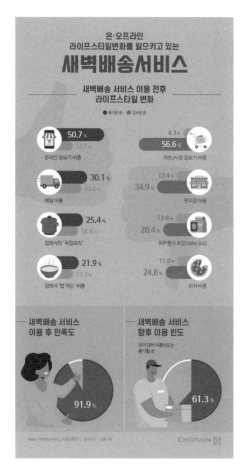

## 온·오프라인
## 라이프스타일변화를 일으키고 있는
# 새벽배송서비스

### 새벽배송 서비스 이용 전후 라이프스타일 변화

● 증가한 편  ● 감소한 편

| | |
|---|---|
| 온라인 정보기 비중 | 50.7% / 12.7% |
| 마트/시장 강보기 비중 | 4.3% / 56.6% |
| 배달 이용 | 30.1% / 23.0% |
| 편의점 이용 | 12.4% / 34.9% |
| 집에서의 '직접요리' | 25.4% / 18.8% |
| 외부음식 포장(take out) | 12.8% / 28.4% |
| 집에서 '밥 먹는' 비중 | 21.9% / 13.3% |
| 외식 비중 | 11.0% / 24.8% |

### 새벽배송 서비스 이용 후 만족도
91.9%

### 새벽배송 서비스 향후 이용 빈도
과거 대비 이용빈도는 증가할 것
61.3%

EMBRAIN

| 새벽배송 서비스를 이용하는 이유 | |
|---|---|
| 배송이 빨라서 | 63.0% |
| 따로 시간 내서 장을 보지 않아도 되기 때문에 | 49.7% |
| 짐을 본 후 무거운 심불 들 필요가 없기 때문에 | 39.6% |
| 장 볼 시간이 없어서 | 28.7% |
| 품질이 좋아서(신선해서) | 24.8% |
| 가정간편식의 이용이 용이해서 | 22.7% |
| 마트나 슈퍼에서 팔지 않는 독특한 제품들이 많아서 | 18.2% |
| 비교적 저렴한 가격에 장을 볼 수 있어서 | 15.1% |
| 프리미엄급의 식재료들을 구비하고 있어서 | 10.7% |
| 전국 맛집의 식재료를 만나볼 수 있어서 | 8.4% |

새벽배송 서비스 이용 경험자 조사 (n=670, 단위: 중복 %)
(자료: 엠브레인 조사, medtimes, 2020에서 재인용)

# 새벽배송 유경험 가구 데이터 분석

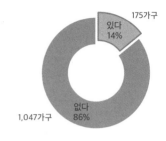

농촌진흥청 소비자 패널 데이터를 활용해 새벽배송 경험 가구를 분석했다.
먼저 2017년~2019년(12월 제외)에 수집된 1,222가구 3,666명의 식품
구매 데이터(2,145,779건) 중 온라인 채널에서의 구매 데이터 65,779건을
추출했다. 다음으로 온라인 채널 구매 데이터에서 새벽배송으로 추정할
수 있는 채널명을 키워드 기반으로 검색해 데이터를 추출한 뒤, 채널명별
새벽배송 서비스 시작 일자, 연도별 새벽배송 서비스 가능 지역을
기준으로 정제했다. 전체 1,222가구의 14%에 해당하는 175가구 560명은
2019년까지 한 번 이상 새벽배송 서비스를 이용한 경험이 있다는 결과를
얻었다. 새벽배송 전체 시장 규모는 2018년 대비 2019년 2.5배 가량
성장한것으로 알려져 있는데(문화일보, 2020.1.8), 소비자 패널 데이터상
새벽배송 서비스 유경험 가구 수, 전체 구매금액과 구매횟수 또한
2018년과 2019년 사이 크게 증가했다.

농촌진흥청 소비자패널 1222 가구 중
2019년까지 새벽배송 서비스 경험 가구 비중

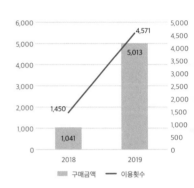

새벽배송 서비스 이용 추이
(단위: 원/횟수)

## 가구 특성

새벽배송 유경험 가구의 인구통계학적 특성을 살펴 보았을 때, 새벽배송 유경험
가구는 전체 대비 수도권 거주 비율이 1.2배 가량 더 높은 것으로 나타났다.
연령대에서는 30~40대 비중 차이가 두드러진다. 전체 가구 중 30~40대 비중은
31%인 반면, 새벽배송 유경험 가구 중에서는 50%를 차지한다. 온라인 장보기가
익숙한 젊은 세대를 중심으로 새벽배송 서비스가 점차 확장되고 있음을 확인할
수 있다. 또한 새벽배송 유경험 가구는 4인 가구를 중심으로 한 다인 가구 위주로
분포되어 있는데, 최소 주문 금액이 존재하는 새벽배송 서비스 특성상 다인 가구에게
이용장벽이 더 낮은 것으로 보인다.

새벽배송으로 장을 보았을 때의 가구당 평균 구매금액은 일반적인 온라인
장보기보다는 적고, 전체 가구의 온오프라인 장보기 구매금액보다는 많게 나타났다.
구매 품목 수는 온라인 장보기와 비슷하지만 전체 가구 장보기 구매에 비해 적었다.
새벽배송 장보기에서의 품목당 평균 구매금액은 일반적인 온라인 장보기보다는 적게
나타났다. 전체 가구에서 온오프라인 장보기는 토요일에, 새벽배송과 온라인 구매
가구의 장보기는 평일에 주로 일어난다. 새벽배송은 목요일에 가장 주문이 많았고,
일반 온라인 구매는 월요일과 화요일에 주문이 많았다. 일요일에는 공통적으로
장보기 횟수가 감소했다. 시간대별 장보기 횟수는, 온라인 구매 가구는 비교적 고른
분포를 보이지만 새벽배송 가구는 새벽배송 접수 마감시간 이전인 저녁식사 이후,
전체 가구의 온오프라인 장보기는 저녁 식사 전에 집중되는 것으로 나타났다.

| 전체 (1,222가구, 3,666명) | | | 새벽배송 경험 가구 (175가구, 560명) | | |
|---|---|---|---|---|---|
| 연령(세) | 가족 구성원 수 (명) | 월 가구소득(원) | 연령(세) | 가족 구성원 수 (명) | 월 가구소득(원) |
| **54.6** [+6.2] | **3.0** [-0.2] | **4,714,000** [-1,019,000] | **46.8** [-6.2] | **3.2** [+0.2] | **5,733,000** [+1,019,000] |
| 전업주부 비중 | 유자녀 비중 | | 전업주부 비중 | 유자녀 비중 | |
| **40.7%** [-3.3%] | **62.2%** [-10.9%] | | **44%** [+3.3%] | **73.1%** [10.9%] | |

거주지역 (전체): 서울경기 43% / 광역시 30% / 시군 27%

세대구성 (전체): 30대 7% / 40대 24% / 50대 33% / 60대 이상 35%

가구구성 (전체): 1인 12% / 2인 27% / 3인 27% / 4인 이상 34%

거주지역 (새벽배송): 서울경기 53% / 광역시 30% / 시군 17%

세대구성 (새벽배송): 30대 16% / 40대 34% / 50대 36% / 60대 이상 13%

가구구성 (새벽배송): 1인 11% / 2인 17% / 3인 26% / 4인 이상 46%

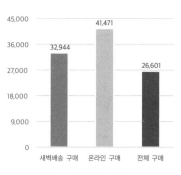

장보기 1회당 평균 구매금액
(단위: 원)

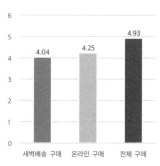

장보기 1회당 평균 구매 품목 수
(단위: 개수)

품목당
평균 구매금액

8,154.46원

9,757.88원

5,395.74원

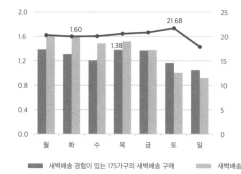

연평균 요일별 장보기 횟수/가구
(단위: 횟수)

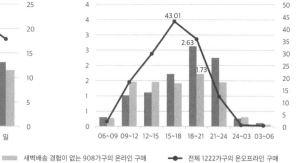

연평균 시간대별 장보기 횟수/가구
(단위: 횟수)

■ 새벽배송 경험이 있는 175가구의 새벽배송 구매　　■ 새벽배송 경험이 없는 908가구의 온라인 구매　　● 전체 1222가구의 온오프라인 구매

## 가구별 품목당 구매 횟수와 구매금액

온라인 새벽배송 채널을 이용한 구매시 일반적인 온오프라인 구매보다 가공식품의
구매횟수와 구매금액이 높았고, 특히 육류가공식품과 간편식에서 높게 나타났다.
신선식품 중에서는 신선 채소류의 새벽 배송 구매 횟수 비중이 전체 가구의
온오프라인 구매에 비해 절반 수준으로 나타났다. 다만 곡류 서류 신선식품의
새벽배송 구매금액 비중은 다른 채널의 구매 비중에 비해 두 배가량 높게 나타났다.
일반적인 온오프라인 구매에 비해 온라인 새벽배송의 구매금액이 두드러지는
상품군은 과자류와 곡물 및 서류다. 오프라인 구매에서는 축산물과 과일류가
새벽배송에 비해 많은 구매금액을 기록했다.

## 새벽배송 구매의 전반적인 특징

신선식품류로는 삼겹살, 목심, 앞다리살 등의 신선 정육과 방울토마토, 파프리카,
브로콜리 등 샐러드 재료로 사용되는 채소류의 비중이 높게 나타났다.
가공식품에서는 치즈와 가공유를 비롯한 유제품과 냉동 돼지고기 양념육 제품이
장바구니에 함께 담기고 있다. 가정 간편식, 밀키트, 반조리식품, 샐러드, 반찬 등은
새벽배송 시장의 성장과 함께 부상하는 제품이다. 새벽에 받은 제품을 최소한의
조리를 거쳐 바로 식사로 먹을 수 있는 제품이 당연히 선호될 수밖에 없다(매일경제,
2019). 실제로 간편식과 시리얼(과자류), 샐러드 재료, 다이어트용 육류 가공식품 등
간편하게 아침식사를 준비할 수 있는 제품군의 구매 비중이 확대되고 있다.

곡류 및 서류는 소포장 상품의 구매 비중이 늘어나고 있다. 쌀의 경우 새벽배송에서
10㎏ 등 대형 제품보다는 1㎏, 5㎏ 같은 소용량 제품의 주문이 많다. 쌀은 도정 후
시간이 지날수록 밥맛이 떨어진다는 사실이 소비자들에게 알려지면서 소비자들도
소용량으로 자주 주문하는 쪽을 선호하기 때문이다(매일경제, 2019). 그뿐 아니라
좁은 주거 공간에 쟁여두고 먹어야 하는 대용량 제품의 단점을 새벽배송으로 쉽게
해결할 수 있어 선호도는 점점 더 높아지고 있다.

## 새벽배송 서비스 유경험 가구는 장바구니를 어떻게 채우나

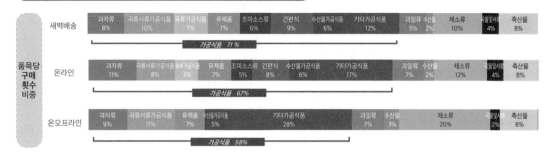

**품목당 구매 횟수 비중**

새벽배송 | 과자류 8% | 곡류서류가공식품 10% | 육류가공식품 7% | 유제품 7% | 조미소스류 6% | 간편식 9% | 수산물가공식품 6% | 기타가공식품 12% | 과일류 5% | 수산물 2% | 채소류 10% | 곡물및서류 4% | 축산물 8%
가공식품 71%

온라인 | 과자류 11% | 곡류서류가공식품 8% | 육류가공식품 5% | 유제품 7% | 조미소스류 5% | 간편식 8% | 수산물가공식품 6% | 기타가공식품 17% | 과일류 7% | 수산물 2% | 채소류 12% | 곡물및서류 4% | 축산물 8%
가공식품 67%

온오프라인 | 과자류 9% | 곡류서류가공식품 11% | 유제품 7% | 수산물가공식품 5% | 기타가공식품 28% | 과일류 7% | 수산물 3% | 채소류 20% | 곡물및서류 2% | 축산물 8%
가공식품 58%

**품목당 구매 금액 비중**

새벽배송 | 과자류 5% | 곡류서류가공식품 9% | 육류가공식품 8% | 유제품 6% | 간편식 9% | 수산물가공식품 6% | 기타가공식품 25% | 과일류 7% | 수산물 2% | 채소류 4% | 곡물및서류 9% | 축산물 11%
가공식품 67%

온라인 | 곡류서류가공식품 7% | 육류가공식품 6% | 유제품 6% | 간편식 8% | 수산물가공식품 6% | 기타가공식품 29% | 과일류 7% | 수산물 2% | 채소류 12% | 곡물및서류 4% | 축산물 8%
가공식품 63%

온오프라인 | 곡류서류가공식품 7% | 육류가공식품 5% | 수산물가공식품 5% | 기타가공식품 31% | 과일류 11% | 수산물 7% | 채소류 10% | 곡물및서류 5% | 축산물 18%
가공식품 48%

## 새벽배송과 온라인 구매 장바구니에 함께 담기는 품목들

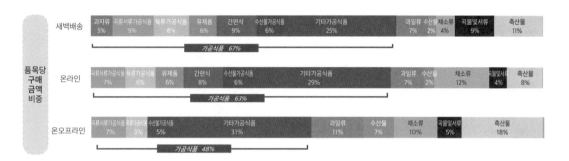

**새벽배송 구매 장바구니**

신선 정육 및 샐러드 채소를 중심으로 조합

삼겹살 | 가공우유 | 알로에주스
브로콜리 | 파프리카 | 방울토마토 | 치즈
냉동돼지양념육 | 앞다리살 | 목심

흰우유 | 일반과자류
액상요구르트 | 탄산음료 | 봉지라면 | 기타수산물가공식품
두부 | 콩나물

햄류 | 계란특대란
소스류 | 바나나 | 빵류
호상요구르트 | 씨리얼 | 초콜릿류

**온라인 구매 장바구니**

일반 오프라인 장바구니 구매 품목 조합과 비슷

## 새벽배송 구매 장바구니에 주로 담기는 품목들

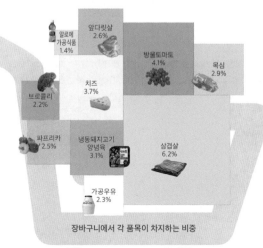

알로에가공식품 1.4%
앞다릿살 2.6%
방울토마토 4.1%
목심 2.9%
치즈 3.7%
브로콜리 2.2%
파프리카 2.5%
냉동돼지고기양념육 3.1%
삼겹살 6.2%
가공우유 2.3%

장바구니에서 각 품목이 차지하는 비중

| 구매 품목 | 비중 | 신뢰도 |
|---|---|---|
| 목심 & 삼겹살 | 1.37% | 47.10% |
| 가공우유 & 일반과자류 | 1.26% | 54.77% |
| 파프리카 & 방울토마토 | 1.20% | 48.89% |
| 치즈 & 기타수산물가공식품 | 1.20% | 32.35% |
| 알로에가공식품 & 일반과자류 | 1.20% | 76.92% |
| 브로콜리 & 방울토마토 | 0.99% | 43.90% |
| 기타돼지고기가공식품 & 기타수산물가공식품 | 0.99% | 32.14% |
| 앞다리살 & 두부 | 0.88% | 34.04% |

# 브랜드별 새벽배송 장바구니 비교

이번에는 오픈서베이를 통해 수집한 새벽배송을 자주 이용하는 소비자 381명의
응답을 바탕으로 새벽배송 시장에서 최근 급속히 성장하는 3사인 마켓컬리,
쿠팡, 오아시스의 고객 특성을 비교했다. 소비자 연령 분포는 세 채널 모두 다르게
나타났다. 마켓컬리의 충성고객 256명의 경우 50대의 비중이 26%가장 높았고,
4인가구 이상의 비중도 55%로 셋 중에 가장 높은 것으로 나타났다. 반면에 쿠팡
충성고객에서는 20대의 비중이 타 경쟁사에 비해 높게 나타났다. 오아시스의 경우
전업주부의 비중이 26%로 타 경쟁사에 비해 높게 나타났고, 유자녀의 비중이 71%로
월등히 높은 수치를 보였다.

이번 조사에서 마켓컬리 충성고객의 월 평균 이용 횟수는 4.6회로 가장 낮고 식료품
구매액도 가장 낮은 것으로 나타났다. 쿠팡은 배송 수령이 편리하다는 반응이 가장
많은 업체다. 오아시스는 충성고객의 수는 적지만 주목할 만한데, 월평균 구매
횟수와 금액, 식료품 구매액이 가장 많고, 일상 식재료를 구매하기 위해 오아시스를
이용한다는 의견이 가장 많았다. 농촌진흥청에서 제공한 다른 샘플을 조사한
데이터를 분석했을 때 비슷한 결과가 나와 분석을 뒷받침했다.

농촌진흥청 패널의 새벽배송 장바구니에 담긴 식품을 구매횟수 기준으로 살펴
보았을 때 쿠팡(78%), 마켓컬리(70%), 오아시스마켓(47%) 순으로 가공식품의
비중이 높았다. 마켓컬리와 쿠팡은 가공식품 구매금액 비중이 각각 76%, 73%로
압도적으로 높았다. 오아시스마켓은 타 경쟁사 대비 신선식품의 비중이 높았고, 특히
축산물 구매금액 비중이 전체의 24%로 나타났다.

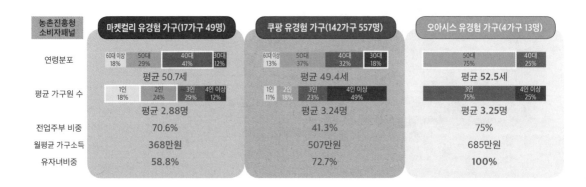

## 브랜드별 새벽배송 이용자 분석

| 오픈서베이 설문 | 마켓컬리 충성고객(256명) | 쿠팡 충성고객(257명) | 오아시스 충성고객(38명) |
|---|---|---|---|
| | 재이용률 85% 선호율 49% | 재이용률 87% 선호율 53% | 재이용률 81% 선호율 51% |
| 연령분포 | 20대 23% / 30대 26% / 40대 25% / 50대 26% | 20대 26% / 30대 27% / 40대 28% / 50대 19% | 20대 5% / 30대 39% / 40대 42% / 50대 13% |
| | 평균 39.6세 | 평균 38.6세 | 평균 40.2세 |
| 직업분포 | 직장인 75% / 대학원생 5% / 전업주부 17% | 직장인 77% / 대학원생 4% / 전업주부 14% | 직장인 71% / 전업주부 76% |
| | 전업주부 비중 17% | 선업주부 비중 14% | 전업주부 비중 26% |
| 가구구성 | 1인 7% / 2인 18% / 3인 / 4인 이상 55% | 1인 9% / 2인 18% / 3인 22% / 4인 이상 51% | 1인 5% / 2인 13% / 3인 29% / 4인 이상 53% |
| | 평균 3.4명 | 평균 3.5명 | 평균 3.6명 |
| 월평균 가구소득 | 465만원 | 482만원 | 487만원 |
| 유자녀비중 | 56% | 55% | 71% |
| 월 평균 이용횟수 | 4.6회 | 5.3회 | 6.5회 |
| 이용동기 | 바로 소비 23% / 수령 편의성 38% / 일상식재료 구매 36% / 기타 3% | 바로 소비 23% / 수령 편의성 42% / 일상식재료 구매 33% / 기타 2% | 바로 소비 23% / 수령 편의성 34% / 일상식재료 구매 47% / 기타 5% |
| 일주일 식사준비횟수 | 10회 | 10회 | 11.8회 |
| 월평균 식료품 구매액 | 67.9만원 | 67만원 | 78.4만원 |
| 월평균 온라인 식료품 구매액 | 36.3만원 | 38.3만원 | 46.3만원 |
| 월평균 새벽배송 식료품 구매액 | 25.9만원 | 28.6만원 | 39.1만원 |

## 농촌진흥청 소비자패널 브랜드별 장바구니 비교: 구매횟수 기준

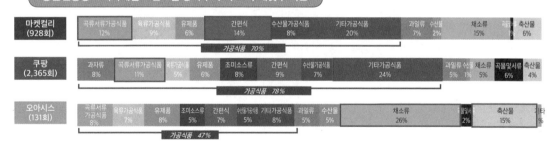

## 농촌진흥청 소비자패널 브랜드별 장바구니 비교: 구매금액 기준

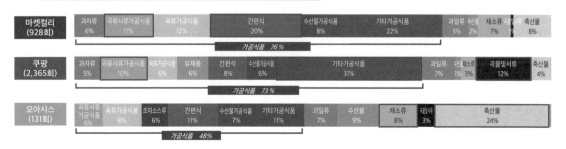

## 신선하고 환경친화적 소비, 오아시스마켓

오아시스마켓 입점 상품에는 세 가지 특징이 있는데, 1) 축산물은 육종을 불문하고 항생제 검사를 통과한 무항생제 인증 제품이어야 한다. 2) 채소와 곡식, 수산물은 무농약 인증 이상이어야 한다. 3) 가공식품의 경우 식품 첨가물(화학조미료, 합성착색료, 합성보존료, 합성착향료)이 없어야 한다. 이런 엄격한 기준을 통해 최상의 상품성을 유지하고 있다.

오아시스는 유통구조를 최대한 단순화해 품질이 보장된 제품을 저렴한 가격에 판매하는 전략을 취한다. 직거래 시스템을 확보하고, 오프라인 매장과 연계해 재고를 관리하며, 물류창고를 효율화 한 것이다. 이처럼 효율성에 초점을 맞추어 자사 역량을 집중함으로써 소비자 만족과 영업이익을 최대화하고 있다(동아비즈니스리뷰, 2020; 더밸류뉴스, 2020). 그 결과 새벽배송 서비스를 제공하는 기업 가운데 유일하게 흑자를 기록하고 있다. 2019년 매출(1423억 원) 대비 영업이익률은 0.7%였는데 이는 매우 작은 수치이지만 업계 유일한 흑자 기업이란 측면에서 이목을 끌었다(한국경제, 2020). 앞으로 성장 가능성이 높은 새벽배송 채널이라고 할 수 있다.

특히 많은 고객들이 새벽배송으로 일상적인 장보기를 위해 오아시스마켓을 방문하고 있다. 오프라인 매장에서의 성과를 온라인 매장으로 옮겨가며, 유기농을 포함한 인증 신선 식재료를 선호하는 고관여 고객들이 충성을 보이고 있다. 예컨대 쿠팡의 고객층과 오아시스마켓의 고객층은 서로 겹치지 않는다. 쿠팡의 고객이 편의성에 높은 가치를 두는 집단이라면, 오아시스의 고객은 똑똑 깐깐한 주부 집단이다. 마켓컬리의 고객이 쇼핑을 통해 만들어지는 자신의 차별화된 이미지에서 만족감을 얻고, 컬리의 새벽 배송박스를 선물박스로 인식하고 있다면, 오아시스마켓의 고객은 자신의 합리적인 쇼핑 방식에 만족하고, 오아시스마켓의 새벽 배송박스를 신선함의 획득이라고 인식한다.

오아시스마켓의 고객들은 품질 좋은 신선 식재료를 저렴한 가격에 구입한다는 사실에 큰 만족감을 보이며 재방문률을 높이고 있다. 그러나 아직 전체적인 상품 구색이 부족하고, 특히 가공식품의 구색이 부족한 점이 약점으로 거론되지만, 이것이 오아시스마켓의 정체성이라고 생각하는 충성 고객들도 많다.

## 오아시스 신선식품 품목당 구매금액 비중

| 축산물 47% | 수산물 17% | 채소류 16% | 과일류 13% | 곡물및서류 7% |
|---|---|---|---|---|

## 오아시스 인증식품 품목당 구매금액 비중

| 축산물 60% | 채소류 14% | 과일류 10% | 곡물및서류 10% | 가공식품 6% |
|---|---|---|---|---|

마켓컬리 vs. 오아시스 신선인증상품 종류별 구매액 비중

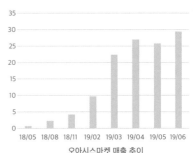

오아시스마켓 매출 추이
(단위: 억 원, 자료: 오아시스마켓, 뉴스1, 2019)

## 일상재 구매가 이루어지다, 쿠팡 장바구니 특징

칸타(KANTAR)가 소비자접점지수(CRP)를 활용해 분석한 결과, 국내에서 코로나19가 본격화된 2020년 1~2월 국내 FMCG 시장에서 CRP 기준 온라인 유통 채널 상위 1위는 쿠팡이 차지했다. 쿠팡은 온라인 채널 1위답게 전 연령대에서 구매자 유입이 강하게 나타났다. 주 구매 품목으로는 그동안 온라인으로 많이 구매해 온 오래 두고 먹을 수 있거나 부피가 크고 무거운 생수/음료, 냉장/냉동식품, 라면/면류, 과자류, 가공식품류로 나타났다(식품음료신문, 2020)

소비자들은 쿠팡 새벽배송을 통해 일상적으로 소비되는 제품들을 구매하고 있는데, 쿠팡은 여기에 가성비 높은 단독 상품을 마케팅 전면에 내세우고, 다양한 제품군 특히 소비자의 니즈에 촘촘하게 대응하는 다양한 PB 상품을 출시해 소비 수요를 끌어들이고 있다. 쿠팡은 생필품에 집중됐던 자체 브랜드(PB) 상품군을 식품, 출산, 유아동 등으로 대폭 확장하여 공산품의 2차 구매를 유도하고, 소비자가 자주 구매하는 상품 등을 정기배송하여 공급가격을 낮추고 장기적인 매출을 확보하는 시도도 하고 있다(전자신문, 2019)

음료 품목별 구매액 비중 중 생수는 19%를 차지하며, 그중에서도 대표 PB 상품인 탐사수가 약 30%를 차지한다. '탐사수'는 쿠팡의 대표적인 PB 상품으로 국내 중소업체가 생산하며 타기업 대비 최고 절반 이상 저렴하고(매일경제, 2019), 아이가 학교에 들고 다닐 수 있는 사이즈나, 1인 가구에 적합한 용량이 필요하다는 소비자의 니즈에 맞춰 다양한 용량(330ml, 500ml, 1L, 2L)으로 구성한 부분도 인기 이유 중 하나다(중앙일보, 2020). 탐사수는 후기가 42만 개가 넘을 정도로 인기 있는 제품이다(2020년 11월 기준). 탐사수의 인기를 통해 쿠팡이 정기적으로 찾는 가공 식품을 구매하는 채널로 기능하려는 의도를 살펴볼 수 있다.

이와 유사하게 쿠팡의 두유 가공식품 내 두유의 구매 비중은 타 채널에 비해 높은 비중을 차지하고 있는 것으로 보인다. 두유는 멸균상태로 종이팩에 담겨 보관과 소비가 쉬워 대량 구매가 괜찮은 상품이다. 또한 다양한 용도와 다양한 소비층에 의해 구매되는 품목이다. 전 연령대에서 소비자 유입이 일어나는 쿠팡의 성격을 확인할 수 있는 상품이라고 할 수 있다. 반면에 두부의 비중이 타사 대비 매우 낮게 나타나는 특성이 있다.

쿠팡의 곡류 서류 중 가장 큰 구매액 비중을 차지하는 카테고리는 쌀(73%)이다. PB 브랜드인 곰곰을 통해 다양한 중량, 품종, 재배지역별로 차별화한 쌀을 선보이기도 했다. 쿠팡에서는 부피가 크고, 무게가 나가며, 일상적으로 지속적인 구매를 하는 상품에서 강점을 보이고 있다.

## 쿠팡 기타가공식품 품목당 구매액 비중

| 음료 33% | 곡물가공식품 4% | 라면 11% | 과자류 17% | 조미소스류 16% | 채소가공식품 16% | 기타 20% |
|---|---|---|---|---|---|---|

쿠팡 음료 품목별 구매액 비중

쿠팡 내 생수 브랜드별 구매액 비중

다양한 사이즈로 제공되는 쿠팡 PB브랜드 '탐사' 생수

## 쿠팡 곡류서류가공식품 품목당 구매액 비중

| 두류가공식품 50% | 쌀가공식품 15% | 밀가공식품 14% | 기타곡물류가공식품 10% |
|---|---|---|---|

쿠팡 두류가공식품 품목별 구매액 비중
(1회당 구매금액: 22,097원)

쿠팡 두유 카테고리 판매 랭킹 1,2위를 차지하고 있는 쿠팡 PB 브랜드 '곰곰' 두유

## 쿠팡 곡류서류 품목당 구매액 비중

| 쌀 73% | 고구마 10% | 잡곡 7% | 감자 3% | 두류 3% | 보리 2% |
|---|---|---|---|---|---|

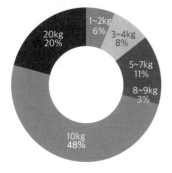

쿠팡 kg별 쌀 구매횟수 비중
(구매횟수: 89회, 1회당 평균 구매중량: 10kg)

지역/품종별로 구분된 쿠팡 PB 브랜드 '곰곰 소중한 우리쌀'

## 특별함을 구매하다, 마켓컬리 장바구니 특징

새벽배송 채널 중 마켓컬리는 간편식 판매 비중이 높은 편이다. 그 중에서도 간편식 국탕찌개류가 다른 채널에 비해 구매액 비중이 매우 높게 나타났다. 마켓컬리는 서울 맛집 음식을 간편히 접하는 '서울 맛집로드' 기획전을 정기적으로 진행할 정도로 맛집 상품 소싱 역량에 강점을 보인다. 레스토랑과 제휴한 간편식(RMR, Restaurant Meal Replacement) 상품을 소비자들에게 소개하며 뛰어난 상품 기획력을 보여주고 있다. 2019년 마켓컬리 판매량 TOP 10위 상품은 프리미엄 상품군과 간편식이 차지해 '편리미엄' 트렌드가 큰 흐름으로 자리잡았다(플래텀, 2020). 2020년 6월 18일 기준 2019년 대비 178% 늘어난 680여 개 RMR 상품이 판매 중이며, RMR 상품의 판매량은 작년 동기간 대비 175% 증가했는데, 이는 전체 상품 판매량 증가율보다 1.8배 높은 수치다(월간호텔&레스토랑, 2020). 마켓컬리의 RMR 제품 사례는 사미헌 갈비탕, 계방식당 간장게장, 봉피양 평양냉면 등 다양한 구색을 갖추고 있어 소비자들의 좋은 반응을 얻고 있다.

RMR 상품과 비슷한 맥락에서, 마켓컬리에서는 멀리 가거나 줄 서지않아도 '방구석 빵지순례'가 가능하도록 여러 유명 베이커리의 빵을 단독으로 입점시키는 등 차별화된 소싱 전략을 추구하고 있다. 빵은 온도에 민감한 상품으로 이제까지 배송으로는 제대로 된 맛을 소비자에게 전달할 수 없었는데, 풀콜드체인 물류망을 구축한 새벽배송업체들에 대한 베이커리계의 신뢰도가 높아졌다. 마켓컬리에서는 대구의 3대 빵집의 단팥빵, 2대 째 내려오는 서울의 명물 베이커리 빵 등 2019년도 판매량 TOP 10에서 빵 제품이 절반을 차지할 정도로 베이커리 상품은 큰 인기를 끌었다(싱글리스트, 2020). 마켓컬리의 곡류서류 가공식품 품목당 구매액 비중 가운데 밀 가공식품류는 전체 58%를 차지하고 있다.

마켓컬리는 다른 두 채널에 비해 품목당 유제품 중 치즈의 구매액 비중이 약 4배 가량 높게 나타났다. 유제품 품목당 구매액 비중을 살펴 보았을 때 치즈가 48%로 1위를 차지했으며, 우유(31%), 기타 유제품(31%), 요구르트(7%)가 그 뒤를 이었다. 이는 쿠팡에서 치즈 구매금액이 차지하는 비중(9%) 대비 월등히 높은 수치다. 마켓컬리에서는 원산지, 가격대, 제형, 종류가 다양한 치즈를 판매하며, 치즈 종류별 생산방식, 원료, 적절한 레시피에 대한 정보를 제공하여 소비자의 제품에 대한 관여도를 높이고 있다. 치즈 품목별 구매 비중을 살펴보면 모짜렐라 치즈가 65%로 가장 높았으며, 크림, 스트링치즈가 각 12%, 체다치즈 및 그 외 품목이 각 6%의 비중을 보였다. 이처럼 제품군의 선호는 다양한 제품을 선보일 기회를 만들어준다. 한 예로 2019년 12월 USA 치즈 길드의 스페셜티 치즈를 독점 입점하면서 관련 프로모션을 진행한 바 있는데(서울경제, 2020), 호기심 많은 소비자들이 시도할 수 있는 새로운 시장을 열어주고 있는 것이다. 이처럼 소비자는 마켓컬리를 일상재 구매보다 프리미엄 제품을 구매하는 채널로 인식하고 있다.

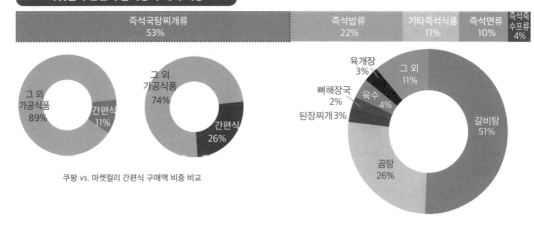

## 마켓컬리 간편식 품목당 구매액 비중

| 즉석국탕찌개류 53% | 즉석밥류 22% | 기타즉석식품 11% | 즉석면류 10% | 즉석죽수프류 4% |
|---|---|---|---|---|

그 외 가공식품 89%
간편식 11%

그 외 가공식품 74%
간편식 26%

**쿠팡 vs. 마켓컬리 간편식 구매액 비중 비교**

육개장 3%
뼈해장국 2%
된장찌개 3%
그 외 11%
육수 4%
갈비탕 51%
곰탕 26%

**마켓컬리 간편식 국탕찌개류 품목별 구매액 비중**

## 마켓컬리 곡류서류가공식품 품목당 구매액 비중

| 밀가공식품류 58% | 쌀가공식품 23% | 두류가공식품 8% | 깨가공식품 8% | 기타 4% |
|---|---|---|---|---|

양산빵 82%
베이커리빵 18%

양산빵 67%
베이커리빵 33%

**쿠팡 vs. 마켓컬리 양산빵/베이커리빵 구매액 비중 비교**

**마켓컬리에서 판매중인 전국 유명 베이커리 빵**

## 마켓컬리 유제품 품목당 구매액 비중

| 치즈 48% | 우유 31% | 기타유제품 13% | 요구르트 7% |
|---|---|---|---|

| 치즈 9% | 우유 53% | 분유 24% | 요구르트 9% |
|---|---|---|---|

**쿠팡 유제품 품목당 구매액 비중**

수입 55%
국내 45%

수입 68%
국내 32%

스트링 12%
그 외 5%
크림 12%
체다 6%
모짜렐라 65%

**쿠팡 vs. 마켓컬리 국내산/수입산 치즈 구매액 비중 비교**

**마켓컬리 치즈 품목별 구매액 비중**

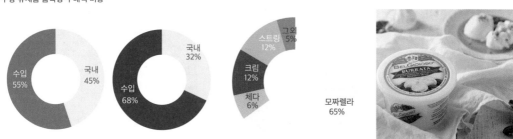

**마켓컬리에서 판매중인 치즈**

마켓컬리는 자사가 추구하는 프리미엄 가치를 PB 상품을 통해서도 적극적으로 녹여내고 있다. 높은 신뢰도와 저렴한 가격이라는 경쟁력을 갖추며 반응을 이끌어내고 있다. 컬리스 동물복지 우유는 7개월 만에 40만 개 이상 판매되고, 마켓컬리 우유 판매 1위, 전체 상품판매 순위 3위 안에 들었다(한국경제, 2020). 동물복지, 무항생제, HACCP 시설 인증을 제시하여 신뢰도를 확보하고, 소비자가 우유를 구매할 때 고려하는 요인들의 스펙트럼을 넓혀 '까다로운' 소비자로 만든다. 이 상품의 출시로 소비자는 프리미엄 우유를 소비하고, 영농조합은 좋은 환경에서 생산한 고품질 우유를 안정적으로 판매할 수 있으며, 마켓컬리는 적정한 이윤을 취할 수 있는 지속가능한 플랫폼으로서의 가치를 제안했다. 우리나라 식품업계 역사상 처음으로 동물복지 유제품이 성공한 의미 있는 사례로 보인다. 컬리스 동물복지 우유를 시작으로 마켓컬리는 동물복지 상품의 판매를 확대하는 데 힘을 얻었으며, '착한 소비'라는 월간 테마관을 구성해 동물복지 인증을 받은 제품들을 판매하고 있다. 동물복지 PB 상품에는 우유, 백색 유정란이 있으며 그 외에도 생닭, 아이스크림 등 다양한 상품을 제시한다. 이를 통해 마켓컬리는 상품뿐만 아니라 브랜드 철학을 전달하고 있다.

※ 1% 제외 상품이 판매되었습니다.

**[Kurly's] 동물복지 유정란 20구**
~~8,200원~~ **7,380원**
1구 당 판매가 410원
Kurly only

**[Kurly's] 동물복지 유정란 15구**
6,500원
1구 당 판매가 433원
Kurly only

**[Kurly's] 동물복지 우유 900ml**
~~2,950원~~ **2,655원**
평균 가격의 기준을 찾아 성계란
Kurly only

**[무무원] 동물복지 아이스크림 3종**
~~7,900원~~ **6,320원**
신선하고 깨끗한 신념으로 즐기는 소프트한 아이스크림
Kurly only

**[Kurly's] 동물복지 구운란 6구**
4,500원
깨끗 마치도 맛있는 친환복지 구운란 (1 구입: 750원)
Kurly only

**[Kurly's] 동물복지 구운란 10구**
6,700원
영양만점 구운간식 배식 (1 구입: 670원)
Kurly only

**[Kurly's] 동물복지 구운란 20구**
11,500원
온 가족이 함께즐기는 구운란 (1 구입:575원)
Kurly only

**[누리벨] 동물복지 유정 초란 10구**
5,200원
첫 달걀에만 맺은 영양 그대로 (구입: 520원)
Kurly only

**[Kurly's] 동물복지 백색 유정란 10구**
4,900원
1구 당 판매가 520원
Kurly only

**[Kurly's] 동물복지 백색 유정란 20구**
~~9,000원~~ **8,100원**
1구 당 판매가 450원
Kurly only

**[Kurly's] 동물복지 반숙란 6구**
4,500원
소포장으로 부담없이 즐기는 (1 구입:750원)
Kurly only

**[Kurly's] 동물복지 마시는 플레인 요거트 750ml**
~~6,600원~~ **5,610원**
SACCO 유산균으로 만든한 요거트의 풍미
Kurly only

---

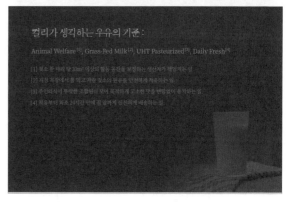

## 컬리가 제안하는 동물복지 유정란 :

Free-Range 01    Balanced 02    Daily Fresh 03
Nutrition Feed

(01) 닭 한 마리당 ←→ 🐔 0.1m² ←→ 이상의 활동 공간을 보장한 평사 (02) 무항생제 NO ANTIBIOTICS · 영양 균형이 뛰어난 사료를 먹고 자란 닭이 낳은 건강한 달걀 (03) 깨끗하게 세척해 ✦ 집 앞까지 냉장 배송

## 컬리가 생각하는 우유의 기준 :

Animal Welfare [1], Grass-Fed Milk [2], UHT Pasteurized [3], Daily Fresh [4]

[1] 젖소 한 마리 당 33m² 이상의 활동 공간을 보장하는 생산자가 책임지는 일
[2] 저장 목장에서 좋은 먹고 자라 젖소의 원유를 안전하게 제공하는 일
[3] 주인의식이 투철한 조합님이 모여 목적이 고소한 맛을 변함없이 유지하는 일
[4] 착유부터 최소 24시간 안에 집 앞까지 신선하게 배송하는 일

---

서울·경기·인천 샛별배송 >

**MARKET Kurly**

☰ 전체 카테고리    신상품    베스트    알뜰쇼핑    이벤트

- 연말대전
- 채소
- 과일·견과·쌀
- 수산·해산·건어물
- 정육·계란
- 국·반찬·메인요리
- 샐러드·간편식
- 면·양념·오일
- 음료·우유·떡·간식
- 베이커리·치즈·델리
- 건강식품
- 생활용품·리빙
- 뷰티·바디케어
- 주방용품
- 가전제품
- 베이비·키즈
- 반려동물
- 컬리의 추천

똑똑하게 군것질    간편한 아침식사    Kurly Only    1인 가구

재구매 BEST    Kurly Fresh 365    반찬가게    컬리가 만든 상품

1% Table    식탁관리    똑똑이 간편식    오프라인 맛집

3천원의 행복    홈테인먼트    Vegan    키토제닉

# 2020년 새벽배송의 '아이돌' 마켓컬리

이번 장에서는 마켓컬리로부터 제공받은 연별 카테고리별 판매 데이터를 분석하여 연별 판매횟수/매출 포트폴리오를 뽑아냈다. 먼저 가공식품과 신선식품의 비중이 앞선 농촌진흥청 패널 데이터와 다르게 나타나는데, 이유는 분류 기준이 다르기 때문이다. 예를 들어 다진마늘과 파채는 농촌진흥청 기준 가공식품, 마켓컬리는 신선식품으로 분류하고 있다. 진흥청에서는 농업 생산자 중심의 관점으로 상품을 바라보고 있으므로 단순 세척, 선별, 거피, 포장 이외의 손질이 들어간 경우에는 가공식품으로 분류하고 있고, 유통업계에서는 원물에 타 원물이나 소스 등이 혼입되지 않고 냉장 상태로 유통되면 신선식품으로 분류하는 편이다. 컬리의 상품 분류는 후자에 준하는 기준으로 되어 있다.

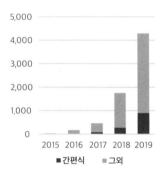

마켓컬리는 최근 4년동안 매우 빠르게 성장한 채널이다. 2020년에는 총 매출 1조를 상회할 것으로 보인다. 그 중 가공식품의 비중이 점점 커지고 있는 것을 볼 수 있다. 또한 가공식품 중에서도 간편식의 비중과 매출이 높아지고 있다. 마켓컬리의 간편식 매출은 2017년 2.47억원에서 2019년 895억 원으로 대폭 상승했다. 간편식의 종류도 다양해지고 있다. 예전에는 유통 방식(냉장, 냉동, 상온)과 상관없이 긴 유통기한을 가진 상품만 판매되었다면 , 지금은 당일 제조 당일 판매하는 초신선간편식의 비중이 늘고 있다. 대표적인 상품으로 샐러드와 만능 전골세트를 들 수 있다.

신규 고객이 유입도 마켓컬리에서만 구매할 수 있는 특유의 상품들에 기인하는 비중이 높고, 특히 독특한 간편식을 구매하기 위해 들어오는 고객들이 많다. 이렇게 간편식이 성장하면서 상대적으로 신선식품 원물 비중이 감소하고 있다. 신선 원물의 경우 구매빈도 하락 대비 단가 하락이 빨라 전체적으로 매출비 하락폭이 크며, 내부 분석에 따르면 간편식 구매 이후, 재구매시 신선식품이 함께 장바구니에 담기는 확률이 매우 높다고 한다. 신선식품의 비중은 다른 유통 채널보다 여전히 높게 유지하고 있다.

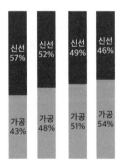

마켓컬리 가공, 신선 구매액 비중 추이

마켓컬리의 경우 전체 매출의 50%가 충성고객 10%로부터 일어날만큼 강력한 팬덤을 형성하고 있고, 그 어떤 온라인 업체 대비 높은 품질과 많은 수의 고객 상품 리뷰가 달려있다. 마켓컬리의 상품 기획에 녹아 있는 마켓컬리 김슬아 대표의 철학에 대한 무한 애정을 보내는 고객층이 두텁게 있으며, 그들은 김슬아 대표의 주요 관심 키워드인 초신선, 지속가능성, 동물복지, 비건, 로컬이 담겨진 제품의 소싱에 '열성적 구매'로 화답하고 있다.

## 마켓컬리 카테고리별 판매횟수 비중

| 연도 | 간식 | 간편식 | 기호음료 | 반찬 | 베이커리/잼 | 유제품 | 과일/견과 | 달걀 | 수산 | 정육/건조육 | 쌀/잡곡 | 채소 | 가공식품 |
|---|---|---|---|---|---|---|---|---|---|---|---|---|---|
| 2017 (총 매출 465억 원, 238%↑) | 6.20% | 7.93% | 4.93% | 6.31% | 9.71% | 6.84% | 10.53% | 7% | 7.61% | 5.77% | 6.37% | 16.37% | 46% |
| 2018 (총 매출 1571억 원, 174%↑) | 7.38% | 13.35% | 4.26% | 5.46% | 12.00% | 6.34% | 8.10% | 5.70% | 7.49% | 6.39% | 5.98% | 13.76% | 53% |
| 2019 (총 매출 4289억 원, 143%↑(E)) | 6.03% | 17.02% | | 5.04% | 12.46% | 6.71% | 8.01% | 5.24% | 6.62% | 6.46% | 6.19% | 13.70% | 54% |
| 2020 (총 예상 매출 1조 원) | 7.44% | 20.95% | | 5.77% | 10.19% | 7.49% | 6.32% | 5.29% | 6.30% | 7.18% | 6.19% | 12.39% | 53% |

## 마켓컬리 카테고리별 판매금액 비중

| 연도 | 간식 | 간편식 | 반찬 | 베이커리/잼 | 유제품 | 과일/견과 | 달걀 | 수산 | 정육/건조육 | 쌀/잡곡 | 채소 | 가공식품 |
|---|---|---|---|---|---|---|---|---|---|---|---|---|
| 2017 (총 매출 465억 원, 238%↑) | 5.91% | 8.55% | 6.98% | 9.02% | 6.19% | 10.38% | 9.62% | 7.87% | 11.74% | 9.94% | 7.01% | 43% |
| 2018 (총 매출 1571억 원, 174%↑) | 6.68% | 13.17% | 5.84% | 11.60% | 5.27% | 8.94% | 7.78% | 7.57% | 12.64% | 8.95% | 6.19% | 48% |
| 2019 (총 매출 4289억 원, 143%↑(E)) | 5.74% | 17.40% | 5.16% | 12.71% | 5.55% | 8.87% | 6.66% | 6.08% | 12.37% | 9.01% | 5.82% | 51% |
| 2020 (총 예상 매출 1조 원) | 6.17% | 20.89% | 5.39% | 11.02% | 6.40% | 8.25% | 5.90% | 5.08% | 12.14% | 8.37% | 6.41% | 54% |

## 타 온라인 채널과의 판매금액 비중 비교

* 마켓컬리 매출 기준은 회계상 매출(할인전 매출- VAT)이며, 롯데프레시와 대형마트 등의 기준은 2019년 매입가 기준임

**마켓컬리 (2019)** — 가공식품 51%

| 과자류 | 간편식 | 곡류서류가공식품 | 기타가공식품 | 유제품 | 곡물및서류 | 과일류 | 채소류 | 축산물 | 수산물 |
|---|---|---|---|---|---|---|---|---|---|
| 6% | 17% | 13% | 8% | 6% | 9% | 9% | 13% | 12% | 6% |

**마켓컬리 (2020E)** — 가공식품 54%

| 과자류 | 간편식 | 곡류서류가공식품 | 기타가공식품 | 유제품 | 곡물및서류 | 과일류 | 채소류 | 축산물 | 수산물 |
|---|---|---|---|---|---|---|---|---|---|
| 6% | 21% | 11% | 7% | 6% | 8% | 8% | 12% | 12% | 5% |

**롯데프레시 새벽배송 (2019)** — 가공식품 66%

| 과자류 | 간편식 | 곡류서류가공식품 | 기타가공식품 | 유제품 | 조미소스류 | 과일류 | 채소류 | 축산물 | 수산물 |
|---|---|---|---|---|---|---|---|---|---|
| 7% | 23% | 10% | 14% | 6% | 4% | 8% | 8% | 10% | 7% |

**롯데프레시 온라인 (2019)** — 가공식품 55%

| 과자류 | 간편식 | 기타가공식품 | 유제품 | 조미소스류 | 곡물및서류 | 과일류 | 채소류 | 축산물 | 수산물 |
|---|---|---|---|---|---|---|---|---|---|
| 5% | 20% | 14% | 7% | 4% | 8% | 11% | 11% | 12% | 3% |

**대형마트 온라인 (2019)** — 가공식품 56%

| 과자류 | 간편식 | 기타가공식품 | 유제품 | 조미소스류 | 곡물및서류 | 과일류 | 채소류 | 축산물 | 수산물 |
|---|---|---|---|---|---|---|---|---|---|
| 7% | 21% | 12% | 9% | 4% | 5% | 10% | 11% | 15% | 5% |

## 마켓컬리의 UX, 차별화된 PB상품 출시

컬리스(Kurly's)라는 이름의 PB 상품군은 고객의 니즈를 분석하고, 거기에 공급사의 역량 등을 고려해 기획한 제품이다. 2020년 2월 출시된 컬리스 동물복지 우유는 우유와 관련된 큰 이슈 없이도 '높은 수준'의 우유를 출시하여 소비 감수성을 높인 사례로 들 수 있다. 컬리스 동물복지 우유는 출시 100일 만에 누적 판매량 11만 개를 넘어서며 2020년 5월 기준 일평균 2,300여 개가 팔리는 인기 상품이 되었다.

R15 통밀식빵은 2020년 5월 7일 출시 후 4개월만에 16만 개 이상 팔리며 9월 13일 기준 마켓컬리 판매 식빵 중 판매량 1위를 기록했다. 제 29호 식품명인이자 제539호 식품명장인 김순자 명장과 함께 제조한 아삭한 열무김치는 9월 14일 기준으로 김치류 중 최근 10일간 판매량 1위를 기록했나.

## 소비자를 교육시키는 상세 정보

마켓컬리는 상품 설명 페이지에서 개별 상품을 넘어 전체 카테고리에 대한 교육정보로 연결되는 링크를 제시해 사용자의 호기심을 유발한다. 이를 통해 식재료에 관심이 많은 소비자의 호기심을 충족시켜 주고 소비 감수성을 심화하여 장기적으로는 소비자를 마켓컬리 '덕후'로 만드는 것이다.

마켓컬리는 경쟁사 대비 상품설명 페이지에 강점이 있다. 상품설명 담당 에디터가 상품기획 초기 단계부터 담당 MD, 그리고 대표와 함께 상품에 대해 조사하고 경험한다. 따라서 상품에 대한 이해도가 매우 높은 상태로 상품설명 콘텐츠를 작성하기 때문에 타 경쟁사의 상품설명 페이지와 비교하여 UX관점에서 월등한 우위를 갖고 있다.

마켓컬리 PB 브랜드 Kurly's 동물복지 우유와 R15 통밀식빵

**[Kurly's] 마르게리타 미트볼 (리뉴얼)**
~~10,500원~~ → 9,975원
토마토에 퍼뜨린 완성해 낸 산뜻한 한끼
Kurly only

**[Kurly's] 프렌치 어니언 수프 (리뉴얼)**
6,900원
양파 무쇠소스로된 클래식한 수프
Kurly only

**[Kurly's] 구운 채소 샐러드**
9,500원
식감을 살린 구운 10가지 채소
환경상품

**[Kurly's] 펌킨 스테이크 (리뉴얼)**
~~9,500원~~ → 9,025원
촉촉히 부드러운 클래식스테이크가 만든 소스 조화
Kurly only

**[Kurly's] 시저샐러드**
6,900원
드레싱부터 재료 구성까지 한 끼 맛있다
Kurly only

**[Kurly's] 클래시오리브 페스토**
8,000원
향긋함과 솔티하게 맛이 균형잡
환경상품

**[Kurly's] 팬 메추리 유정란 270g**
3,600원
불필요한 비에요, 매주식을
Kurly only

**[Kurly's] 토핑용 팬 메추리 유정란 70g**
1,100원
소용량이라 만나는 한 매추리알
Kurly only

**[Kurly's] 동물복지 구운란 6구**
4,500원
매일 맛있는, 맛있는 정통쓰미 구운란 6구 6구
Kurly only

**[Kurly's] 동물복지 백색 유정란 10구**
4,900원
1구 3구 완제가 5,500원
환경상품

**[Kurly's] 팬 메추리 유정란 450g**
4,800원
니마한 팬 메추리 유정란 매주식을
Kurly only

**[Kurly's] 동물복지 반숙란 20구**
11,500원
깐 거칠어 좋기는 반숙 (켜션) 20구 5가원)
Kurly only

**[Kurly's] 동물복지 구운란 10구**
6,700원
냉장해 구운란의 매력 (1 구2- 6709)
Kurly only

**[Kurly's] 동물복지 비빔 계란장 매운맛**
5,900원
따뜻 담긴맛 있으면 매력이 매일 계란장
Kurly only

**[Kurly's] R15 통밀 식빵**
3,500원
벌리기 자신감게 채운마슴는 냉장야 포장 식빵
Kurly only

**[Kurly's] R15 통밀 모닝롤**
3,500원
손아침 식감의 매력적인 결합 모닝롤
Kurly only

**[Kurly's] 국산콩 두부 300g**
~~1,800원~~ → 1,710원
1회 끼 국산콩의 건강한 고소함
Kurly only

**[Kurly's] 물만두**
~~8,000원~~ → 7,500원
국내산 재료과 가득 채운 물만두
Kurly only

---

KURLY'S GUIDE
컬리 달걀의 모든 것
보러가기

KURLY'S GUIDE

# 컬리 달걀의 모든 것

컬리가 생각하는 좋은 달걀의 기준을 따라
매일 먹어도 후회 없는 달걀을 골라 보세요

## 안전한 달걀을 고르는 기준

항생제 파동, 살충제 파동 등 달걀을 둘러싼
각종 문제 앞에서도 컬리 달걀은 항상 당당했습니다.

바로 그 이유는 좋은 달걀을 판가름하고
관리하는 기준이 존재하기 때문이죠.

| 01 | 02 | 03 | 04 |
|---|---|---|---|
| 사육환경 | 사료 | 세척·냉장 | 자가품질검사 |

달걀 상품 상세페이지 내부에 위치한 "컬리스 가이드"
배너를 클릭하면 달걀 전체에 대한 교육정보로 이동한다.

새벽배송 서비스는 소비자의 장보기 시간을 혁신적으로
단축시켰을 뿐 아니라 비대면 커뮤니케이션이 보편화된
팬데믹 상황과 맞물리며 소비자 니즈를 충족시키고 있다.
새벽배송 산업 내 플레이어들은 물류 효율화, 차별화된
상품기획, UX 디자인, 지속가능성을 추구하는 패키징을
위해 각자 다른 전략들을 취하고 있으며, 이러한 전략들이
각 플레이어들의 경쟁력을 구축하고 브랜드 아이덴티티를
형성하고 있다.

새벽배송은 일상적인 서비스로 자리잡아가고 있으며,
소비자는 새벽배송 채널마다 다른 구매행동을 보이고
있다. 각 유통채널은 상품 소싱과 서비스에서 서로
다른 방향성의 강점을 보이며, 각사의 차별화된 역량을
강화시켜 다른 채널로의 소비자 이탈을 막고 경쟁력을
높이는 것이 중요할 것으로 판단된다.

사진: 신세계그룹인사이드

# 신선하고 간편하게, 2020 밀키트

2019년부터 시작된 '밀키트'라는 식품 카테고리에 대한 관심과 주목은
여전하다. 우리는 작년에 출간한 푸드 트렌드 No. 3 <뉴밀리어>에서도
밀키트 시장의 성장과 현황에 대해 소개했다. 3권에 간편식과 직접조리의
중간 형태인 밀키트가 '살아남을 수 있을까?'를 논했다면, 올해에는 그
질문에 대해 '자리잡았다'고 대답할 수 있게 되었다. 우리 사회가 직면한
재난인 코로나19는 우리를 집에 가두었고, 여느 때보다 '집 안'에서 식사를
해결하는 비중이 높아졌다. 사전 대비 없이 늘어난 가정 내 식사횟수에
고민하고 있던 사람들에게 신선하고 간편하게 한 끼를 제공하는 밀키트는
안성맞춤이었고, 많은 신규고객을 유입시킬 수 있었다.

본 장에서는 '밀키트의 변화와 현황'에 초점을 두어 분석을 진행했다. 정밀한
분석을 위해 2019년 10월 (T1, 270개), 2020년 5월(T2, 673개), 2020년
10월(T3, 1,010개) 세 번의 타임포인트에 걸쳐 수집된 밀키트 제품 정보를
분석했다. 그 결과 온라인에서 유통되고 있는 대부분의 밀키트 제품에 대한
정보를 수집하여 푸드비즈니스랩만의 밀키트 제품 데이터베이스를 구축할
수 있었다. 이 데이터를 통해 시간의 흐름에 따른 밀키트 제품의 변화와 그
특징을 전달하고자 했다.

국내 밀키트 제품 데이터베이스는 푸드비즈니스랩 연구원들이 많은 시간과
노력을 기울여 구축한 것이다. 온라인에서 수집한 데이터에 담을 수 없는
오프라인 정보를 위해서 직접 발로 뛰며 대형마트에서 밀키트 제품을
수집했고, 제품을 비교평가하기 위하여 직접 조리하고 관능적으로 평가했다.
긴 시간 연구한 이 분석결과를 통해 밀키트 업계에 몸 담고 있는 모든 업체들,
밀키트 시장에 뛰어들 준비를 하는 식품업계 종사자들에게 도움이 되기를
소망한다. 엄하람 연구원

'밀키트'라는 카테고리가 한국에 처음 등장하고 2019년에 주목받기 시작했을 때, 이 카테고리가 과연 한국에서 정착할 수 있을 것인지에 대한 논란이 많았다. 밀키트는 간편식에 부족한 '신선함'이 있고 요리하는 즐거움과 아날로그 감성을 제공하는 강점이 있다. 하지만, 어쨌든 불과 조리 도구를 사용해 조리를 해야 한다는 불편함을 동반한다. 즉, 간편식의 가장 큰 장점인 '간편함'을 포기해야만 하는 상품이 과연 성공할 수 있을 것인가라는 의심이 있었다. 게다가 밀키트를 처음 제시한 미국의 블루 에이프런(Blue Apron)은 2017년에 매출 정점을 찍고, 2019년에는 바닥을 모르고 추락하고 있었다.

그러나 2020년, 인류에게 닥친 코로나19라는 재난은 망해가던 블루 에이프런이 재기하는 기회를, 한국에서는 밀키트라는 새로운 카테고리가 무사히 시장에 안착할 기회를 제공했다. 현재 밀키트는 한국에서 가장 뜨거운 카테고리가 되었다. 밀키트는 '신선식품'과 '가공식품'이라는 식품 업계의 두 기둥을 다 껴안고 있는 독특한 상품으로 소비자에게 '신선함'과 '간편함'이라는 가치를 동시에 제안하고 있다.

유로모니터에 따르면, 2017년 15억 원이었던 밀키트 시장은 2019년 24.7배 증가한 370억 원으로 성장했다(한국경제, 2020). 특히, 코로나19가 확산되고 '집밥족'이 늘면서 밀키트에 대한 관심이 증가하고 시장이 급격히 성장했다(팍스넷뉴스, 2020). 한국농촌경제연구원은 2020년 밀키트 시장 규모는 약 1000억 원이 될 것이라 추정하고 있다(한국농촌경제연구원, 2020). 식품의약품안전처는 간편조리세트(밀키트) 식품 유형을 신설하여 안전 기준을 마련하는 데 나섰다(동아뉴스, 2020).

WHO 팬데믹 선언 시점인 2020년 3월 SNS 언급량은 전월 대비 3,075건(약 2배) 증가했으며, 7월을 기점으로 사회적 거리두기 단계가 높아지면서 9월에는 언급량이 14,531건을 기록했다. 감성어 검색 결과 2020년 5월 긍정 연관어 4,436건에서 2020년 9월 11,533건으로 꾸준히 증가하고 있다. 밀키트에 대한 긍정적인 경험 사례가 늘어나고 있으며, 이 같은 추세는 지속될 것으로 추측된다.

최근 밀키트가 폭발적으로 성장하면서, 여러 업체에서 다양한 형태로 새로운 브랜드를 런칭하고 있다. 밀키트 브랜드 런칭 형태는 크게 1) 밀키트 전문 브랜드, 2) 대형마트 PB 브랜드, 3) 외식업체 파생 브랜드, 4) 식품제조사 파생 브랜드의 4가지로 구분할 수 있다.

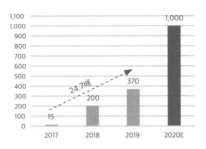

국내 밀키트 시장 규모(단위: 억 원)
(출처: 한국경제, 2020; 유로모니터, 2020; 한국농촌경제연구원, 2020)

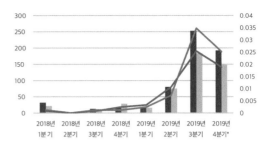

분기별 가구당 밀키트 구매추이(단위: 원/횟수)
(자료: 농촌진흥청 소비자패널 구매자료/*12월 데이터가 존재하지 않음)

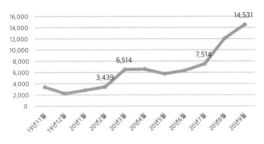

밀키트 월별 언급량 추이
(단위: 건, 자료: Sometrend)

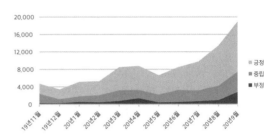

밀키트 감성 연관어 월별 언급량 추이
(단위: 건, 자료: Sometrend)

## 밀키트의 정의 Meal (식사) + Kit(키트, 세트)

- 요리에 필요한 정량의 식재료 (신선+가공+양념)
- 직접 요리할 수 있도록 한 별도의 소포장
- 요리를 완성시킬 수 있는 레시피

✕ 음식물쓰레기　　✕ 재료손질　　✕ 레시피 찾는 시간　　✕ 추가 재료 구매

---

- 2016년 밀키트 전문 업체인 프레시지는 국내 최초로 완벽하게 재료를 손질한 '편리한' 밀키트를 판매했다.
- 온/오프라인을 중심으로 밀키트를 접해보지 못한 신규 고객을 확보하기 위해 노력 중이며
- 현재 밀키트 전문 브랜드는 대부분 중소기업 제품으로 마이셰프, 푸드어셈블 등이 포함된다.

- 이마트의 경우, (1) 채소밥상 (2) 저스트잇 (3) 피코크로 나뉘어 있던 밀키트를 "피코크"로 통합했으며,
- 홈플러스/롯데마트의 경우, '올어바웃푸드', '초이스엘'의 자체 브랜드로 판매하고 있으나 조사 결과 이마트 대비 비주력 제품으로 판단했다.

| 1) 밀키트 전문 브랜드 | 브랜드 론칭 형태 | 2) 대형마트 PB 브랜드 |
|---|---|---|
| 3) 외식업체에서 파생된 브랜드 | | 4) 식품제조사에서 파생된 브랜드 |

- 코로나 19가 장기화됨에 따라 매장 방문이 줄고 포장 및 밀키트 수요가 늘어나면서, 일부 외식업체에서 밀키트 브랜드를 런칭했다.
- 밀키트 브랜드뿐 아니라, 여러 외식업체에서 포장 도시락 형태의 간편식 배달 서비스를 제공하고 있다.

- 식품 제조사에서 파생된 밀키트 브랜드의 경우, 브랜드 인지도가 형성되어 있는 데다 기존 고객이 존재하기 때문에 판매 진입장벽을 낮출 수 있다.
- 기존 자체 자원을 활용하여 식재료, 배달 등 신제품을 활발하게 출시한다.

# 유통채널 다변화

처음엔 대형마트(오프라인) 중심으로 판매하던 밀키트 브랜드는 최근에는 제조사와 외식업체의 자사몰을 중심으로 온라인 판매를 늘리고 있다. 반면 온라인에서만 판매하던 밀키트 브랜드는 브랜드를 잘 모르는 소비자들이 제품을 직접 확인하고 친밀하게 접근할 수 있도록 오프라인 매장으로 이동하고 있다. 즉, 온라인 중심 브랜드는 오프라인으로, 오프라인 중심 브랜드는 온라인으로 확장하며 소비자와의 접점을 늘리려는 노력을 끊임없이 하고 있다.

대중화를 위해 오프라인으로 진출한 대표적인 밀키트 브랜드는 프레시지다. 프레시지는 다른 온라인 밀키트 브랜드에 비해 대형마트, 백화점을 비롯한 오프라인 채널 입점률이 압도적으로 높은데, 이를 통해 소비자와의 접점을 늘리고 있다. 푸드미디어 기업 쿠캣의 브랜드 쿠캣마켓은 인스타그램, 유튜브, 페이스북 등 SNS에서의 인지도를 기반으로 SNS 인기 레시피를 밀키트로 만들어 내놓고 있으며, 2020년 4월 체험형 오프라인 매장을 오픈했다. 심플리쿡은 온/오프라인 채널을 통해 타깃층에 적합한 메뉴를 선정해 판매하는 전략을 취한다. GS Fresh 온라인몰에서는 요리족을 위해 다소 구현하기 까다로운 레시피의 세계요리 메뉴를, GS The Fresh 오프라인 매장에서는 일상 반찬류, 탕, 국, 전골등 주 고객층인 주부 맞춤 메뉴를, GS25 편의점에서는 1~2인 가구를 대상으로 간편하게 조리 가능한 메뉴와 혼술, 혼밥족에 특화된 메뉴를 판매한다.

주요 유통사의 오프라인 밀키트 매대는 어떻게 변하고 있을까? 이마트는 밀키트를 계란류, 두부와 같은 신선 식품 옆 매대에서 진열하여 신선식품 구매자를 주요 타깃으로 한다. PB상품 '피코크'를 중심으로 품목을 빠르게 늘려가며, 타 브랜드인 '프레시지' 제품으로 부족한 메뉴를 보강한다. 이마트의 대형 '밀키트존'은 월계점을 시작으로 성수점, 은평점 등으로 점차 확대되고 있다. 이마트 외 다른 대형마트에서는 비교적 규모가 작은 규모의 '밀키트 섹션'을 두고 있다. PB상품이 많지 않은 롯데, 홈플러스의 경우, '프레시지' 밀키트를 쉽게 볼 수 있으며 기타 브랜드 밀키트 제품을 매대에 함께 진열하고, 간편식 제품 및 가공 제품과 함께 진열하여 간편식 구매자들을 주요 타깃으로 한다.

각 브랜드마다 다양하고 독창적인 온라인 프로모션을 진행하는 모습도 보인다. CJ 쿡킷은 AI 챗봇으로 고객 맞춤 큐레이팅 서비스를 시행하며, 특화된 소비자 리뷰 전용관으로 소비자끼리 활발한 소통을 이끌어냈다(2020년 10월 기준 6만 건 이상). 쿠캣마켓에서는 대표 캐릭터를 마케팅에 적극 활용하고, 드라마로 방영된 인기 웹툰 "이태원 클라쓰"에 등장한 문어 순두부를 제품화하는 등 화제성을 염두에 두고 제품을 출시하며 색다른 재미와 즐거움으로 소비자와 소통하고 있다. 국내 최대 레시피 앱 '만개의레시피'에서는 가장 인기 있는 레시피를 담은 밀키트 10종을 출시했다.

| 대중화를 노려 오프라인으로 진출한 대표적인 밀키트 | | 다양한 오프라인 채널 확장 및 타깃층에 적합한 메뉴 선정 | | |
|---|---|---|---|---|

Simply Cook 심플리쿡

| **"프레시지"** | **"쿠캣"** | **"GS Fresh" 온라인몰** | **"GS The Fresh" 오프라인 매장** | **"GS25" 편의점** |
|---|---|---|---|---|
| 대형마트, 백화점 등 오프라인 채널에 입점률이 압도적으로 높음 | 온라인 상 인기 레시피를 상품화 시켜 자체 매장에서 판매 중 | 요리족을 위해 다소 까다로운 레시피를 가진 세계 요리 메뉴들을 주로 판매 | 일상 반찬류, 탕, 국, 전골 등 주 고객층인 주부에 맞춤 메뉴들을 주로 판매 | 1-2가구를 위한 간편 조리 가능한 메뉴와 혼술, 혼밥족에 특화된 메뉴 판매 |
| 소비자와의 접점을 늘리고 있음 | 대중적 요소를 밀키트에 반영함 | | | |

| 신선 제품과 함께 진열된 밀키트 | 가공 제품과 함께 진열된 밀키트 |
|---|---|

| | |
|---|---|
| - 이마트 대형 '밀키트존'은 월계점을 시작으로 성수점, 은평점 등으로 점차 확대되는 추세임<br>- PB상품 '피코크'를 중심으로 구색 수를 빠르게 늘려가며, 타 브랜드 '프레시지' 제품으로 부족한 메뉴를 보강함<br>- 계란류, 두부와 같은 신선 식품 옆 매대에서 진열하여 신선식품 구매자를 주요 타깃으로 함 | - 이마트 외 다른 매장에서는 이마트 '밀키트존'에 비해 작은 규모의 '밀키트 섹션'이 있음<br>- PB상품이 많지 않은 롯데, 홈플러스의 경우, '프레시지' 밀키트를 쉽게 볼 수 있으며 기타 브랜드 밀키트 제품을 매대에 함께 진열함<br>- 간편식 및 가공 제품과 함께 진열하여 간편식 구매자들을 주요 타깃으로 함 |

| 소비자 맞춤 마케팅, 쿡킷 | 재미와 트렌디함을 모두를 잡는, 쿠캣 | 각양각색의 컨텐츠, 만개의레시피 |
|---|---|---|

| | | |
|---|---|---|
| - AI 챗봇으로 고객 맞춤 큐레이팅 서비스 시행<br>- 특화된 소비자 리뷰 전용관으로 소비자 간의 활발한 소통을 이끌어냄 | - 쿠캣 대표 캐릭터를 마케팅에 적극 활용함<br>- 인기 웹툰/드라마 '이태원 클라쓰'에 등장한 메뉴를 밀키트 제품화함 | - 국내 최대 레시피 앱 '만개의레시피'는 가장 인기 있는 레시피를 담은 밀키트를 출시함<br>- 다양한 컨텐츠를 제공하여 흥미 유발 |

# 패키지

밀키트 시장 초기에는 식재료와 직접적으로 닿는 1차 패키지의 대부분이 식재료마다
개별 포장돼 있었지만, 환경 문제에 대한 인식이 커지면서 패키지 쓰레기가 많이
나오는 밀키트의 단점을 해결하기 위해 현재는 많은 업체에서 노력을 기울이고 있다.
특성이 비슷하거나, 동일한 전처리 과정을 거치거나 동시에 조리해야 하는 재료는
같은 1차 패키지에 포장하고, 플라스틱 및 비닐 사용을 줄이는 노력이 최근에 밀키트
패키징에 나타나고 있다. 프레시지의 감바스 알 아히요 밀키트의 경우 2016년
12월 유통된 제품의 식재료 종류와 포장 수는 12개로 같았지만 2020년 10월에는
식재료 종류 9종, 포장 개수 7개로 줄어들었다. 2020년 5월 조사된 673개의 밀키트
제품과 2020년 10월 조사된 1,010개의 제품에서도 이와 같은 현상이 관찰되었다.
지속가능성을 위한 노력의 이면에는 서로 다른 특성을 가진 신선재료가 혼입되었을
때 발생할 수 있는 품질 저하 문제 제기가 증가하고 있다.

압력에 취약한 기존 패키지를 개선하기 위해 기존 밀키트 제품의 2차 패키지를 종이
패키지로 변경하는 제품도 나타났다. 또한 신선식재료를 바로 보여주는 투명창보다
완성제품의 사진을 보여주는 패키징도 등장하고 있다. 브랜드 이미지를 확립하고
제품 특성과 개성을 더욱 강조하기 위해 다양한 2차 패키지 디자인이 나오고 있다.

종이박스, 아이스팩, 비닐포장, 스티로폼 박스 등 밀키트를 제작, 배송함으로써
발생하는 많은 쓰레기 문제는 앞으로 지속적으로 해결방안을 추구해야 할 부분이다.
미국 헬로프레시(HelloFresh)에서는 밀키트에서 발생하는 다양한 쓰레기를 버리는
세부적인 가이드라인을 제공하여 소비자의 부담을 감소시켰고, 국내 식품 유통
스타트업인 계절의 기억에서는 100% 밀짚으로 만든 용기와 1차패키지에 생분해수지
비닐을 도입했다. 또한 비닐과 고분자 폴리머 대신 물과 종이를 활용한 아이스팩을
도입하고, 스티로폼 대신 단열 종이박스를 도입해 배송하는 기업이 늘어나고 있다.

| 식재료 수와 포장 수 변화 | | |
|---|---|---|
| | 평균<br>식재료 수 | 평균 식재료<br>포장재 수 |
| 2019/09 | 9.4 | 9.4 |
| 2020/05 | 8.4 | 6.6 |
| 2020/10 | 8.4 | 6.3 |

## 예) 프레시지 감바스 알 아히요

[2016년 12월] 식재료 수 12개, 포장 12개

바게트빵, 올리브오일, 통마늘, 새우,
바지락살, 주꾸미, 버섯 2종, 브로콜리,
로즈마리, 베트남고추, 월계수잎

[2020년 10월] 식재료 수 9개, 포장 7개

바게트빵, 올리브오일, 마늘, 증새우,
새송이버섯, 브로콜리, 로즈마리,
베트남고추, 페퍼시즈닝

| 비슷한 특성의 식재료 동봉 포장 | 환경 보호를 위한 패키지로 개선 | 지불의사 유도를 위한<br>시각 이미지 활용 |
|---|---|---|
|  |  |   |
| - 동일한 전처리 과정(썰기)이 필요한 야채가 함께 포장된 경우<br><br>예) 함께 데쳐야 하는 죽순 & 표고가 함께 포장된 경우 | - 개별포장의 형태인 비닐 포장은 압력에 취약하였으나, 종이박스 용기로 변경하면서 안전하면서도 편리하게 밀키트 유통이 가능하게 됨 | - 완성 요리품의 사진을 강조하여 시각적으로 소비자의 지불의사를 자극함 |

## 패키지 개선 방향

| HelloFresh의 재활용 안내 가이드 | 쿠킷의 100% 물 아이스팩 |
|---|---|
|  |  |
| 계절의기억의 100% 밀짚 용기, 생분해 비닐 | 퍼플캐럿의 종이박스 |
|  |  |

사진: https://gwanjam.tistory.com/372

# 밀키트 제품 분석

우리 랩에서는 2019년 9월(T1), 2020년 5월(T2), 2020년 10월(T3) 세 차례에 걸쳐 밀키트 제품 정보를 수집하고 제품의 변화를 비교 분석했다. 수집 기준으로는 앞서 제시한 푸드비즈랩의 밀키트 정의에 부합하는 제품을 선정했고, 수집 항목으로는 제품명, 브랜드명, 제품 분류, 가격, 용량, 요리 시간, 요리 난이도, 메인 재료, 요리 종류 등이 있었다.

밀키트 세품을 국물류(찌개류, 전골류, 국탕류, 찜/조림, 스튜 등), 메인요리(볶음류, 구이류, 수육류, 튀김류/전류, 비빔/무침류, 쌈/혼합), 면류(국물면류, 비빔면류, 파스타류), 밥류(볶음밥, 덮밥, 주먹밥), 기타(떡볶이, 감바스, 그라탕, 사이드 반찬)의 5개의 카테고리와 20개의 세부 카테고리로 분류했다.

2020년 5월로 넘어가면서 국물류 비중이 4%p 증가했고, 메인요리 비중은 7%p 감소했으며, 밥류 비중은 1%p, 기타 비중이 4%p 증가했다. 2020년 10월에는 이전 타임포인트 대비 면류가 2%p 증가하고, 기타 비중이 동일한 만큼 감소한 것을 확인할 수 있었다. 2020년 5월과 10월 품목 비중이 크게 변하지 않은 것으로 보아 구성에 있어서는 어느 정도 자리를 잡은 것으로 확인된다.

제품 정보를 수집한 13개월 사이에 냉동 제품이 많이 늘어나면서 T3 시점의 분석에서는 냉장 밀키트와 냉동 밀키트를 구분하게 되었다. 세 시점에서 평균 가격과 인분 구성은 크게 변화가 없었는데, 2020년 10월 분석에서 무게가 증가한 것으로 보아 가성비를 높인 것으로 보인다. 냉동 밀키트는 냉장 밀키트 대비 가격대가 높고 무게가 무겁다는 특징이 있는데, 이는 높은 축산물 비중 때문이라고 추측할 수 있다. 식재료 수에는 거의 변동이 없고, 신선식품 비중은 전반적으로 계속 증가했으며 메인 재료의 비중으로는 축산물 비중이 점점 높아졌다. 조리 시간에는 큰 변화가 없었다.

레시피에서 한식 비중이 높아지는 것으로 보아, 밀키트 시장은 한식 위주로 성장함을 확인할 수 있었다. 독특한 점은 냉동 밀키트의 한식 비중이 냉장 밀키트의 절반 수준에 이르렀다는 것인데, 한식에 치중되지 않고 다양한 제품이 존재한다. 국물요리 비중은 2019년에서 2020년 넘어오면서 17.4%p 증가했는데 5월에서 10월 넘어오면서는 감소했다. 특히, 10월 조사 시점에서 냉동 밀키트의 국물요리 비중은 냉장 밀키트 대비 7%p 낮았다.

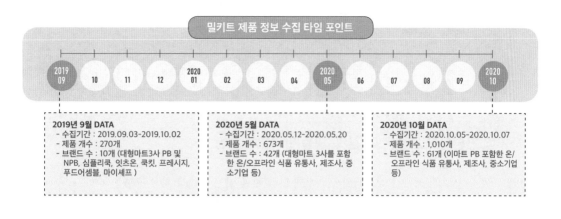

## 밀키트 제품 정보 수집 타임 포인트

**2019년 9월 DATA**
- 수집기간 : 2019.09.03-2019.10.02
- 제품 개수 : 270개
- 브랜드 수 : 10개 (대형마트3사 PB 및 NPB, 심플리쿡, 잇츠온, 쿡킷, 프레시지, 푸드어셈블, 마이셰프 )

**2020년 5월 DATA**
- 수집기간 : 2020.05.12-2020.05.20
- 제품 개수 : 673개
- 브랜드 수 : 42개 (대형마트 3사를 포함한 온/오프라인 식품 유통사, 제조사, 중소기업 등)

**2020년 10월 DATA**
- 수집기간 : 2020.10.05-2020.10.07
- 제품 개수 : 1,010개
- 브랜드 수 : 61개 (이마트 PB 포함한 온/오프라인 식품 유통사, 제조사, 중소기업 등)

## 밀키트 카테고리별 제품 개수 및 비중 변화

| 제품 분류 | 국물류 | 메인요리 | 면류 | 밥류 | 기타 |
|---|---|---|---|---|---|
| | 찌개류, 전골류, 국탕류, 찜/조림 등 | 볶음류, 구이류, 수육류 등 | 국물면류, 비빔면류, 파스타류 등 | 덮밥류, 볶음밥류 등 | 떡볶이, 감바스, 반찬 등 |
| **T1** 2019.09 (N=270) | 87개 (32%) | 108개 (40%) | 37개 (14%) | 11개 (4%) | 25개 (10%) |
| **T2** 2020.05 (N=673) | 240개 (36%) ▲4%p | 224개 (33%) ▼7%p | 94개 (14%) - | 18개 (3%) ▼1%p | 97개 (14%) ▲4%p |
| **T3** 2020.10 (N=1,010) | 360개 (36%) - | 337개 (33%) - | 160개 (16%) ▲2%p | 32개 (3%) - | 121개 (12%) ▼2%p |

## 밀키트 제품 분석 - 요약

| | T1 2019.09 (N=270) | T2 '20.05 (N=673) | T3 2020.10 (N=1,010) | |
|---|---|---|---|---|
| | 냉장 (N=270) | 냉장 (N=673) | 냉장 (N=910) | 냉동 (N=100) |
| 가격 | 14,200원 | 14,200원 (-) | 14,300원 (+100원) | 15,900원 (+1,700원) |
| 인분 | 2.0인분 | 2.0인분 (-) | 2.0인분 (-) | 2.1인분 (+0.1) |
| 무게 | 693g | 692g (-1g) | 751g (+59g) | 781g (+89g) |
| 식재료 수 | 9.4개 | 8.4개 (-1개) | 8.4개 (-) | 8.1개 (-0.3개) |
| 신선식품 비중 | 51.2% | 55.9% (+4.7%p) | 56.0% (+0.1%p) | 56.8% (+0.9%p) |
| 메인재료 비중 | 축산: 54%<br>수산: 18%<br>버섯/채소 등: 9%<br>곡물가공: 7%<br>기타: 12% | 축산: 60%(+6%p)<br>수산: 26%(+8%p)<br>버섯/채소 등:5%(-4%p)<br>곡물가공:8%(+1%p)<br>기타: 1%(-11%p) | 축산: 61%(+1%p)<br>수산: 26%(-)<br>버섯/채소 등: 5%(-)<br>곡물가공: 7%(-1%p)<br>기타: 1%(-) | 축산: 72%(+12%p)<br>수산: 26%(-)<br>버섯/채소 등: 2%(-3%p)<br>곡물가공: 0%(-8%p)<br>기타: 0%(-1%p) |
| 조리시간 | 15분 | 14분 (-1분) | 14분 (-) | 15분 (-1분) |
| 레시피 비중 | 한식: 53%<br>양식: 24%<br>중식: 10%<br>일식: 7%<br>기타: 6% | 한식: 59% (+6%p)<br>양식: 21% (-3%p)<br>중식: 8% (-2%p)<br>일식: 6% (-1%p)<br>기타: 6% (-) | 한식: 62%(+3%p)<br>양식: 19%(-2%p)<br>중식: 6%(-2%p)<br>일식: 8%(+2%p)<br>기타: 5%(-1%p) | 한식: 31%(-28%p)<br>양식: 22%(+1%p)<br>중식: 19%(+11%p)<br>일식: 18%(+12%p)<br>기타: 10%(+4%p) |
| 국물요리 비중 | 31.5% | 48.9% (+17.4%p) | 42.0% (-6.9%p) | 35.0% (-13.9%p) |
| 면요리 비중 | 25.2% | 35.0% (+9.8%p) | 35.0% (-) | 38.0% (+3%p) |

# 변화된 제품 특성

## 조리는 더 간편하고 보관은 더 길게, 냉동 밀키트의 등장

2019년 12월 이마트가 포장을 간소화하고 선도에 덜 영향을 받는 채소를 활용한 냉동 밀키트를 처음 선보인 이후, 프레시지도 포장기술을 높여 보존성을 높이고 냉동실 공간에 적재가 쉬운 형태로 포장한 냉동 밀키트를 선보이는 등 여러 제조업체들이 냉동 밀키트 시장에 뛰어들게 되었다.

냉동 밀키트는 의외로 조리가 간편하다는 장점이 있다. 냉동 밀키트는 1차 패키지 개수 6개 이하 제품이 75%로 1차 패키지 개수가 적은 편이다. 동시에 조리해야 하는 신선 식재료들을 한꺼번에 포장해 놓아 편의성을 증대시켰기 때문이다. 따라서, 메인 식재료, 하나로 포장한 채소류, 소스류를 부어서 조리하면 간편하게 맛을 낼 수 있다. 유통 및 소비 기한이 길다는 점 역시 냉동 밀키트의 장점이다. 냉장 밀키트의 유통기한은 약 2~7일이며, 소비기한도 짧아 판매자와 소비자 모두에게 선도 관리의 부담이 있는 반면 냉동 밀키트는 6개월~1년까지 보관이 가능해 빨리 소비해야 한다는 부담이 적다.

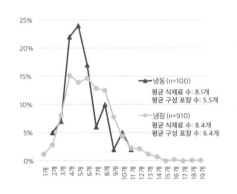

1차 패키지 개수 비중: 냉장 vs. 냉동 밀키트

다양한 엽채류를 식재료로 사용하는 레시피는 냉장 밀키트로 유통되고 있다. 냉장 + 냉동 밀키트의 경우는 냉동이 용이하고 해동 후에도 퀄리티가 유지되는 육류는 냉동으로, 식감을 유지하기 어려운 채소류는 냉장으로 유통하고, 완전 냉동 밀키트의 경우는 마늘, 양파, 당근, 대파, 죽순, 단호박 등 단단한 채소류 위주로 들어 있었다.

실제로 몇 가지 냉동/냉장 밀키트를 비교하기 위해 몇 종류의 제품을 직접 조리한 뒤 다음과 같은 결과를 얻을 수 있었다. 스테이크의 경우 냉동과 냉장 스테이크의 고기와 소스를 비교했을 때 맛과 품질에 큰 차이가 없었다. 하지만 밀키트에 포함된 채소류는 냉동 채소와 냉장 채소 사이에 현저한 차이가 있었다. 파스타 밀키트에서도 냉동 제품은 채소 종류를 최소화한 메뉴가 많았고, 냉장 밀키트와는 달리 반조리된 면을 포함하는 제품이 있었다. 제육볶음 냉동 밀키트의 경우 고기 잡내를 제거하기 위해 강한 양념이 사용되었다는 데 차이가 있었으며 부재료인 파채 등 신선 야채류의 식감에서 약점이 보였다. 소고기를 사용한 규동의 경우, 냉동 밀키트의 고기 식감은 좋았지만 생강이 들어갔음에도 고기의 이취가 다소 느껴졌고, 냉장 밀키트에 든 고기의 탱탱한 식감은 덜하였지만, 양파, 쪽파, 생강, 달걀 등 규동의 맛을 향상시켜 주는 부재료가 많이 포함되어 있다는 장점이 있었다. 즉, 육류의 이취를 잡는 것과 해동 후 엽채류의 식감을 개선하는 것이 냉동 밀키트의 숙제다.

## 유통 형태별 밀키트

### 냉장 밀키트

**냉장 밀키트 (T3 기준) 910개**
**다양한 엽채류 구성**

배추류 202개 깻잎 90개
청경채 65개 숙주 54개
콩나물 49개 미나리 36개
쑥갓 22개 상추 16개

### 냉장+냉동 밀키트

**냉장 식재료**
해동 후 식감을 유지하기 어려운
채소류(특히 엽채류)

**냉동 식재료**
냉동이 용이하며
해동 후 품질이 유지되는 육류

### 냉동 밀키트

**프레시지 냉동 밀키트 시리즈**
**제품에 포함된 채소류**
광양식 소불고기: 마늘, 양파, 당근, 대파
매콤 제육볶음: 마늘, 대파, 양파, 당근
단짠 제육볶음: 마늘, 양파, 단호박, 당근, 대파
동경 규동: 양파, 죽순, 대파
춘천식 양념 닭갈비: 양배추, 양파, 대파, 깻잎

---

## 냉동 vs. 냉장 밀키트 조리 및 관능 평가

| 스테이크 | 파스타 | 제육볶음 | 규동 |

### 스테이크

**냉동 | 피코크 부채살 스테이크**
9,980원/320g
유통기한: 1년

**조리 복잡성**
- 소스와 버터를 제외한 모든 재료가 한 포장으로 되어 있어 간편하게 조리할 수 있지만, 오일을 따로 사야 함
- 냉동 야채가 조리 도중 쉽게 으스러지는 아쉬움이 존재함

**관능적 특성**
- 맛있는 부위를 활용한 신선한 고기였으나, 질긴 힘줄 때문에 씹는데 어려움을 느낌

### 파스타

**냉동 | 프렙 앤초비오일파스타**
9,600원/255g
유통기한: 9개월

**조리 복잡성**
- 레시피의 디테일(예. 정확한 수치 등)이 부족해 조리하는데 혼란을 느낌
- 반조리 면으로 뜨거운 물에 해동 후 바로 조리가 가능하여 빠른 시간안에 완성 제품을 맛 볼 수 있음

**관능적 특성**
- 짭쪼름한 엔초비의 맛이 은은하고 마늘과 밸런스가 좋음

### 제육볶음

**냉동 | 프레시지 매콤 제육볶음**
5,900원/270g
유통기한: 1년

**조리 복잡성**
- 상온에서 30분 정도 해동
- 식용유 별매
- 양념육과 손질된 야채가 함께 포장되어 있어 후라이팬을 제외한 조리 도구를 사용할 필요가 없음

**관능적 특성**
- 고기가 오랫동안 양념에 재워져 있어 다소 간이 세고 자극적. 볶는 과정에서 양이 줄어 보기 좋지 않음

### 규동

**냉동 | 프레시지 규동**
7,900원/275g
유통기한: 1년

**조리 복잡성**
- 상온에서 30분 정도 해동
- 식용유 별매
- 양념육과 손질된 야채가 함께 포장되어 있어 후라이팬을 제외한 조리 도구를 사용할 필요가 없음

**관능적 특성**
- 냉동임에도 불구하고 쇠고기의 식감이 살아 있었으며 생강이 들어갔지만 고기의 잡내가 느껴짐

**냉장 | 앙트레 블랙페퍼스테이크**
15,900원/410g
유통기한: 2일

**조리 복잡성**
- 모든 재료가 낱개로 포장이 되어 있어 미리 뜯어 놓지 않으면 조리하는 데 시간이 지체될 가능성

**관능적 특성**
- 독특하고 알싸한 페퍼 소스가 일품이었으나, 감자와 아스파라거스를 제외한 야채 조각들이 너무 작아 식감에 아쉬움이 남음

**냉장 | 자연맛남 치킨까르보나라**
9,900원/567g
유통기한: 4일

**조리 복잡성**
- 복잡한 조리 과정으로 같은 단계별 묶이는 재료를 좀 더 눈에 띄게 표시를 했으면 하는 아쉬움
- 덩어리 닭가슴살을 잘라야 해서 다소 불편함

**관능적 특성**
- 레시피 대로 조리했을 때 소스가 묽어 면에 간이 제대로 배지 않았음

**냉장 | 푸드어셈블 제육볶음**
14,000원/764g
유통기한: 7일

**조리 복잡성**
- 고춧가루, 다진 마늘 등 양념에 필요한 재료가 따로 포장되어 있어 처음부터 직접 고기를 양념에 버무려야 함

**관능적 특성**
- 양배추, 양파, 당근, 파채 등 야채와 고기의 식감이 살아 있고 참기름과 통깨가 들어 있어 고소함

**냉장 | 푸드어셈블 규동**
14,000원/690g
유통기한: 7일

**조리 복잡성**
- 레시피를 따라 차례대로 식재료를 넣고 후라이팬에서 볶아주면 요리 초보자도 큰 어려움 없이 조리할 수 있음

**관능적 특성**
- 소스는 단맛이 강했으며 고기의 조직감이 많이 풀어져 고기가 으스러지는 느낌

## 넓어지는 밀키트 가격 스펙트럼

세 차례에 걸쳐 수집한 데이터에서 가격대별 품목수를 살펴 본 결과 밀키트 가격대의 스펙트럼이 넓어지고 있고, 프리미엄 가격의 품목 수가 점점 증가하는 추세를 볼 수 있었다.

2019년 9월에는 2,000원~34,000원 범위 내에서 제품이 출시되었고 24,000원 이상의 제품 개수는 12개에 불과했으나, 2020년 5월에는 4,000원~46,000원 범위로 좀더 넓어졌으며, 24,000원 이상 제품 개수는 30개로 늘어났다. 2020년 10월에는 3,000원~75,000원으로 범위가 더욱 확장되었으며, 24,000원 이상의 제품은 64개에 이르렀다. 초고가 프리미엄 제품들이 등장함에 따라 평균 밀키트 가격 상승도 예상할 법 하지만 세 시점에서 평균 가격은 각각 14,200원, 14,200원, 14,500원으로 비슷한 편이며, 저가 품목의 비중이 줄어들고 있다는 것을 확인했다.

또한 비교적 부담 없는 밀키트 가격대가 주를 이뤘던 2019년도에 비해 2020년도에는 약 3배 이상 가격 폭이 넓어졌다. 전체 밀키트 카테고리 가운데 1위를 차지한 떡볶이를 예시로 가격 폭을 살펴 보면, 2019년 9월 가격대는 6,900원~14,900원에서 형성되어 있었으나 2020년 10월에는 4,900원~28,300원으로 훨씬 폭이 넓어졌다. 소비자가 선택할 수 있는 가격과 품목이 점점 다양해짐에 따라 각자 여건과 상황에 맞게 구매할 수 있게 되었다.

쉽고 저렴하게 해결하는 일상 밀키트는 조리의 번거로움을 없애고 음식물 쓰레기를 최소화시켜 1~2인 가구에서 선호받고 있다. 간편하고 빠르게 한끼를 해결할 수 있어서 구매경험자들의 재구매 의사가 높은 편이다. 또한 직접 장보고 조리하기엔 번거롭고, 외식하기엔 비싼 음식을 간편하고 저렴하게 만들 수 있는 밀키트 제품들도 소비자들에게 인기를 끌고 있다.

7만원대의 초 프리미엄 선물용 밀키트의 등장에서 알 수 있듯, 랍스터, 소갈비, 모듬조개, 문어, 전복, 아롱사태 등고급 식재료를 활용하거나, 선물용, 홈파티용으로 부족하지 않은 양과 품질, 그리고 포장 서비스까지 제공된 밀키트도 점점 늘어나고 있다.

## 밀키트 가격 스펙트럼

### T1 : 2019/09월 전체 (N=270) 평균가격 : 14,200원, 범위: 2,000원~34,000원대

3 4 6 12 8 20 8 20 7 ● 18 11 25 29 15 17 14 13 4 4 9 16 ◄ 1 1

1 2 3 4 5 6 7 8 9 10 11 12 13 14 15 16 17 18 19 20 21 22 23 24 25 26 27 28 29 30 31 32 33 34

### T2 : 2020/05월 전체(N=673) 평균가격 : 14,200원, 범위: 4,000원~46,000원대

6 4 47 32 22 66 27 36 88 42 54 59 37 31 18 31 14 16 12 5 5 2 1 4 3 　 1 　 1 2 　 1

1 2 3 4 5 6 7 8 9 10 11 12 13 14 15 16 17 18 19 20 21 22 23 24 25 26 27 28 29 30 31 32 33 34 … 46

### T3 : 2020/10월 전체 (N=1,009) 평균가격 : 14,500원, 범위: 3,000원~75,000원대

1 8 7 45 39 52 109 40 48 136 66 87 67 52 46 35 43 20 22 17 5 7 6 12 4 5 10 3 1 3 1 2 1 2 　 1

1 2 3 4 5 6 7 8 9 10 11 12 13 14 15 16 17 18 19 20 21 22 23 24 25 26 27 28 29 30 31 32 33 34 35 36 … 75

| T3 음식 카테고리 Top 5 | | |
|---|---|---|
| 1 | 떡볶이 | 70개 (22%) |
| 2 | 스테이크 | 48개 (15%) |
| 3 | 불고기 | 26개 (8%) |
| 4 | 부대찌개 | 26개 (8%) |
| 5 | 닭갈비 | 22개 (7%) |

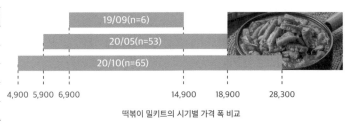

19/09(n=6)
20/05(n=53)
20/10(n=65)

4,900　5,900　6,900　　　　14,900　18,900　28,300

떡볶이 밀키트의 시기별 가격 폭 비교

## 쉽고 저렴하게 해결하는 일상 밀키트

**바쁜 현대인용 간편 밀키트**
- 조리의 번거로움을 없애고 음식물 쓰레기를 최소화시켜 1인/맞벌이 가구에 인기
- 간편하고 빠르게 한끼를 해결할 수 있어 재구매 의사가 높음

**가격 부담없는 밀키트**
- 직접 장보고 조리하기엔 번거롭고 외식하기엔 비싼 음식을 간편하고 저렴하게 만들 수 있는 밀키트

## 특별한 날, 특별한 마음을 위한 고급 밀키트

**선물용, 홈파티용 밀키트**
- 선물용, 홈파티용으로 부족함이 없는 양과 품질, 그리고 포장 서비스까지 제공함
- 7만원대의 초 프리미엄 선물용 밀키트의 등장

**고급 식재료 활용 밀키트**
- 2019년도 이후로 35,000원 이상 고가의 가격대가 새로이 등장
- 랍스터, 부채살, 모듬조개, 문어, 전복 아롱사태 등 고급 식재료를 사용

<된장찌개 요리재료 780g>
피코크 / 780g / 5,980원
두부, 양파, 애호박, 홍고추

<알리오올리오파스타 1인용>
잇츠온 / 150g / 4,900원
스파게티면, 올리브오일, 마늘

<궁중소갈비찜 선물세트>
마이셰프 / 1,050g / 75,800원
소갈비, 소전각, 대추, 은행

<문어 담은 약선 해신탕>
마이셰프 / 1,128g / 32,900원
닭, 문어, 새우, 전복, 당귀 등

<알고니탕 쿠킹박스 1인분>
쿡솜씨 / 520g / 8,000원
명태알, 북어육수, 콩나물, 무

<부채살스테이크>
팜스토리 / 220g / 8,900원
부채살, 브로콜리, 컬리플라워

<취향저격홈파티세트(3-4인)>
푸드어셈블 / 1,989g / 57,000원
스테이크, 퐁듀 닭갈비, 감바스 알아히오

<장흥 버섯 담은 삼합(2인)>
마이셰프 / 850g / 79,900원
장흥버섯, 조개관자, 차돌박이

## 질적으로 다변화하는 밀키트

마음 편히 외식을 하기 어려운 요즘, 밀키트 시장에 뛰어드는 기업들이 점점 늘어남에 따라 경쟁이 매우 치열해지고 있다. 어떻게 하면 상품력을 강화하여 타 경쟁 브랜드와의 차별성 및 경쟁 우위를 확보할 수 있을까? 이번 연구에서는 브랜드를 질적으로 다변화하는 세 가지 방향성을 제시했다. 1) 메뉴 차별화: 부재료를 적극 활용하고 폭 넓은 소스 활용으로 다채로운 맛을 구현하여 메뉴를 차별화하는 것이다. 2) 타깃 확장: 중량을 조절하여 1-2인 가구 대상, 혹은 홈파티/캠핑용 세트 메뉴를 제공한다. 장기 보관이 가능한 냉동 제품을 출시한다. 3) 프리미엄 확장: 다양한 부위, 특정 품종, 제철 음식 등을 활용하는 등 다양한 식재료를 콜라보하여 프리미엄화한다. 또한 전국의 맛집 인기 메뉴나 레스토랑의 셰프 제품을 제품으로 출시하는 방법도 있다.

2019년 9월 270개 제품, 2020년 5월 673개 제품, 2020년 10월 1,010개 제품을 대상으로 크게 한식, 양식, 중식, 일식으로 나누고, 그 안에서 키워드를 도출하여 제품들이 어떻게 변하고 있는지 살펴 보았다. 각 타임 포인트에 따른 카테고리별 제품 분석 결과 한식에서의 키워드는 볶음, 국물, 양식 키워드는 스테이크, 파스타·감바스, 중식 키워드는 마라·고추, 일식 키워드는 전골이었다.

한식 밀키트 제품에서 가장 크게 보이는 변화는 메인 식재료의 다양화다. 축산물의 비중이 가장 높지만 수산물 식재료의 비중이 계속해서 증가하고 있다. 축산물은 부위가 다양해지고 있으며, 수산물은 사용되는 종류가 다양해지고 있는데 T1, T2 시점에서 찾아볼 수 없었던 독특한 식재료들이 나타나고 있다. 소스류의 경우에는 친숙한 맛을 낼 수 있는 한국 전통 장류를 사용하는 경우가 대부분이며, 이색소스보다는 친숙한 소스가 대부분으로 기본맛과 매운맛을 같이 출시하는 것이 특징적이다.

한식 밀키트 제품의 경우 볶음류에 해당하는 제품의 수와 종류가 가장 많이 증가하고 있다(597개 중 109개, 18%). 그중 비중이 증가하는 제품으로는 닭갈비와 제육볶음이 있었다. 소비자들의 입맛에 맞게 치즈, 파채, 사리 등 다양한 부재료가 추가되거나 매운 맛을 강조한 제품 등 다양한 형태의 제품뿐 아니라, 춘천 통나무 닭갈비, 태백 물닭갈비 등 해당 음식과 관련된 유명 지역과 지역적인 특색을 마케팅 요소로 활용한 제품들이 출시되고 있다. 제육볶음의 경우, 해산물을 추가한 제품 및 역시 매운맛을 강조한 제품이 증가하는 추세다. 순대볶음의 경우, 들깨, 깻잎 등의 다양한 부재료를 추가하고 셰프나 맛집과 연계한 15,000원가량의 프리미엄 제품이 선보이고 있다. 최근 신림동 순대타운에서 27년째 영업 중인 미림통통과 콜라보한 밀키트 제품도 출시되기 시작했다.

| 기준 | 한식 | | | 양식 | | |
|---|---|---|---|---|---|---|
| | T1 | T2 | T3 | T1 | T2 | T3 |
| 개수(비중) | 142(53%) | 396(59%) | 597(59%) | 66(24%) | 142(21%) | 194(19%) |
| 키워드1 | 볶음 | | | 스테이크 | | |
| 키워드2 | 국물 | | | 파스타-감바스 | | |

| 기준 | 중식 | | | 일식 | | |
|---|---|---|---|---|---|---|
| | T1 | T2 | T3 | T1 | T2 | T3 |
| 개수(비중) | 28(10%) | 56(8%) | 71(7%) | 19(7%) | 38(6%) | 87(9%) |
| 키워드 | 마라/고추 | | | 전골 | | |

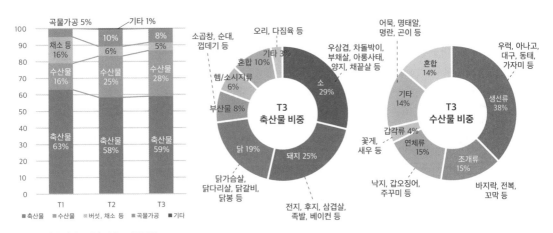

한식 밀키트 메인 식재료 비중 변화

## 한식 밀키트 변화 포인트

| 제품 분류 | 제품 예시 | T1 | T2 | T3 | 음식 | T1 | | T2 | | T3 | |
|---|---|---|---|---|---|---|---|---|---|---|---|
| | | | | | | 개수 | 퍼센트 | 개수 | 퍼센트 | 개수 | 퍼센트 |
| 볶음류 | 제육볶음 순대볶음 오징어볶음 등 | 29 | 66 (▲37) | 109 (▲43) | 불고기 | 14 | 48% | 24 | 36% (-12%p) | 29 | 27% (-9%p) |
| | | | | | 닭갈비 | 3 | 10% | 11 | 17% (+7%p) | 21(3) | 19% (+2%p) |
| | | | | | 제육볶음 | 0 | 0% | 4 | 6% (+6%p) | 11 | 10% (+4%p) |
| | | | | | 순대볶음 | 1 | 4% | 7 | 11% (+7%p) | 11 | 10% (-1%p) |
| | | | | | 낙지볶음 | 1 | 4% | 1 | 1% (-3%p) | 8 | 7% (+6%p) |
| | | | | | 이외 | 10 | 34% | 19 | 29% (-5%p) | 29(3) | 27% (-2%p) |

마이셰프 궁중소불고기
17,500원/710g

심플리쿡 치즈이불닭갈비
16,000원/938g

더팜홈쿡 매콤한 제육볶음
6,000원/150g

아임셰프 매콤 순대볶음
12,900원/735g

한식 밀키트 제품 중 국탕류와 찌개류 제품 종류와 수도 증가하고 있는 추세다(597개 중 173개, 약 29%). 국탕류의 경우 알탕, 해물탕과 같이 다양한 해산물을 활용한 빨간 국물 제품이 큰 폭으로 증가하고 있었다. 국탕류에 들어가는 식재료도 다양해지고 있다. 기존 밀키트의 경우 부재료로 대구, 명태알과 함께 미나리, 쑥갓, 콩나물 등이 사용되었는데, 알 종류가 다양해지고(예: 해삼알), 팽이버섯, 미더덕 등이 추가되었다. 또한 이전에는 소고기를 활용한 식재료가 대부분이었다면, 최근 들어 해산물(예: 바지락, 광어 등)을 재료로 사용한 제품이 늘어나고 있는 추세다. 2019년 하얀 국물 베이스의 국탕류의 경우 뭇국, 미역국이 대부분인 반면, 2020년에는 들깨탕, 만둣국, 바지락탕 등 다양한 메인 재료를 활용한 제품이 출시되고 있다.

밀키트에 포함되는 식재료가 다양해짐에 따라 가격도 증가하는 추세다. 2019년 미역국 밀키트는 8,000원가량의 제품이 대부분이었지만, 2020년에는 10,000원 이상의 제품이 대부분을 차지했고 이에 따라 평균가격도 8,850원에서 10,040원, 11,000원으로 상승했다. 매운탕의 경우 기존에는 9,000~10,000원 대의 제품이 대부분이었지만, 지역성, 맛집과의 연계한 제품들이 출시되면서 29,000원가량의 제품이 등장했다. 이에 따라 평균가격도 12,853원에서 14,918원으로 상승했다.

찌개류에서는 뚜렷한 경향성을 보이지는 않았으나 부대찌개와 순두부찌개 제품이 소폭 늘어나고 있었다. 부대찌개의 경우 차별화를 위한 메인 식재료(햄/소시지) 퀄리티가 향상되었고, '대용량'을 강조하는 단어를 상품명에 붙인 제품도 출시됐다. 또한 가격 하한선이 대략 8,000원까지 높아졌으며 19,900원에 해당하는 프리미엄 제품도 등장했다. 순두부찌개도 해산물을 사용하는 추세이며, 가격은 8,250원에서 9,146원, 11,190원으로 상승했다. 된장찌개의 경우는 기본 메뉴인 만큼 가격이나 중량 등에서 큰 폭의 변화는 없는 편이다(10,000원/500g 정도). 된장찌개 역시 다양한 식재료로 재미를 더하고 있는데 애호박, 바지락, 우삼겹, 우렁, 차돌박이 정도에서 냉이, 달래 등의 제철 나물과 꽃게, 바지락 등 수산물을 사용한 제품도 출시되고 있다. 김치찌개는 제품의 질 향상에 힘을 쏟고 있다. 통삼겹, 고기 듬뿍 등 사람들이 질릴 만큼 먹어 온 김치찌개지만 그래도 원하는 포인트를 찾아 개발하고 '한돈' '무항생제' '소고기' 등 원료육에 차별점을 둔 제품이 출시되고 있다.

양식 밀키트 제품은 역시 식재료와 소스가 다양해지고 있었다. 메인 식재료로 축산물 및 수산물을 사용한 제품이 80~90%를 차지했다. 축산물은 꾸준히 60% 넘는 비중을 차지하고 있었으며, 부위/품종을 내세운 제품이 등장하기 시작했다. 수산물은 프리미엄 식재료를 사용한 제품이 출시되고 있었다. 소스류로는 전통적인 양식 소스(토마토, 크림 등)에 굴소스, 레드와인이나 간장, 마늘, 청양고추 등의 한국 식재료를 믹스하여 차별화를 주고 있다. 오일 베이스 제품은 마라, 사천 고추 등을 활용해 매콤한 맛을 더하고, 파스타의 경우는 친숙한 토마토나 크림뿐 아니라 고추기름, 오리엔탈, 간장 베이스 소스를 활용한 제품도 출시되고 있다.

| 제품분류 | 제품예시 | T1 | T2 | T3 | 음식 | T1 개수 | T1 퍼센트 | T2 개수 | T2 퍼센트 | T3 개수 | T3 퍼센트 |
|---|---|---|---|---|---|---|---|---|---|---|---|
| 국탕류 | 매운탕, 미역국, 해물탕 등 | 18 | 58 (▲40) | 90 (▲32) | 하얀국물 | 13 | 25% | 22 | 18%(-7%p) | 33 | 19%(+1%p) |
| | | | | | 빨간국물 | 3 | 6% | 32 | 26%(+21%p) | 53 | 31%(+4%p) |
| | | | | | 이외 | 2 | 4% | 4 | 3%(-1%p) | 4 | 2%(-1%p) |
| 찌개류 | 부대찌개, 김치찌개, 순두부찌개 등 | 34 | 63 (▲29) | 83 (▲20) | 부대찌개 | 10 | 19% | 20 | 17%(-3%p) | 26 | 15%(-2%p) |
| | | | | | 된장찌개 | 7 | 13% | 17 | 14%(+1%p) | 17 | 10%(-4%p) |
| | | | | | 순두부찌개 | 6 | 12% | 8 | 7%(-5%p) | 16 | 9%(+3%p) |
| | | | | | 김치찌개 | 3 | 6% | 7 | 6%(0%p) | 7 | 4%(-2%p) |
| | | | | | 이외 | 8 | 15% | 11 | 9%(-6%p) | 17 | 10%(+1%p) |

얌테이블 우럭 매운탕
11,500원/475g

마이셰프 한우소고기미역국
9,000원/298g

마이셰프 UFO 부대찌개
16,900원/963g

피코크 우삼겹 된장찌개
9,980원/575g

삼삼해요 순두부에 빠진 새우바지락키트
10,500원/365g

담따 무항생제 지례흑돼지김치찌개
15,800원/514g

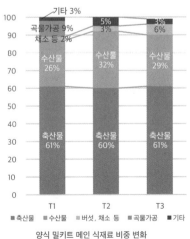

양식 밀키트 메인 식재료 비중 변화

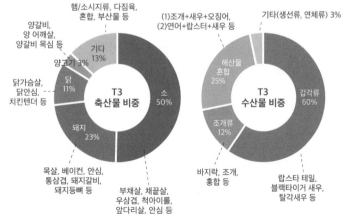

141개의 양식 제품 중 스테이크는 79개로 가장 많은 비중(56.0%)을 차지하고 있다. 비프스테이크는 토시살과 부채살에서 채끝살, 등심, 척아이롤 등을 사용하기 시작했으며 아스파라거스, 방울양배추, 총알새송이버섯, 그린빈 등 다양한 가니쉬도 포함되고 있다. 가격은 18,000원대로 비교적 일정한 편이나 용량은 2019년 584g에서 2020년 491g로 감소했다.

찹스테이크는 다양한 맛의 소스로 제품의 매력을 드러내고 있으며, 평균 가격은 17,331원에서 16,875원, 16,325원으로 감소하고 있다. 용량은 615g에서 500g대 중반으로 내려왔다.

포크 스테이크에는 육향이 뛰어난 이베리코 돼지고기를 활용한 제품이 증가하고 있고, 부위도 목살이나 안심에서 통삼겹, 뼈없는 돼지갈비 등으로 다양해지고 있다. 또한 토마토페이스트, 마요네즈, 타르타르 등 색다른 소스와의 콤비네이션 제품이 출시되고 있다.

함박스테이크에는 마늘, 청양고추 등 한국식 식재료와 결합된 제품이 등장했으며, 가격은 15,900원에서 12,933원, 14,900원으로 감소하다 다시 증가했다. 양갈비, 연어, 치킨, 새우 등 기존에 밀키트로 출시되지 않았던 식재료를 사용한 제품들도 하나씩 출시되고 있다.

파스타는 67개로 스테이크 다음으로 많은 비중(47.5%)을 차지한다. 파스타 제품 중에서는 크림파스타, 오일파스타, 토마토파스타 순으로 많이 등장하며, 제품 개수가 모두 증가함을 볼 수 있었다. 면의 변화는 스파게티 위주에서 페투치네, 링귀니, 카펠리니 등 다양한 종류의 롱 파스타 및 빠네 파스타 등이 출시되고 있었다.

2019년도에 비해 2020년도에는 식재료를 다양하게 사용한 제품들이 출시되었다. 크림파스타에는 베이컨, 우삼겹, 바지락, 날치알, 딱새우, 전복, 가리비, 생합, 닭안심 등 육해공을 막론한 재료들이, 오일파스타에는 기존의 명란, 바지락, 새우 등에서 낙지젓, 날치알, 주꾸미 등 수산물 식재료가 증가했다. 또한 토마토파스타에는 베이컨, 미트볼, 홍합, 새우뿐 아니라 랍스타, 블랙타이거 새우, 갑오징어, 주꾸미 등 비교적 고가의 식재료를 담은 다양한 구성의 제품이 나타나고 있었다. 또한 고추기름과 굴소스, 베트남 고추로 맛을 낸 상하이 파스타, 우삼겹과 오리엔탈 소스를 사용한 파스타, 간장 베이스의 불고기 파스타 등 기존 일반적인 파스타의 맛에 새로운 맛을 더한 제품도 출시되고 있다.

밀키트의 시그니처 메뉴인 감바스 알 아히요는 2020년 10월 기준 14개(9.9%) 제품이 있었다. 감바스는 거의 모든 밀키트 브랜드에서 초기부터 출시했는데 시간이 지나면서 소폭 증가하는 모습을 확인할 수 있었으며, 올리브오일, 소금, 후추, 페퍼론치노 등으로 맛을 낸 기존의 제품과 비교해 마라소스, 사천고추를 사용하여 매콤한 맛을 가미한 제품도 찾아볼 수 있었다.

| 제품분류 | 제품예시 | T1 | T2 | T3 | 음식 | T1 개수 | T1 퍼센트 | T2 개수 | T2 퍼센트 | T3 개수 | T3 퍼센트 |
|---|---|---|---|---|---|---|---|---|---|---|---|
| 구이류 | 비프스테이크 포크스테이크 함박스테이크 | 25 | 42 (▲17) | 58 (▲16) | 비프스테이크 | 19 | 76 | 29 | 69(-7%p) | 37 | 64(-5%p) |
| | | | | | 포크스테이크 | 2 | 8 | 8 | 19(+11%p) | 11 | 19(-) |
| | | | | | 함박스테이크 | 2 | 8 | 3 | 7(-1%p) | 5 | 9(+2%p) |
| | | | | | 이외 | 2 | 8 | 2 | 5(-3%p) | 5 | 9(+4%p) |
| 볶음류 | 큐브스테이크 찹스테이크 폭찹스테이크 | 6 | 14 (▲8) | 21 (▲7) | 큐브스테이크 | 0 | 0 | 1 | 7(+7%p) | 2 | 10(+3%p) |
| | | | | | 찹스테이크 | 6 | 100 | 12 | 86(-14%p) | 16 | 80(-6%p) |
| | | | | | 폭찹스테이크 | 0 | 0 | 0 | 0(-) | 1 | 5(+5%p) |
| | | | | | 이외 | 0 | 0 | 1 | 7(+7%p) | 1 | 5(-2%p) |

아임셰프 더블스테이크
21,900원/606g

이츠웰 부처스컷 부채큐브찹스테이크
9,800원/505g

미트락 이베리코 통목살 스테이크
13,900원/400g

담따 청양 크림 함박
22,300원/728g

잇츠온 양갈비스테이크
34,900원/619g

심쿡 슈페리어 연어스테이크
22,900원/455g

쿡솜씨 치킨바베큐
8,900원/520g

삼삼해물 바로구워먹는 이태리새우구이
18,000원/1,000g

양식 밀키트 변화 포인트

| 제품분류 | 제품예시 | T1 | T2 | T3 | 음식 | T1 개수 | T1 퍼센트 | T2 개수 | T2 퍼센트 | T3 개수 | T3 퍼센트 |
|---|---|---|---|---|---|---|---|---|---|---|---|
| 파스타류 | 토마토파스타 크림파스타 오일파스타 로제파스타 | 18 | 46 (▲28) | 67 (▲21) | 토마토파스타 | 3 | 16 | 8 | 17(+1%p) | 14 | 20(+3%p) |
| | | | | | 크림파스타 | 8 | 44 | 13 | 28(-16%p) | 21 | 31(+3%p) |
| | | | | | 오일파스타 | 4 | 22 | 9 | 19(-3%p) | 16 | 23(+4%p) |
| | | | | | 로제파스타 | 3 | 16 | 10 | 21(+5%p) | 13 | 19(-2%p) |
| | | | | | 이외 | 0 | 0 | 6 | 13(+13%p) | 3 | 4(-9%p) |
| 감바스 | 감바스 | 11 | 13(▲2) | 14(▲1) | 감바스 | 11 | 100 | 13 | 100(-) | 14 | 100(-) |

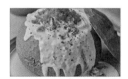

심플리쿡 톡톡크림빠네파스타
16,000원/963g

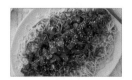

해밀 낙지젓들기름카펠리니파스타
17,800원/382g

아임셰프 마라감바스(2인분)
19,900원/568g

심쿡 해산물 랍스타 파스타
26,500원/930g

중식/일식 제품의 메인 식재료/소스 역시 다양화되고 있다. 2020년 10월 기준 축산물을 활용한 제품 비중이 급증했고 소고기의 비중이 50%에 달했다. 해산물의 경우에는 새우가 38%로 가장 많았으며, 해산물 혼합 제품도 큰 비중을 차지했다. 소스류의 경우, 중식에는 대부분 매콤한 맛을 내는 제품이 많았으나, 일식에는 간장을 사용한 제품이 많았다. 곁들임 소스로는 칠리소스가 가장 많았고, 폰즈소스, 참깨드레싱 등이 추가되었다.

중식 밀키트 키워드는 '마라'와 '고추'로 요약할 수 있었다. 2020년 10월 기준 71개의 제품 중 국탕/전골류는 11개(15.5%)이며, 볶음류는 34개로 가장 많은 비중(47.9%)을 차지했다. 이 중 지속되는 마라 요리의 강세는 매콤하고 독특한 맛에 빨간 국물에 대한 선호, 쉬운 조리과정 등이 원인으로 보인다. 마라 제품의 경우 가격이 증가하고 있는데 식재료를 다변화하면서 프리미엄 재료를 추가하기 때문으로 보인다. 또한 고추잡채 역시 선호되고 있는데, 간편하면서도 중화요리 전문점에서 머던 익숙한 맛을 쉽게 재현할 수 있기 때문이다. 간장, 고추기름, 두반장, 굴소스 등 메인 소스가 다채로워지고 있으며, 돼지고기뿐 아니라 다양한 부위의 소고기까지 골고루 사용되고 있다. 고추잡채 평균 가격은 17,425원에서 13,750원으로 감소했는데, 이는 분량(2.25인분 → 1.8인분) 감소와 관련된 것으로 보인다.

일식 밀키트 제품은 전골류를 중심으로 다양한 제품이 출시되고 있다. 87개의 일식 제품 중 전골류에 해당하는 제품은 48개로 가장 많은 비중(55%)을 차지하며, 전골류의 개수는 모두 활발하게 증가하고 있다. 인스타그래머블한 밀푀유나베와 샤브샤브 밀키트, 그리고 일본 후쿠오카의 3대 요리로 평가받는 대창전골(모츠나베) 역시 밀키트로 출시되기 시작했다. 면류로는 우동, 소바 제품이 가장 많으며 일본식 라멘도 올해부터 밀키트 형태로 출시되기 시작했고, 연어 포케, 규동 등 비중은 적지만 새로운 제품들도 출시되고 있다.

## 지역 연계 밀키트

기존에는 대명사처럼 불리는 익숙한 지역 음식(안동 찜닭 등)이 주로 제품화되었지만, 2020년 10월 시점에서는 생소하고 낯선 지역의 세부적인 지역구 명칭까지 포함한 제품들이 출시되었다. 특히 피코크는 지역 특유의 국물 음식을 중심으로 지역에 기반한 레시피를 다양하게 꾸준하게 출시하고 있다.

지역 연계 밀키트 제품은 1) 지역 식재료 활용 2) 지역 레시피 활용 3) 지역 유명 맛집을 활용한 경우로 구분할 수 있다. 담따프레시는 김천시 지례면에서 자란 무항생제 돼지고기를 사용해 출시한 지례흑돼지 밀키트 시리즈를 선보였다. 피코크 '강원도의 밥상'과 '충청도의 밥상'은 강원 및 충청 지역 특색 한식 레시피를 담았으며, 향후 경상도, 전라도 시리즈를 출시할 예정이다. 푸드어셈블은 부산 용호동의 맛집인 재성밀면의 비빔밀면을 밀키트로 출시하여 부산까지 가지 않아도 집에서 편하게 맛볼 수 있게 됐다.

| 증가하는 지역 연계 상품 | | |
|---|---|---|
| | 19/09 | 20/10 |
| 특정지역 (도/시 단위) 강조 밀키트 | 6개 | 18개 |
| 특정지역 (동 단위) 강조 밀키트 | - | 8개 |

피코크 강원도의 밥상 원주식 장칼국수
6,980원/611g

푸드어셈블 재성밀면 (2인분)
14,000원/886g

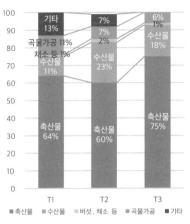

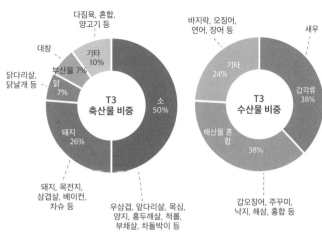

중식/일식 밀키트 메인 식재료 비중 변화

## 중식/일식 밀키트 변화 포인트

| 제품분류 | 제품예시 | T1 | T2 | T3 | 음식 | T1 개수 | T1 퍼센트 | T2 개수 | T2 퍼센트 | T3 개수 | T3 퍼센트 |
|---|---|---|---|---|---|---|---|---|---|---|---|
| 국탕/전골류 | 마라탕 마라훠궈 | 5 | 14 (▲9) | 11 (▼3) | 마라탕 | 3 | 60 | 6 | 42(-18%p) | 7 | 63(+21%p) |
| | | | | | 마라훠궈 | 2 | 40 | 3 | 21(-19%p) | 1 | 9(-12%p) |
| | | | | | 이외 | 0 | 0 | 5 | 35(+35%p) | 3 | 27(-8%p) |
| 볶음류 | 마라두부 마라샹궈 마라새우 고추잡채 | 16 | 29 (▲13) | 34 (▲5) | 마라두부 | 1 | 6 | 1 | 3(-3%p) | 0 | 0(-3%p) |
| | | | | | 마라샹궈 | 5 | 31 | 4 | 13(-18%p) | 7 | 20(+7%p) |
| | | | | | 마라새우 | 0 | 0 | 3 | 10(+10%p) | 2 | 5(-5%p) |
| | | | | | 고추잡채 | 4 | 25 | 10 | 34(+9%p) | 12 | 35(+1%p) |
| | | | | | 이외 | 6 | 38 | 11 | 37(-1%p) | 13 | 38(+1%p) |
| 전골류 | 샤브샤브 나베 스키야키 | 10 | 22 (▲12) | 48 (▲26) | 밀푀유나베 | 6 | 60 | 11 | 50%(-10%p) | 22 | 46%(-4%p) |
| | | | | | 샤브샤브 | 1 | 10 | 7 | 32%(+22%p) | 15 | 31%(-1%p) |
| | | | | | 대창전골 | 0 | 0% | 0 | 0%(-) | 6 | 13%(+13%p) |
| | | | | | 이외 | 3 | 30 | 4 | 18%(-12%p) | 5 | 10%(-8%p) |

### 청주식 짜글이

찌개와 볶음의 중간 형태로 자작하게 끓여낸 청주식 짜글이를 재현한 피코크 밀키트

### 일산식 칼국수

연하고 부드러운 살코기와 담백한 국물이 특징인 일산 칼국수 맛집의 맛을 재현한 심플리쿡 밀키트

### 연남동식 통삼겹김치찌개

연남동의 유명한 맛집을 모티브로 개발한 메뉴를 제품화한 밀키트

### 송림동식 알탕

신선한 생선알을 푸짐하게 넣고 콩나물과 함께 끓여 시원한 맛이 특징인 송림동식 알탕 밀키트

함경도식  의정부식  강릉식  인천식  송탄식  병천식  청주식  종로식  무교동식

평양식  춘천식  대전식  원주식  기장식  전주식  하남식  송림동식  암사동식

서울식  태백식  일산식  속초식  창동식  부산식  제주식  신림동식  여의도식

# 밀키트 브랜드 매트릭스 분석

밀키트 시장의 키플레이어를 7개 브랜드로 구분하여 T1-T2-T3에 어떠한 전략적 변화를 이루었는지 알아보았다. 한식의 비중이 대체로 가장 높기 때문에 한식을 주로 분석했다. 그 결과 쿡킷은 한식의 비중을 확 낮추고 프리미엄 가격대를 유지하는 전략을, 마이셰프와 심플리쿡은 한식 비중을 절반정도로, 가격은 살짝 낮췄다. 프레시지, 피코크, 푸드어셈블의 경우는 한식 비중을 55~60% 사이에 두고 중간 가격대를 유지했고, 잇츠온의 경우는 한식 비중을 매우 높이고 가격을 낮추는 전략을 취했음을 확인했다.

브랜드별 세부 사례를 살펴보면 다음과 같다. 마이셰프 밀키트의 평균 가격은 17,500원에서 15,200원, 16,500원으로 변화했다. 2020년 5월 시점에 10,000~13,000원의 중저가 제품들을 출시하여 가격이 감소하였다가, 최근(T3) 40,000~75,000원 상당의 고가 제품 출시로 평균 가격이 상승했기 때문으로 보인다. 가격 범위가 매우 넓다는 데 특징이 있다. 한식 메뉴에서는 메인 재료가 다양해졌는데, 2020년 아귀(T2), 꼬막(T2) 문어(T3) 등의 수산물과 불족발(T2), 닭발(T3) 등의 부산물을 활용한 제품이 늘어났다.

심플리쿡 밀키트의 평균 가격은 15,400원에서 14,800원, 14,500원으로 변화했다. T1 시점에서의 가격대는 11,500원~21,500원에 형성되어 있었으나, T2, T3에는 10,900원~19,000원으로 제공하는 가격 범위가 줄어들었다. 마이셰프와 비슷한 포지션을 취하고 있으나 다른 전략을 취한 것을 볼 수 있다. 한식 비중의 경우, 39%, 36%, 49%로 증가했으며, 메인 요리 중심의 제품에서 국물류 제품으로 다양해졌고, 31개, 14개, 89개로 제품의 수가 대폭 증가함에 따라 선택의 폭이 넓어졌다.

쿡킷은 주문가능한 메뉴를 20개 내외로 유지하고 있으며(15~16개의 상시메뉴, 3~4개의 신 메뉴), 비교적 고가의 밀키트를 제공한다. 평균 가격은 22,600원에서 23,200원, 22,900원으로 큰 변동이 없다. 한식 메뉴 비중은 T1에서 T2로 넘어오면서 56%에서 40%로 16%p 감소했다. 한식 메뉴의 비중을 줄인 자리에 한식 외 신제품 출시 비중을 높였다. T2, T3의 메뉴 구성을 보면, 한식 40%, 양식 25%의 비중은 변함이 없고 일식, 중식을 포함한 다른 레시피의 비중을 유동적으로 구성했다.

잇츠온은 한식 비중을 크게 높이는 방향으로 브랜드 전략을 취했다. 밀키트의 평균 가격은 16,000원, 12,900원, 14,700원으로 변동이 있었다. T2에서 1인용 제품이 출시되면서 평균 가격 대가 낮아졌다가, T3에 한식 외 메뉴에서 중고가의 밀키트를 출시하면서 가격이 소폭 상승했다. T1 대비 T3에는 한식 메뉴의 제품 종류와 비중이 대폭 증가했으며(20%p), 같은 메뉴에서 맛, 용량 등 선택지의 폭을 넓혔다.

밀키트 분야의 선두주자에 속하는 프레시지의 경우 전략 변화가 크게 보이지 않았다. 평균 가격이 저가 제품 비중에 따라 12,900원에서 10,300원, 12,300원으로 변하는 모습을 보였다. T1 대비 T3에 한식의 비중이 4%p 증가했으며, 예능(대한곱창 곱창전골, 삼시세끼 명란파스타 등)이나 영화(채끝 짜파 떡볶이) 등 미디어에 언급된 제품을 출시했다.

푸드어셈블의 경우 평균 가격이 14,500원에서 14,600원, 17,600원으로 변화했다. 2020년 10월 기준 평균 가격은 2019년 9월 대비 약 3,000원 상승했는데, 이는 저가 품목이 줄고 고가 품목 비중이 17%에서 43%로 26%p 증가했기 때문이다. 한식 비중은 57~65% 사이로 T2에서 높아졌다 다시 낮추는 등 변동이 있었으나, 제품 개수는 36, 37, 34개로 크게 변화가 없었다. 푸드어셈블에서는 맛집과 콜라보한 상품을 활발히 출시하고 있다(화요옥 꽃만두전골).

대형마트 PB 밀키트는 T1, T2 시점에서는 홈플러스, 이마트, 롯데마트 3사 제품을 하나로 묶어 분석했고, T3 시점에서는 PB 밀키트 상품을 적극적으로 개발하고 선보이는 피코크 제품만 분석에 포함시켰다. 밀키트 평균 가격은 7,200원에서 10,100원, 11,300원으로 점차 증가했는데, T2에서 저렴한 가격대의 이마트 PB 브랜드(저스트잇)가 피코크로 통합되면서 초저가 품목이 줄어들고, 프리미엄 상품을 출시하면서 평균 가격의 상승을 불러온 것으로 보인다. 피코크의 경우 한식 비중이 38%에서 56%, 58%로 점차 증가했으며, 중식, 일식, 양식 등 메뉴가 무척 다양하다.

## 밀키트 키플레이어 브랜드 요약

| 브랜드 | | 대형마트 3사 | 심플리쿡 | 잇츠온 | 쿡킷 | 프레시지 | 푸드어셈블 | 마이셰프 |
|---|---|---|---|---|---|---|---|---|
| 기업명 | | 대형마트 3사 | GS리테일 | 한국야쿠르트 | CJ | 프레시지 | 푸드어셈블 | 마이셰프 |
| 평균<br>가격 | 2019/09 | ₩7,171 | ₩15,464 | ₩16,046 | ₩22,612 | ₩12,852 | ₩14,527 | ₩17,539 |
| | 2020/05 | ₩10,113 | ₩14,814 | ₩12,865 | ₩23,200 | ₩10,323 | ₩14,605 | ₩15,203 |
| | 2020/10 | ₩11,281 | ₩14,492 | ₩14,690 | ₩22,850 | ₩12,313 | ₩17,305 | ₩16,573 |
| 평균<br>인분 | 2019/09 | 2.1인분 | 1.9인분 | 2.1인분 | 2.8인분 | 2.0인분 | 2.0인분 | 2.0인분 |
| | 2020/05 | 2.5인분 | 1.8인분 | 2.1인분 | 2.7인분 | 2.0인분 | 2.0인분 | 1.9인분 |
| | 2020/10 | - | 2.0인분 | 2.1인분 | 2.9인분 | 2.0인분 | 2.0인분 | 1.8인분 |
| 평균<br>무게 | 2019/09 | 605g | 733g | 735g | 1,033g | 556g | 730g | 677g |
| | 2020/05 | 762g | 610g | 648g | 898g | 574g | 778g | 623g |
| | 2020/10 | 717g | 799g | 640g | 1081g | 608g | 849g | 621g |
| 평균<br>제품<br>가짓수 | 2019/09 | 8개 | 10개 | 9개 | 8개 | 9개 | 12개 | 9개 |
| | 2020/05 | 9개 | 9개 | 9개 | 10개 | 9개 | 11개 | 7개 |
| | 2020/10 | 8개 | 8개 | 9개 | 11개 | 8개 | 11개 | 8개 |
| 신선<br>식재료<br>비율 | 2019/09 | 54% | 47% | 53% | 45% | 57% | 48% | 53% |
| | 2020/05 | 53% | 54% | 59% | 59% | 63% | 49% | 59% |
| | 2020/10 | 54% | 58% | 56% | 55% | 52% | 49% | 55% |

고속 성장 중이던 밀키트 시장은 코로나19 임팩트로 더욱 폭발적으로 성장하고 있다. '사회적 거리두기' 문화가 확산됨에 따라서 집밥 빈도가 증가하게 되었고, 이에 따라 밀키트 시장이 성장이 가속화된 것이다. 새로운 브랜드가 다양한 형태로 런칭하였고, 기존 브랜드는 온오프라인으로 유통채널을 확장했다.

밀키트의 인기 상승에 따른 포장재 문제를 해결하기 위해 지속가능성의 가치를 강조한 패키지가 등장하고 있다. 밀키트에 대한 소비자의 호기심을 자극하고 첫 구매 및 재구매 유도를 위해 다양한 제품도 출시되고 있다.

기존 냉장 제품의 단점인 짧은 소비기한을 보완한 냉동 밀키트 제품들이 등장함에 따라 상비 식품 역할이 가능해지고 있다. 용량, 원재료, 가격대 등 스펙트럼이 넓어진 다양한 제품들이 출시되고 있으며, 소비자의 상황에 맞는 구매가 가능해졌다. 특히, 고급 식재료를 사용하여 집에서도 신선하면서도 고급스런 식사를 간편하게 즐길 수 있는 프리미엄 제품이 증가했다. 지역에서만 맛볼 수 있는 메뉴를 밀키트 제품으로 출시함에 따라 타 지역의 식문화도 집에서 경험할 수 있게 되었다.

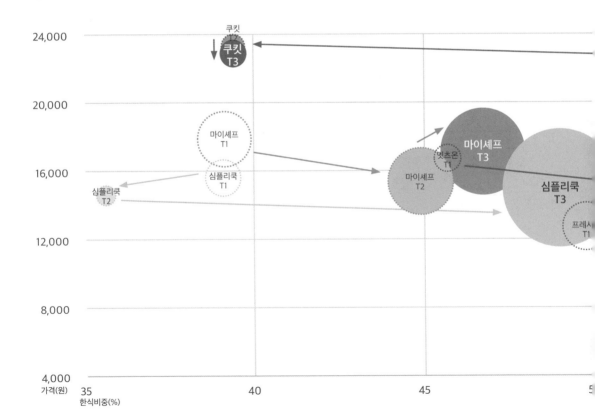

메뉴 유형과 가격 매트릭스 분석

소비자가 선택할 수 있는 밀키트 제품의 선택지가 넓어짐에 따라 브랜드마다 차별화된 제품 전략을 내세우고 있다. 각 브랜드는 상품력을 강화하여 타 경쟁 브랜드와의 경쟁에서 우위를 확보하고자 밀키트에 다양한 가치를 담아 각축전을 벌이고 있다. 프리미엄 제품 위주의 고가 전략 또는 친숙한 메뉴를 합리적인 가격대로 제시하고 있다. 인기 맛집과 셰프와의 협업 혹은 원료 차별화를 통해 동일 메뉴에서 타 브랜드와 구분될 수 있는 포인트도 형성하며, 다양한 상황에서 활용할 수 있게 타깃을 확장하는 브랜드도 존재한다. 1인 가구/홈파티족/캠핑족을 타깃으로 한 제품뿐만 아니라 선물용 초고가 제품까지 출시되고 있는 추세다.

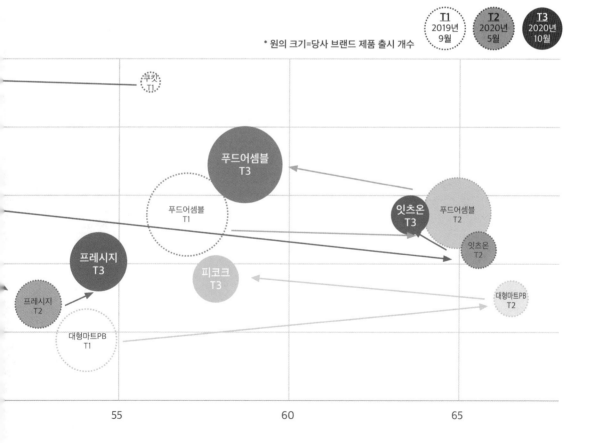

# 04 대한민국 단백질 패권 경쟁, 육류 간편식

이번 주제에서는 단백질을 중심으로 성장하고 있는 간편식 시장에서, 가장 큰 비중을 차지하고 있는 육류 간편식의 성장 방향성을 살펴보았다. 통계자료에 따르면 1일 평균 육류 섭취량과 간편식 구매추이는 꾸준히 증가하고 있다. 신선 육류는 돈육의 비중이 가장 높았으나, 간편식의 경우 특정 육류에 치우치지 않고 고른 비중을 보이고 있다. 이처럼 비교적 고른 단백질 다양성을 보이는 육류 간편식 시장의 성장 방향성을 살펴보기 위해 닐슨 POS 데이터를 사용하여 2017년~2020년의 신제품 출시의 계절성 패턴과 매출의 계절성 패턴을 살펴보았다. 기본적인 패턴을 확인한 다음 상품의 속성을 유통채널, 맛, 유통온도, 메뉴 특성 총 네 가지로 특정하여 육류 간편식 카테고리별 시장분석을 진행했고 신제품 출시 방향성을 도출하였다. 신제품 출시 방향성 제안에 있어 정량적인 데이터 분석뿐 아니라, 정성적으로 현재 외식업 트렌드를 조사하여 외식 트렌드를 반영하였다.

치열한 육류 간편식 시장의 경쟁 상황 속에서 저성장 분야는 돌파구를, 고성장 분야는 추진력을 얻을 수 있는 인사이트를 얻을 수 있으면 한다.
**박서영 연구원**

\* 본 챕터는 스마일팜과 닐슨코리아와의 공동연구로 진행되었습니다.

2016년 CJ 비비고 상온 레토르트 국탕류 제품군이 출시되며 우리나라 간편식 시장은 빠르게 성장하기 시작했다. 마트의 냉장 매대에 놓여 있는 냉장 간편식의 유통기한은 몇 주를 넘기기 어렵고, 마트 냉동고에 들어가 있는 냉동 간편식은 유통기한은 길지만 고객들의 눈에 띄는 것이 쉽지 않았다. 상온 레토르트 제품을 보며 '어떤 방부제를 넣었길래 상하지도 않느냐?'는 소비자들의 상온 제품에 대한 불신이 CJ의 뛰어난 포장기술과 레시피로 사르르 녹아갈 때쯤 우리나라 간편식 시장의 새로운 지평이 열렸다. 이후 많은 식품 기업들이 다양한 간편식 제품들을 출시하면서 치열한 경쟁전이 펼쳐졌다. 현재 간편식에 관심을 갖지 않은 식품기업은 거의 없다 할 수 있다. 간편식 신제품 출시에 있어 레시피는 물론이고 '언제 출시해야 시장 반응을 잘 끌어 낼 수 있는가?'라는 출시 시점과 함께 '상온, 냉장, 냉동' 같은 유통 형태에 대한 고민은 식품기업의 CEO가 내려야 할 가장 중요한 의사 결정 요인이다.

햇반, 컵밥, 냉동 볶음밥으로 대표되는 탄수화물 간편식도 꾸준히 성장해오고 있으나, 훨씬 더 다양한 제품군이 출시되는 육류 단백질 간편식은 2020년 말 현재 국내 간편식 시장을 견인하고 있는 영역이다. 통계자료에 따르면 1일 평균 육류 섭취량 및 간편식 구매액 추이는 꾸준히, 빠르게 증가하고 있다. 간편식 소비 증가 추세를 함께 살펴보면 육류 섭취량 증가에 간편식이 큰 영향을 미치고 있는 것이 확인된다.

한국농촌경제원구원이 발표한 2019년 식품소비행태조사에 따르면, 대한민국 국민이 섭취하는 3대 육류 단백질원인 소고기, 돼지고기, 가금류(닭고기, 오리고기)의 섭취 비중은 각각 13%, 74%, 12%로, 전체적으로 보았을 때는 단백질 섭취에 있어 돼지고기에 대한 의존도가 매우 높은 것으로나타났다. 그러나 육류 간편식 제품의 SKU의 숫자로 본다면, 2020년 하반기 기준 소고기를 활용한 간편식이 전체 육류 간편식

숫자의 29%, 돼지고기의 경우 34%, 닭고기와 오리고기의 경우 26%를 차지하는 것으로 나타나, 육류 간편식은 특정 육류에 치우치지 않고 비교적 고르게 출시되고 있음을 확인할 수 있다.

본 챕터에서는 육류 간편식의 범위를 "완성 제품 및 완성 제품을 만들 수 있는 식재료를 기업의 공장(브랜드)에서 포장 완료한 형태"로 정의하고, "냉동밥류, 국탕찌개류, 컵밥류, 냉동 안주류, 탕수육, 족발 및 편육" 총 여섯 가지 카테고리로 분류하고, 2017년 3월부터 2020년 3월 국내에서 수집된 닐슨의 POS 매출 데이터를 사용하여 육류 간편식 카테고리 현황을 분석했다(코로나19 1차 유행 시기의 데이터가 포함되어 있다). 각 제품별 신제품 출시 시기는 2017년 3월을 제외한 첫 매출이 발생한 달을 기준으로 책정했다. 여기에서 사용된 데이터는 국내 주요 마트와 편의점 및 소매점의 오프라인 판매분과 주요 마트의 온라인 판매분의 대부분을 포함하고 있다. 안타깝게도 마켓컬리 등의 온라인 전문 식료품 판매 채널의 판매분은 빠져 있음을 미리 알린다.

닐슨 POS 데이터를 활용하여 국내 육류 간편식 시장 규모 변화의 추이를 살펴보았을 때 국내 육류 간편식 시장은 2017년 2분기부터 2020년 1분기까지 지속적으로 성장하고 있다. 대체로 매년 3분기에 간편식 소비가 늘어나는 경향이 나타난다. 2019년 기준, 육류 간편식 카테고리별 시장 규모를 살펴본 결과, 육류 국탕찌개류(52%), 조리냉동류(30%), 컵밥(11%), 족발/편육(8%)로 구성되어 있으며, 국탕찌개류(+16%)와 컵밥(+10.7%) 시장이 전년대비 성장세를 보였고, 냉동 안주류(-7.2%)와 냉동밥(-5.5%), 족발편육 (-6.4%) 시장은 감소하였다. 컵밥 내에서는 덮밥류(+16.8%)가 성장한 반면 국밥류(-4.1%)는 감소하였고, 시장 규모는 작으나 탕수육(+6.0%) 시장이 성장하였다.

각 품목의 신제품 출시 추이 및 매출의 계절성의 패턴을 우선 분석하고, 이어서 유통채널별(대형마트 오프라인/대형마트 온라인/편의점, 온라인 마켓 매출 제외), 맛(매콤/담백), 유통온도(냉동/냉장/상온), 세부 메뉴 등과 같은 속성을 사용하여 육류 간편식 시장의 세부 분석을 진행했다. 차트는 2017년 4월~2018년 3월이 푸른색, 2018년 4월~2019년 3월이 초록색, 2019년 4월~2020년 3월이 노란색으로 표시되어 있으며, 회색 막대그래프는 월별 출시 제품의 합계를 뜻한다.

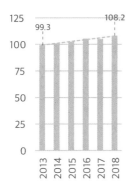

1일 평균 육류 섭취량(단위: g)
(자료: 2018 국민건강영양조사)

연별 간편식 (Ready Meal) 매출 추이(단위: 억 원)
(자료: aT FIS 식품산업통계정보)

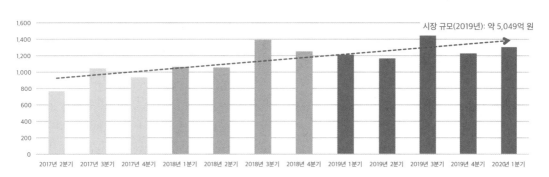

국내 육류 간편식 시장 규모 추이(단위: 억 원/ 자료: 닐슨 POS DATA)
*닐슨 POS DATA의 특성상, 온라인 시장 매출은 대형마트 3사(이마트, 홈플러스, 롯데마트)의 온라인 매출분 포함됨.

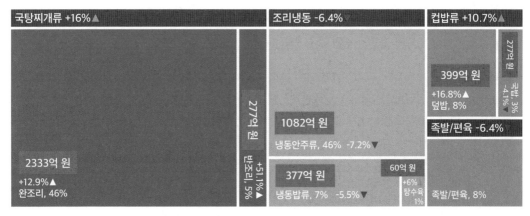

2019년 국내 육류 간편식 카테고리별 시장 규모 및 2018년 대비 성장률
(자료: 닐슨 POS DATA)

# 냉동밥

차트 범례

━━ 합계
━●━ 2017-2018
━●━ 2018-2019
━●━ 2019-2020
━━ 3년 평균

적당히 조리된 상태로 전자레인지나 에어프라이어를 이용해 데우기만 해도 맛있게 먹을 수 있는 냉동밥은 불 앞에서 요리하기 어려운 상황에서 유용하다. 원재료의 맛과 식감을 살린 냉동밥에 대한 수요가 지속적으로 증가하고, 급속냉동 기술의 발달로 인해 소비자의 입맛을 맞춰주는 더욱 다양한 제품이 출시되고 있다. 본격적으로 들어가기에 앞서 이번 장에서는 육류가 들어간 제품만을 대상으로 분석했음을 알린다.

17년 4월부터 이후 3년간의 냉동밥 출시 현황을 조사했다. 냉동밥은 집에서 밥을 많이 먹어야 하는 주로 방학과 휴가 시즌인 여름철(7, 8월)과 겨울(12월)에 제품이 출시되고, 연별 추이를 보았을 때 2018-2019년도(초록색 그래프)에 증가하는 추세를 보이다가 2019-2020년(노란색)에는 다소 감소하는 추세를 보였다.

육류 냉동밥의 시장 규모는 2018년대비 2019년에 다소 감소했다가 2020년 1분기부터 회복세를 보이고 있다. 신제품 출시 시기와 마찬가지로 여름철인 7,8월에 매출이 증가하는데, 더운 날씨에 불을 쓰지 않고 간편하게 조리가 가능한 냉동밥의 특징이 반영되어 수요가 증가한 것으로 보인다.

채널별 매출은 다음과 같다. 대형마트 오프라인 매출액은 2019년 3,4분기 감소 추세를 보이다 2020년 1분기 회복세를 보였고, 대형마트 온라인 매출액은 2019년 3,4분기 감소 추세를 보이다, 2020년 1분기 급성장했다. 편의점에서는 매출액이 매년 감소하고 있으며, 대형마트와 반대로 2020년도 1분기에도 감소 추세를 보였다.

맛에 따른 매출 추이를 살펴 본 결과, 담백한(=맵지 않은) 맛의 냉동밥 매출은 2017년(파란색 그래프) 대비 2018년(초록색 그래프)에 큰 증가세를 보였으나, 2019년 감소했다. 특히 2019년 8월부터 꾸준한 감소 추세를 보였으나 2020년 1분기를 기점으로 다시 회복세를 보이고 있다. 담백한 냉동밥 중에서는 불고기류 제품이 가장 많이 판매되고 있고, 그 외에 햄야채 볶음밥, 닭가슴살 볶음밥, 바베큐/스테이크 볶음밥 등이 있다.

매콤한 맛의 냉동밥 매출은 담백한 맛 냉동밥과는 달리 매년 꾸준히 증가하다 2020년 1분기에는 급성장했다. 아직은 담백한 냉동밥 대비 시장 규모가 작은 편이지만 새로운 맛의 제품들이 출시됨에 따라 시장이 확대되고 있다. 스팸이 포함된 제품의 시장 규모가 가장 크며, 닭갈비 볶음밥, 김치류 볶음밥, 불닭 볶음밥 등이 있다. 매운 볶음밥 중에서 매출 추이가 미미하던 깍두기 볶음밥은 2020년 라이징 스타다. 기존 제품에 차돌박이가 들어간 신제품이 출시됨에 따라 2020년 1분기 매출이 급증하는 추세를 보였다. 2020년 1월에 출시된 비비고 차돌 깍두기 볶음밥은 2020년 1월 매출의 16%를 차지할 정도로 높은 인기를 끌었다.

향후 김치, 깍두기 등의 매콤한 맛이 강조되면서도 반찬의 식감을 충분히 지닌 "한 그릇으로 완전히 한 끼를 때울 수 있는" 제품군에 대한 선호가 계속될 것으로 전망되며 이에 따라 다양한 신제품 출시 기회가 존재한다. 편의점이 아닌 대형마트 온라인에서 높은 매출이 발생하므로, 해당 유통채널을 타깃으로 한 1~2인분 소포장이 묶음 구성된 벌크 제품의 성장이 기대된다.

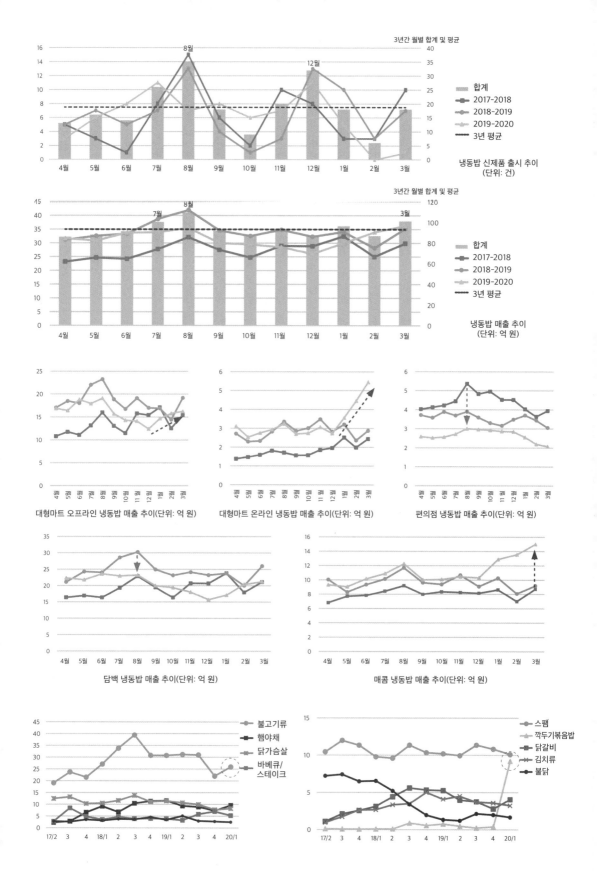

냉동밥 신제품 출시 추이
(단위: 건)

냉동밥 매출 추이
(단위: 억 원)

대형마트 오프라인 냉동밥 매출 추이(단위: 억 원)

대형마트 온라인 냉동밥 매출 추이(단위: 억 원)

편의점 냉동밥 매출 추이(단위: 억 원)

담백 냉동밥 매출 추이(단위: 억 원)

매콤 냉동밥 매출 추이(단위: 억 원)

# 국탕찌개류

차트 범례

■ 합계
■●■ 2017-2018
●■● 2018-2019
▲ 2019-2020
━ 3년 평균

뜨끈한 국물 한 대접이면 밥을 차리기도 먹기도 편하다. 국탕찌개류 시장은
2016년 CJ 비비고의 육개장 상온 레토르트 제품을 시작으로 빠르게 발전해 왔다.
국탕찌개류는 진화를 거듭해 이제는 집에서 엄마가 끓인 '손맛' 들어간 국보다
낫다는 말도 있고, 다양한 제품이 출시되어 경쟁이 매우 치열한 시장이 되었다.
신제품 출시를 위해 갖은 노력을 기울이는 기업들에 소비자들이 뜨겁게 환호하는 듯,
국탕찌개류 간편식 전체 시장 규모는 매해 성장하고 있다. 이 카테고리의 신제품은
어떤 계절성을 보일까?

육류 국탕찌개 간편식 신제품은 특히 12월과 1월, 그리고 7월과 8월에 빈번히
출시되는 경향이 있고, 특히 명절과 계절의 영향으로 12월과 1월에는 곰탕 및
고기/뼈 육수 제품이, 7월과 8월에는 삼계탕 등 여름 보양식 제품 출시가 집중되는
것을 볼 수 있었다. 2019-2020년도 신제품 출시 빈도는 전반적으로 예년 동월 대비
늘어나는 것을 보아 식품 기업들의 이 시장에 대한 긍정적 기대감을 읽을 수 있다.

육류 국탕찌개 간편식의 매출은 역시 1월과 8월에 집중적으로 일어나고 있으며,
유통채널별로 살펴봤을 때 편의점은 다른 채널과 달리 10월 매출이 눈에 띄게 높은
계절성을 보인다. 편의점에서는 체감 온도가 내려가는 10월에 매대에서 봄, 여름
제품이 빠지고 가을, 겨울 제품이 올라가면서 현장에서 즉시 취식이 가능한 국물
제품 SKU가 증가하며 다른 채널과 매출 계절성이 다르게 나타나는 것으로 보인다.

담백한(=맵지 않은) 맛의 국물 제품의 매출은 여름 보양식 소비 기간과 겨울철
명절 국물용으로 집중되어 있으며, 모든 유통 채널에서 매해 꾸준히 성장하고 있다.
대형마트 오프라인 및 온라인에서 2019-20년도 매출이 늘었으며, 20년 상반기
팬데믹 기점으로 온라인 채널의 매출이 특히 급증했다. 편의점에서는 여름철 매출
계절성이 나타나지 않는 한편, 추워지기 시작하는 10월과 가장 추운 1월 매출 피크를
보였다.

반면에 매콤한 맛의 국물 제품의 매출 계절성은 담백한 국물 제품과 달리 나타난다.
매콤한 국물은 1월, 4월, 7월, 10월에 공통적으로 매출이 증가하다 두 달후에 저점을
치는 독특한 계절성을 보인다. 이 시장 역시 매해 성장하고 있다. 세부 채널별로
보자면, 대형마트 오프라인 채널에서 매출이 꾸준히 상승하고 있으며, 대형마트
온라인 채널에서도 2019-20년도 소폭 성장하다 팬데믹 기점으로 매출이 급증했다.
그러나 편의점 채널에서는 2019-20년도에 예년 대비 감소했으며, 그 시장 규모도
대형마트에 비해 작다.

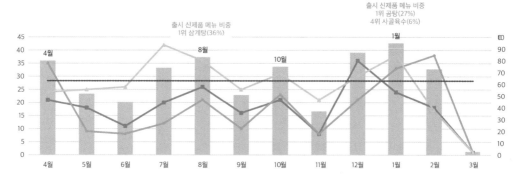

출시 신제품 메뉴 비중
1위 삼계탕(36%)

출시 신제품 메뉴 비중
1위 곰탕(27%)
4위 사골육수(6%)

국탕찌개류 신제품 출시 추이(단위: 건)

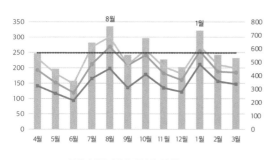

국탕찌개류 매출 추이(단위: 억 원)

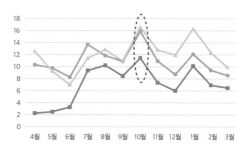

편의점 국탕찌개류 매출 추이(단위: 억 원)

---

**담백한 맛 국탕찌개류**

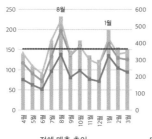

전체 매출 추이
(단위: 억 원)

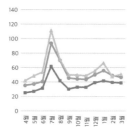

대형마트 오프라인 매출 추이
(단위: 억 원)

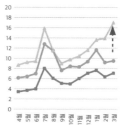

대형마트 온라인 매출 추이
(단위: 억 원)

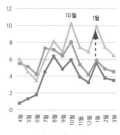

편의점 매출 추이
(단위: 억 원)

---

**매콤한 맛 국탕찌개류**

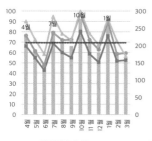

전체 매출 추이
(단위: 억 원)

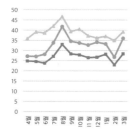

대형마트 오프라인 매출 추이
(단위: 억 원)

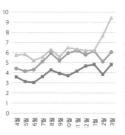

대형마트 온라인 매출 추이
(단위: 억 원)

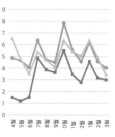

편의점 매출 추이
(단위: 억 원)

국탕찌개류 제품은 냉동, 냉장, 상온 세 가지 방식으로 유통되고 있는데, 그 시장 규모는 상온 제품이 월등하게 크고, 상온 제품군은 냉동, 냉장 제품군과 매출에서의 계절성이 다른 양상으로 나타난다. 냉동 및 냉장 유통 제품 매출은 1, 7, 10월에 공통적으로 상승하고 상온 제품 매출은 1, 8, 10월에서 피크가 보인다. 냉장, 상온 유통 제품의 매출은 2019-20년도에 성장했으며, 이 중 냉장 제품의 매출 성장폭이 두드러졌다. 중소기업 제품이 주를 이룬 냉동 국탕찌개류 제품 시장 규모는 다른 시장에 비해 작고 매해 시장 규모가 줄어들고 있다.

국탕찌개류 간편식의 주요 메뉴별 매출 추이를 보면, 최근 다수 메뉴의 매출이 정체되거나 감소하고 있으며, 일부 메뉴의 계절성이 관찰되었다. 담백한 맛 제품 매출의 대부분을 차지하는 곰탕과 삼계탕이 각각 1분기, 3분기에 포진되어 있으며 이 메뉴의 매출은 갈비탕, 미역국, 닭곰탕, 소고기뭇국 등 최근 다소 정체 되어 있는 다른 메뉴의 국물 제품과는 달리 성장세의 모습을 보이고 있다. 매콤한 맛 제품에서는 전통의 강자 육개장이 2019년 2분기부터 부대찌개에게 1위 자리를 내주었다. 그 뒤를 장터국밥, 김치찌개, 김치찜, 닭볶음탕, 감자탕 등이 따르고 있는데, 2020년 1분기 기준으로 매콤한 국물 제품 대부분의 매출이 감소하는 가운데, 감자탕 매출만이 성장하는 모습을 보였다.

국탕찌개류를 전반적으로 봤을 때 성장의 속도가 둔화되고 있는 가운데, 신상품을 기획할 때에는 채널과 유통 형태를 고려하여 제품 기획을 달리 해야 한다. 유통 온도로 분류하면 매콤, 담백 제품 모두 냉장 유통 제품의 성장이 두드러지고 있으며, 매콤 제품은 냉동 유통 제품에서도 매출이 성장하고 있으나 그 규모가 작다. 오래 끓여야 해서 집에서 해 먹기 번거로운 담백한 탕 제품은 온라인 채널 판매를 타깃으로 했을 때 가능성이 엿보인다. 편의점은 대형마트 채널과 비교했을 때 규모도 작은 편이고 매출의 계절성 추이가 다르게 나타나므로 제품 접근에서 차별화된 전략이 필요하다.

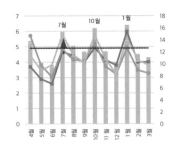

냉동 국탕찌개류 매출 추이(단위: 억 원)

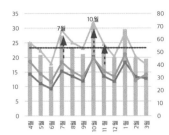

냉장 국탕찌개류 매출 추이(단위: 억 원)

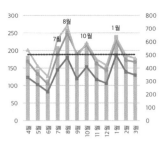

상온 국탕찌개류 매출 추이(단위: 억 원)

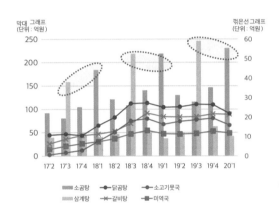

담백한 국탕찌개류 메뉴별 분기 매출 추이(단위: 억 원)

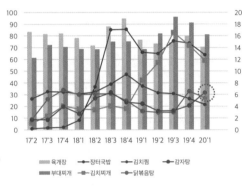

매콤한 국탕찌개류 메뉴별 분기 매출 추이(단위: 억 원)

# 컵밥 국밥류

저렴한 가격에 빠른 식사가 가능한 컵밥은 즉석밥에 고명, 소스, 국물이라는 간단한
조합으로 제품 하나만 집어들면 음식과 밥그릇과 숟가락까지 모든 것이 해결된다.
제조사에게도 기존 생산라인을 활용하여 비교적 간편하게 생산할 수 있는 제품이며,
소비자 입장에서도 용기 라면과 비슷한 패키지로 보관성이 뛰어나다는 인식이
강하다.

컵밥은 뚜렷한 계절성 없이 출시되는 편이나 대체로 11월 출시가 많았다. 매출액은
전반적으로 여름철에 상승하고 겨울철에 서서히 감소하는 패턴을 보여왔으나,
2020년도 2월에는 예년과 달리 전월보다 상승하는 패턴을 보였다. 이는 팬데믹
상황에서 가장 보관성이 좋은 라면과 함께 컵밥을 장기 보관하려는 소비자들의
불안한 심리가 구매에 반영된 것으로 보인다. 컵밥 시장을 분석함에 있어, 컵밥
카테고리에서 국밥과 덮밥이라는 컵밥의 하위 카테고리의 특징은 무척 다르게
나타나므로 컵밥을 국밥류와 덮밥류로 나누어 분석하기로 하였다.

먼저, 컵밥 국밥류 시장은 전반적으로 정체되어 있다. 컵밥 국밥류 신제품은 7월에
가장 빈번히 출시되고, 매출액은 신제품 출시 다음 달인 8월(휴가철)에 튀어오르는
추이를 보였다. 매출액은 전년 대비 2017년 시장 규모가 가장 커졌다가 이후
감소하고 있는데, 한식 국물 메뉴에서 소비자 선호가 컵밥에서 상온 레토르트
국탕류 제품군으로 옮겨갔기 때문으로 판단된다.

판매 추이를 채널별로 살펴보면 2019년도 하반기부터 모든 채널에서 전반적으로
하락세를 보이다 2020년 1분기 팬데믹 상황에서 상승세를 띄었다. 대형마트
오프라인 채널에서는 공통적으로 8월 휴가철에 매출 정점에 이른다. 2017~2018년
월별 매출이 국탕찌개류 간편식과 비슷하게 1월과 10월 높은 형태를 보이는 것과
달리 2018~2019, 2019~2020년도에는 8월 정점 이후 하반기에 감소 추세를 보였다.
반면 대형마트 온라인 채널에서의 컵밥 국밥류의 매출액은 오히려 지속적으로
성장했다. 팬데믹 상황에서 매출은 더욱 급격히 상승했다. 편의점에서의 매출은
전년대비 2018-19년도에 감소했다 다시 증가한 추세를 보였으나, 팬데믹 상황에서
성장을 보이지는 않았다.

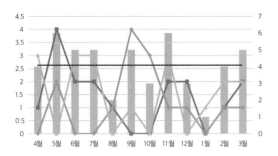

컵밥 신제품 출시 추이
(단위: 건/3년간 월별 합계 및 평균)

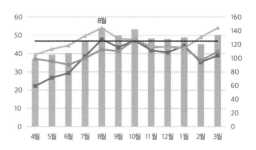

컵밥 매출 추이
(단위: 억 원/3년간 월별 합계 및 평균)

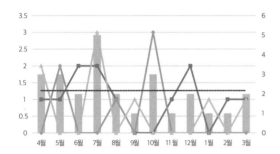

컵밥 국밥류 신제품 출시 추이
(단위: 건/3년간 월별 합계 및 평균)

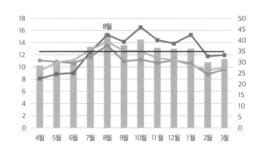

컵밥 국밥류 매출 추이
(단위: 억 원/3년간 월별 합계 및 평균)

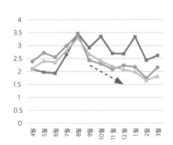

컵밥 국밥류 대형마트 오프라인 매출 추이
(단위: 억 원)

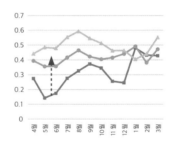

컵밥 국밥류 대형마트 온라인 매출 추이
(단위: 억 원)

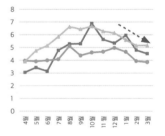

컵밥 국밥류 편의점 매출 추이
(단위: 억 원)

컵밥 국밥류 역시 담백한 맛과 매콤한 맛으로 나누어 살펴 보았다. 담백한 맛 국밥류
컵밥 매출액은 2017년 하반기 감소 추세를 보이던 중에, 2019년 4월에 CJ에서
4,000원대 컵밥 프리미엄 신제품(설렁탕밥, 닭곰탕밥이 2019년 6월 매출액의 약
44% 차지) 출시 이후 반짝 증가했다가 다시 감소하는 추세다. 담백한 컵밥 국밥류
중 곰탕은 지속적으로 감소하는 반면, 설렁탕과 닭곰탕의 매출은 2018년 3분기 및
2019년 1분기부터 증가세를 보이다 2019년 3분기를 정점으로 다시 감소하고 있다.

매콤 컵밥 국밥류의 매출액은 지속적으로 감소하며 시장 규모가 축소되고 있다.
레토르트에서 최근 1위를 차지한 부대찌개는 매콤한 국밥류에서 큰 폭으로 감소하고
있는 반면, 우거지, 시래기 등 구입과 보관, 손질이 어려운 재료들을 오래 끓여
만들어야 하는 해장국 및 장터국밥에 대한 수요는 서서히 증가하고 있는 추세다.
또한 원재료 품질 향상 및 유명 식당과 협업한 신제품이 출시됨에 따라 4,000원대
이상의 프리미엄 컵밥 국밥류(설렁탕밥, 닭곰탕밥, 해장국 등)의 매출이 증가하는
추세를 보이는 등 소비자들의 관심이 다소 증가하는 것으로 보인다.

컵밥 국밥류 매출액은 점점 감소하고 있다. 반짝이는 신제품이 출시되어도 오래
힘을 쓰지 못하고 일시적 매출 증가 효과만 낳을 뿐이다. 냉장 컵밥은 유통채널은
물론이고 가정에서도 보관이 어려워 점점 감소하는 추세로, 상온 보관이 가능한
제품이 살아남고 있다. 그나마 담백한 국물이 매콤한 국물보다 선호되고 있으므로,
담백한 국물을 베이스로 지역 특산물이나 유명 전문점과 협업하는 등 차별화된
제품을 출시하는 시도가 필요하다. 편의점에서 프리미엄 컵밥 매출이 증가하고
있으므로, 해당 유통채널을 이용하는 소비자를 타깃으로 한 제품들을 출시하는 것도
좋은 방법이다.

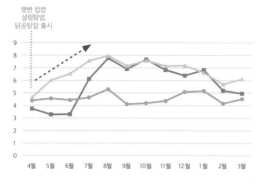

담백 컵밥 국밥류 매출 추이(단위: 억 원)

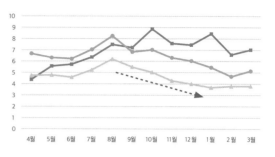

매콤 컵밥 국밥류 매출 추이(단위: 억 원)

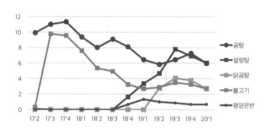

담백 컵밥 국밥류 메뉴별 매출 추이(단위: 억 원)

매콤 컵밥 국밥류 메뉴별 매출 추이(단위: 억 원)

분기별 냉장/상온 컵밥 매출 추이
(단위: 억 원)

# 컵밥 덮밥류

차트 범례

━━ 합계
━●━ 2017-2018
━●━ 2018-2019
━●━ 2019-2020
━━ 3년 평균

컵밥 덮밥류도 같은 기준으로 살펴보았다. 덮밥의 경우 신제품 출시의 계절성은 특별히 드러나지 않고, 매출은 2019-2020년도에 전반적으로 높아졌으며 초여름부터 늦가을(7~10월)에 매출이 상승하는 성향을 보였다. 특히 대형마트 온라인 매출은 다른 채널 대비 2019~2020년도에 크게 성장했다. 팬데믹 영향뿐 아니라, 쌀 가격의 지속적인 상승으로 쌀 대신 온라인으로 즉석밥류를 구매하는 이들이 늘어나(파이낸셜뉴스, 2018), 온라인 채널에서의 구매 확대가 일어난 것으로 보인다.

맛에 따라 담백한 맛의 덮밥 제품과 매콤한 맛의 덮밥 제품으로 구분해 살펴 보았다. 담백 제품은 2019-20년도에 상반기 매출이 매우 큰 폭으로 성장했으며 특히 2020년 2,3월 매출이 급증했다. 2018-19년도 담백 제품의 매출은 하반기에 집중된 모습을 보였으나, 2019-20년도 들어서는 모든 채널에서 공통적으로 상반기 매출이 전년 대비 두 배 이상을 웃돌며 큰 폭으로 성장했다. 팬데믹 선언으로 세 채널 모두 2020년도 1분기에 매출이 가장 급격하게 상승하는 모습을 보였다.

매콤한 맛의 덮밥 제품은 전반적으로 해마다 매출이 감소하는 추세를 보였다. 그러나 채널별 매출을 자세하게 살펴보면 서로 다른 추이가 나타났다. 대형마트 오프라인과 편의점에서는 대체로 매출이 하락하고 있지만 대형마트 온라인 채널에서는 2019~2020년도 매출이 소폭 상승했으며, 팬데믹 기점인 2020년 1월부터 매출이 급증했다. 편의점에서는 꾸준히 감소하고 있는데 2017~2018년도 대비 2018~2019년도 매출 하락폭이 두드러진다.

이처럼 매콤한 맛 덮밥류 성장이 대체로 하락 또는 정체하고 있는 가운데 담백 제품 메뉴가 시장에 적극적으로 진입하고 있음을 확인할 수 있었다. 담백 덮밥에서 기존 출시된 불고기 제품의 성장은 감소하고 있으나, 스팸마요나 버터장조림 등의 제품은 신제품이 출시(2018년 9월)된 후 매출이 성장했다. 이밖에 2020년 2월 KBS 편스토랑 프로그램을 통해 꼬꼬덮밥이 출시되면서 치킨마요 제품 매출이 껑충 뛰어올랐다. 매콤 덮밥 제품 중 점유율이 가장 높은 제육볶음의 매출은 꾸준히 하락하여 2017년 3분기 대비 2020년 1분기에 48%가량 감소하였으며, 전반적으로 모든 매콤 제품 매출이 감소하는 가운데 불닭 제품만이 2020년 1분기 매출이 반등하는 모습을 보였다.

꾸준한 매출 상승이 기대되는 컵밥 덮밥 시장에서 차별화된 제품을 선보일 전략은 무엇일까? 간편한 식사라는 기능적인 측면과 함께 푸짐한 재료 구성에 재미를 더한 제품이 더욱 많이 출시되기를 기대하고 있다. 매콤 제품은 기존 한식 메뉴에서 이렇다할 차별화가 이루어지지 않는 가운데 매출이 꾸준히 하락하고 있는 상황이다. 따라서 담백 덮밥 제품에서 특히, 동봉되는 소스와 부재료를 다양하게 구성해 푸짐한 느낌을 줄 수 있는 콘셉트의 상품이 시장에서 좋은 반응을 받을 것으로 예상한다.

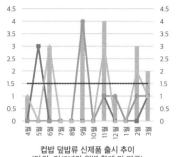

컵밥 덮밥류 신제품 출시 추이
(단위: 건/3년간 월별 합계 및 평균)

컵밥 덮밥류 매출 추이
(단위: 억 원)

컵밥 덮밥류 대형마트 온라인 매출 추이
(단위: 억 원)

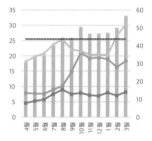

담백 컵밥 덮밥류 매출 추이
(단위: 억 원)

담백 컵밥 덮밥류 대형마트 오프라인
매출 추이(단위: 억 원)

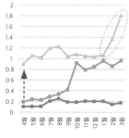

담백 컵밥 덮밥류 대형마트 온라인
매출 추이(단위: 억 원)

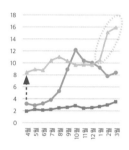

담백 컵밥 덮밥류 편의점 매출 추이
(단위: 억 원)

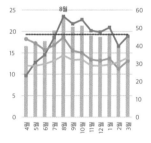

매콤 컵밥 덮밥류 매출 추이
(단위: 억 원)

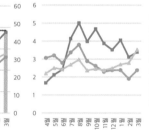

매콤 컵밥 덮밥류 대형마트 오프라인
매출 추이(단위: 억 원)

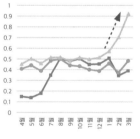

매콤 컵밥 덮밥류 대형마트 온라인
매출 추이(단위: 억 원)

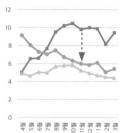

매콤 컵밥 덮밥류 편의점 매출 추이
(단위: 억 원)

담백 컵밥 덮밥류 메뉴별 분기 매출 추이(단위: 억 원)

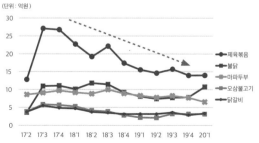

매콤 컵밥 덮밥류 메뉴별 분기 매출 추이(단위: 억 원)

# 냉동 안주류

차트 범례

━━ 합계
━●━ 2017-2018
━●━ 2018-2019
━━ 2019-2020
━━ 3년 평균

무더운 여름 밤, 퇴근 길에 편의점에 들러 4캔 만원짜리 맥주를 사고, 함께 먹을 가벼운 안주류를 골라 전자레인지에 데워 봉투에 담아 집에 돌아가는 모습, 누구나 한 번 쯤은 직접 해 봤을 만한 장면이다. 냉동 안주류는 열대야 속 음주를 타깃으로 하여 신제품을 출시하는 계절성(7월, 9월)이 드러나고 있다. 겨울철, 봄 미세 먼지 등 야외 음주가 줄어드는 시기에는 신제품도 잘 나타나지 않는다. 냉동 안주류의 신제품 출시는 매년 늘어나고 있는데, 2018년 4월 대비 2019년 4월 신제품 출시는 약 2배가량 증가했다.

냉동 안주류 매출은 신제품 출시 시기와 맞물린 여름철에 상승하는 추이를 보이고 있지만, 2019-2020년도 매출은 전년대비 하락했다. 다만 유통채널별로 살펴봤을 때 편의점에서의 매출은 꾸준히 상승하고 있는데, 매년 증가하고 있는 홈술 트렌드와 함께 편의점 채널에 냉동 안주류 제품들이 진출한 데서 매출 약진의 원인을 찾을 수 있다.

담백한 맛의 냉동 안주류 제품은 매해 빠르게 성장하는 추이를 보이고 있다. 매출은 특히 3월, 8월에 증가하는 것으로 나타났고, 대형마트 채널의 매출 상승폭이 크다. 이 품목에서도 팬데믹을 기점으로 대형마트 온라인 채널 매출이 급증했다. 편의점 채널 매출은 2019년 4분기 매출이 하락하다 2020년 크게 반등했다.

담백한 맛 안주류에서는 구이형 제품 대형마트 채널을 중심으로 유통되며 성장하고 있다. 막창, 꼬치구이 제품은 유명 먹방 유튜버들을 통해 화제가 되기도 하며, 특히 에어프라이어로 간편하게 조리할 수 있어 더욱 인기를 끌고 있다. 닭 근위 제품은 2018년 3분기를 기점으로 성장이 꺾여 반등하지 못하고 감소세를 보이고 있다. 유통은 대형마트 온라인 채널에서는 매출이 거의 없던 2017년 2분기 대비 2020년 1분기 매출이 6배가량 성장했다. 대형마트 오프라인 채널의 비중이 가장 큰 편(74%)인 동시에 가장 많이 성장했고 꾸준히 매출이 성장하고 있다. 다른 제품들 대비 독특한 현상이다.

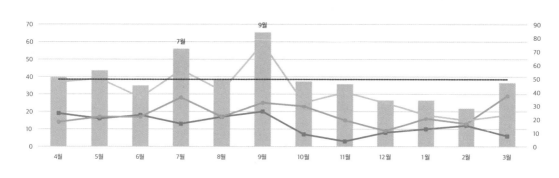

냉동 안주류 신제품 출시 추이(단위: 건/3년간 월별 합계 및 평균)

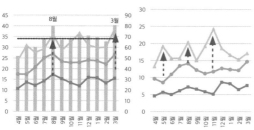

냉동 안주류 매출 추이(단위: 억 원)

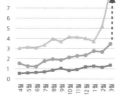

편의점 냉동 안주류 매출 추이(단위: 억 원)

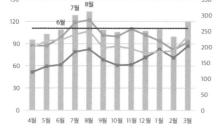

담백 냉동 안주류 매출 추이
(단위: 억 원)

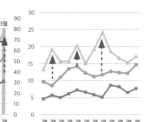

담백 냉동 안주류 대형마트
오프라인 매출 추이(단위: 억 원)

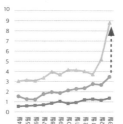

담백 냉동 안주류 대형마트
온라인 매출 추이(단위: 억 원)

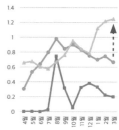

담백 냉동 안주류 편의점 매출 추이
(단위: 억 원)

담백 냉동 안주류 메뉴별 분기 매출 추이(단위: 억 원)

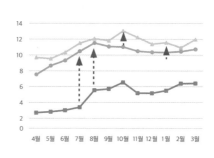

담백 냉동 안주류 유통 채널 현황
(왼쪽 막대 그래프 단위: 억 원/오른쪽 꺾은선 그래프 단위: 억 원)

매콤한 맛의 냉동 안주류 제품은 여름철(7~8월) 매출이 증가하는 계절성이 뚜렷하게 보이는 품목이다. 2019~2020년도 매출이 전년대비 크게 감소했는데, 특히 대형마트 채널에서 큰 폭으로 하락했다. 온라인 채널에서는 팬데믹을 기점으로 매출이 급등했다. 이와 다르게 편의점 채널은 매해 성장하고 있는데, 2019~2020년도에는 2017~2018년 대비 약 4배 성장한 것으로 보인다.

매콤한 맛 냉동 안주류 가운데 매출 상위권을 차지하는 제품은 닭발과 불막창, 곱창 등이 있다. 2018년 1분기부터 청정원 안주야를 시작으로 동원, 오뚜기에서 연이어 신제품이 출시되면서 2018년 3분기까지 전체 시장 규모가 크게 성장했다. 돼지 껍데기는 2019년 3분기 청정원 안주야 제품 출시로 매출이 급등했지만 지속적으로 성장세를 보이지 못하고 점점 감소했다. 양념꼬치 제품은 2018년 4분기 노브랜드 제품이 반짝 히트한 이후 매출이 하락하다 팬데믹 이후 반등하고 있다.

안주류 신제품은 어떻게 출시해야 성공할 수 있을까? 매콤 제품의 경우 편의점 채널을 중점으로 유통하고, 부속 재료 선택 시 식감을 살리고 이취 문제를 가공처리에서 확실하게 해결하고 접근하는 것이 중요하다. 불향을 입혀 풍미를 끌어올리는 것은 이취 제거의 좋은 선택지가 될 수 있다. 담백 구이 제품류의 경우 에어프라이어 조리와 연계되어 조리가 간편하고 가성비를 갖춘 대용량 벌크형 제품이 최근 각광받고 있으며, 식당에 가지 못하는 상황에서 외식업체에 가서 먹는 경험을 대체할 수 있는 상품이 필요하다. 유통 형태도 새로운 도전을 맞이하고 있다. 2020년 5월, 상온 유통이 가능한 비비고 제일안주가 출시되면서 선두주자인 안주야(냉동)의 아성을 무너뜨리려 하고 있기 때문이다. 이에 청정원은 상온 제품을 출시하면서 방어하였으며, 2020년 말 현재 안주야의 냉동 안주 제품은 상온 제품인 제일안주의 공격에 잘 버티며 성장해 나가고 있다. 앞으로 어떤 맛있고 재미있는 안주가 우리의 홈술상에 선보일지 기대해 본다.

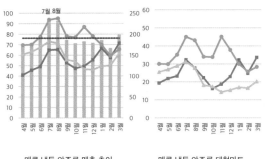

매콤 냉동 안주류 매출 추이
(단위: 억 원)

매콤 냉동 안주류 대형마트
오프라인 매출 추이(단위: 억 원)

매콤 냉동 안주류 대형마트
온라인 매출 추이(단위: 억 원)

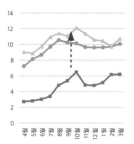

매콤 냉동 안주류 편의점 매출 추이
(단위: 억 원)

매콤 냉동 안주류 메뉴별 분기 매출 추이(닭발, 불막창, 불곱창)
(단위: 억 원)

매콤 냉동 안주류 메뉴별 분기 매출 추이(껍데기, 양념꼬치, 오돌뼈, 불닭)
(단위: 억 원)

# 탕수육

신발도 튀기면 맛있다는 우스갯소리처럼 튀김은 식재료의 맛을 끌어올리기
좋은 조리법이다. 하지만 팬에 남은 기름과 집안 곳곳에 튄 기름을 처리해야
한다는 번거로움 때문에 집에서 도전하기는 쉽지 않다. 이런 단점을 해결해줄
에어프라이어가 전국적으로 보급되면서 뜨거운 바람으로 조리해 튀김처럼 먹을
수 있는 반조리 제품들이 쏟아져나오고 있다. 이 제품들은 제품 패키지에 '에어
프라이어 사용 가능'이라고 명시하여 가전을 사용하는 사람들에게 어필하고 있다.

이런 상황에서 소비자들의 관심을 끌고 있는 제품 중 하나가 바로 탕수육이다.
탕수육 시장의 규모는 아직 작지만 해를 거듭할 수록 성장하고 있으며, 팬데믹 이후
매출이 급증하였다. 탕수육 신제품은 주로 상반기에 출시되는 것으로 나타나며,
2018년 4월부터는 월평균 1.8개의 신제품이 선보이고 있다. 기존에 중화요리집에서
먹던 탕수육 시장에 도전하는 제품은 바로 찹쌀 탕수육(꿔바로우)인데, 2019년
3분기부터 찹쌀 탕수육 제품의 매출이 증가하며 일반 탕수육 제품 매출을 대체하는
양상이 뚜렷하게 나타나고 있다.

대형마트 오프라인에서의 2019-2020년도 매출은 2019년 6월과 11월을 기점으로
큰 성장을 보였다. 역시 팬데믹 영향으로 대형마트 온라인 매출은 2017년 4월 대비
2020년 3월 약 19배라는 큰 성장을 기록했다. 반면 편의점 채널에서는 2018년 7월
급격한 매출 성장을 보인 후, 지속적인 감소 추이를 보이고 있다.

번거로운 조리 과정의 장벽을 허문 에어프라이어는 냉동 튀김류 시장에서
지각변동을 일으키고 있다. 기존 제품을 에어프라이어용으로 리뉴얼하거나
에어프라이어 조리에 특화된 제품이 공격적으로 출시되고 있다. 하지만 시중 탕수육
제품의 에어프라이어 조리 관능 평가 결과, 겉바속촉(겉은 바삭하고 속은 촉촉한
식감)을 제대로 구현한 상품을 찾을 수는 없었고, 제품 기술력에서 분명한 한계를
보이고 있다. 집에서 언제든 먹을 수 있는 탕수육이라는 편리함을 뒷받침할 수 있는
제품력이 필요한 시점이다. 에어프라이어 보급률이 확대되는 새로운 시장 환경
속에서 기술적 제품 구현력을 높인 상품이 필요한 때다.

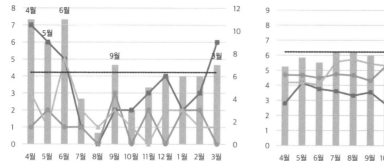

탕수육 신제품 출시 추이
(단위: 건/3년간 월별 합계 및 평균)

탕수육 매출 추이
(단위: 건/3년간 월별 합계 및 평균)

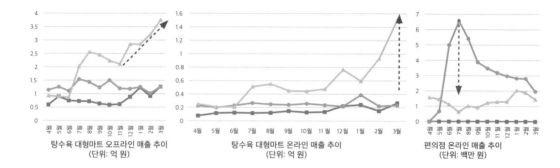

탕수육 대형마트 오프라인 매출 추이
(단위: 억 원)

탕수육 대형마트 온라인 매출 추이
(단위: 억 원)

편의점 온라인 매출 추이
(단위: 백만 원)

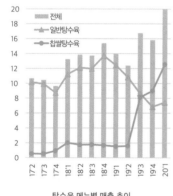

탕수육 메뉴별 매출 추이
(단위: 억 원)

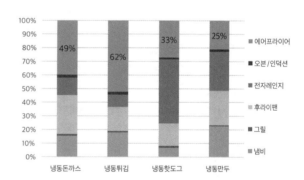

냉동간편식 조리도구 언급 비율(키워드 분석)
(자료: aT FIS 가공식품 보고서 - 간편식, 2019)

# 족발, 편육

2017년 2월 한 작은 기업의 족발 제품이 인터넷 커뮤니티에 회자되었다. 특수 재료를 사용해 이취를 잡고 양이 넉넉한데 가격이 저렴해 당시 1-2인 가구 사이에서 "족발 대란"이 일 만큼 큰 인기를 얻었다. 주문 후 6개월까지 기다려야 하는 상황에서 사람들은 '빨리 족발을 먹고 싶다'는 마음에 다른 기업의 족발을 주문하기 시작했다.

특유의 맛이 있는 족발 및 편육은 찬기운만 빼고 바로 먹거나 따뜻하게 데워 먹을 수 있고, 뼈를 제거한 무뼈족발의 경우 준비 과정이 번거롭지 않아 단백질을 쉽게 섭취하는 방법으로 여겨진다. 족발과 편육을 활용한 덮밥 등 다양한 레시피도 나오고 있다.

족발/편육은 초여름에 주로 출시되며, 여름부터 초가을까지 주로 판매되는 계절성 식품이다. 2018-19년도 족발/편육 시장은 전년대비 큰 성장을 보였으나, 2019년 1월 족발 제품에서 식중독 원인 균이 검출돼 매출이 급감했다가 회복세를 보였다. 담백한 족발/편육 제품의 매출 변화는 전반적으로 크지 않다. 2019년 이후로 매출이 감소 추이를 보이다, 2020년 1분기부터 다시 매출의 회복세를 보였다. 외식업의 영향을 받은 매콤한 양념이 추가된 제품(예: 불족발/매운 편육)은 2017년 여름 반짝 무서운 성장세를 보이다 감소 후 정체기에 들어갔다. 2019년 하반기부터는 매출이 감소했으나, 팬데믹 상황인 2020년 1분기에 소폭 상승한 모습을 보인다. 유통채널별 현황을 살펴보면 대형마트 온라인이 강세인 다른 제품들과 달리 대형마트 오프라인과 편의점에서 더 활발하게 판매되고 있다. 오프라인 냉장 매대에서 눈에 띌 때 손이 가게 되는 제품의 특성이 채널별 매출에 잘 반영된 듯 보인다.

저물어가는 것처럼 보이는 족발 시장의 매출 회복 방안은 무엇일까? 먼저 소스와 부재료로 차별화 포인트를 둔 족발 신제품 기획이 필요하다. 현재 주로 판매되는 제품들은 천편 일률적인 새우젓 소스 이외엔 다양성을 찾아 보기 힘들다. 쫄깃한 식감과 담백한 기본 맛이 잘 구현된 족발/편육과 함께 보쌈김치 같은 반찬과 다양한 소스로 구성된 제품을 소비자들에게 선보인다면 훨씬 만족감 높은 경험을 줄 수 있을 것이다. 또한 대형마트와 편의점 오프라인에서 주로 구매가 발생하므로 해당 유통채널을 타깃으로 한다면 좋은 결과를 얻을 가능성을 엿볼 수 있겠다.

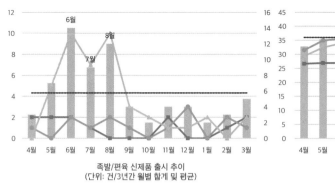

족발/편육 신제품 출시 추이
(단위: 건/3년간 월별 합계 및 평균)

족발/편육 매출 추이
(단위: 건/3년간 월별 합계 및 평균)

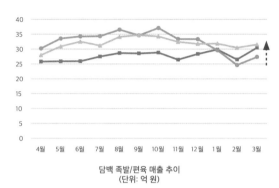

담백 족발/편육 매출 추이
(단위: 억 원)

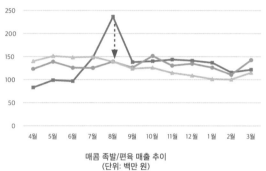

매콤 족발/편육 매출 추이
(단위: 백만 원)

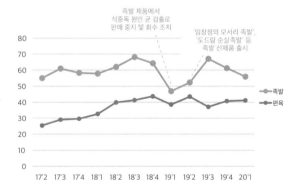

족발/편육 메뉴별 분기 매출 추이
(단위: 억 원)

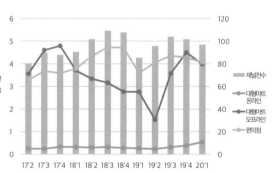

족발/편육 유통 채널 현황
(왼쪽 막대 그래프 단위: 억 원/오른쪽 꺾은선 그래프 단위: 억 원)

# 집에서 즐기는 레스토랑 메뉴

최근 외식이 어려워지고, 직접 조리해 먹는 밥맛의 한계가 뚜렷해지는 가운데 외식으로 즐기던 메뉴를 집에서 즐기고자 하는 소비자들이 늘어나고 있다. 2020년에 들어서는 코로나19로 인해 국내 음식점 95.2%의 일평균 고객 수가 65.8% 줄어드는 등 언택트 서비스의 필요성으로 외식 업체의 체질 개선이 이루어지면서 HMR(Home Meal Replacement)이라고 흔히 불리는 가정 간편식에 이어 유명 식당과 연계된 레스토랑 간편식(RMR, Restaurant Meal Replacement) 시장이 확대되고 있다(출처: 미디어리퍼블릭, 2020).

2016년 창신동의 한 식당의 메뉴였던 불족발이 인기를 끌자, 청정원에서는 순살로 만든 큐브 불족발을 출시했다. 그리고 2019년 레트로 감성이 부활함에 따라 경양식 전문점이 주목받게 되자 신세계 올반은 경양식 전문 식당인 구슬함박과 제휴해 구슬함박스테이크 제품을 출시해 홈쇼핑 완판 사례를 기록했다. 또한 대한민국을 휩쓴 마라 열풍은 간편식 시장에도 알싸한 마라향을 뿌렸다.

이처럼 외식 트렌드는 곧 간편식 트렌드로 이어지고 있다. 따라서 외식업 트렌드에 대한 기민한 대응이 중요한 때다. 그렇다면 육류를 다루는 외식업에서의 트렌드는 무엇이고, 무엇이 미래의 육류 간편식의 메뉴로 등장할 것인가? 최근 외식업계에서는 샤퀴테리(건조육), 닭 구이, 양고기, 프리미엄 육류 등 네 종류의 육류 메뉴가 성장하고 있다. 이 네 종류를 자세히 살펴봄으로써 향후 신제품 개발에 힌트를 얻을 수 있을 것이다.

## 샤퀴테리

프랑스어인 샤퀴테리(Charcuterie, 건조육)는 식육을 그대로 또는 이에 식품 또는 식품첨가물을 가하여 건조하거나 열처리하여 건조한 것을 말한다(육함량85% 이상의 것). 수분 함량이 적기 때문에 저장성이 높고, 건조과정에서 일어나는 작용으로 생육에서는 느낄 수 없는 풍미가 형성된다.

샤퀴테리 매출액과 생산액은 2015년 대비 2019년에 각각 144억 원, 222억 원 증가했으며, 건조육 관련 키워드 SNS 검색량 역시 모두 2015년 대비 2019년에 전반적으로 증가했다. 샤퀴테리에 대한 관심이 높아진 요인으로 홈술과 와인을 빼놓을 수 없다. 홈술 문화가 확산되고 와인 유통 채널이 확대되면서 와인에 대한 수요가 증가했고, 와인과 페어링할 만한 고급 안주인 건조육과 치즈에 대한 수요가 함께 증가한 것으로 보인다. 또한 소비자들의 해외여행 경험이 많아지면서 안주 선택의 폭이 확장됨에 따라 국내에서 건조육에 대한 수요가 커졌을 것이다. 2020년 코로나19가 불어닥치면서 홈술 문화는 더 강화되어 건조육 수요 역시 늘 것으로 예상된다.

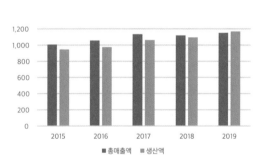

건조저장육류 연도별 매출액 및 생산액
(단위: 억 원/자료: 식품의약품안전처)

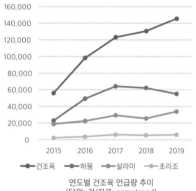

연도별 건조육 언급량 추이
(단위: 건/자료: sometrend)

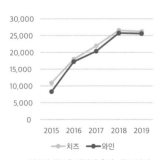

연도별 건조육 연관어 추이: 치즈/와인
(단위: 건/자료: sometrend)

해외 여행 관광객 추이
(자료: 한국관광공사, 2019년도는 스페인 통계청 기사 참조)

국내 샤퀴테리 제조업체는 2013년도 두 곳에서 2020년도 20곳 이상으로 확대되었으며, 그중 11개의 점포는 2018년도 이후 생겼을 정도로 2018년부터 하나의 트렌드로 자리잡게 되었다. 20-30 세대를 중심으로 국내에서 인기를 끌고 있는 샤퀴테리아는 외식업 범주에 속하는 델리숍 형태와 온라인 등의 유통을 전문으로 하고 있는 소형 가공업체로 분류된다.

2013년 존쿡 델리미트의 더 샤퀴테리아 같은 샤퀴테리를 직접 제조하는 전문 델리숍이 등장하며 정통 방식대로 제조한 샤퀴테리가 첫 선을 보였다. 가게마다 다채로운 메뉴와 콘셉트로 샤퀴테리 인지도를 높이며 미식가들을 중심으로 주목을 받기 시작했다. 외식업을 겸비한 매장 형태가 아닌 B2B나 B2C로 건조육을 판매하는 샤퀴테리아 형태도 있다. 온라인 채널을 통해 제품을 판매하며, 호텔, 베이커리로 납품하거나, 마켓컬리, 쿠팡 등 B2C 대상으로 유통하고 있다.

## 닭 구이

아직도 닭을 요리하는 새로운 방법이 남아 있을까 하는 생각이 들 정도로 닭 요리는 우리에게 익숙하다. 가장 먼저 배달용 후라이드 치킨을 떠올리겠지만, 외식 상황에서는 주로 불을 활용한 구이형 닭 요리 형태로 소비되는 경향이 높아지고 있다. 이 '닭 구이'는 한때 유행하던 매콤한 양념의 춘천식 닭갈비나 안동식 찜닭과는 다른 음식으로, 닭 구이 메뉴는 전남 광양에서 출발한 것으로 알려져 있다. 전라도 광양식 불고기에 사용하던 석쇠를 닭고기에 사용하여 닭 구이 요리를 탄생시킨 것이다. 볶음탕용 닭처럼 한 마리를 모두 굽는 형태가 아닌 부위별로 분리하여 제공한다. 이렇게 남도에서 시작한 닭 구이는 경북 지역을 거쳐 수도권으로 올라오게 되는데, 대중적으로 소비되는 다릿살, 갈빗살뿐 아니라 야키토리의 영향으로 비 선호 부위였던 닭 특수부위(목살, 가슴연골살, 껍질 등)까지 골고루 활용되고 있다. 2015년 세미계를 시작으로 계식당, 팔각도, 은화계 등 서울 내 닭 구이 전문업체가 10여 곳으로 확대되고 있다.

이렇게 닭 구이 문화가 확대되는 듯 보이면서 2018년 다향에서 이마트를 통해 전라도 닭 구이 식문화를 접목한 뼈를 제거한 토종닭 스테이크 상품을 출시하였지만 너무 시대를 앞서 간 것인지 큰 성공을 일구어 내진 못하였다. 2020년 현재 닭고기를 튀김이 아닌 다양한 방식으로 섭취하려는 시도가 늘고 외식업 시장의 닭 구이 열기에 힘입어 닭 구이 간편식 시장의 새로운 기회를 기대해 볼 수 있을 것이다.

## 닭을 즐기는 다양한 방법

**닭곰탕/삼계탕**

**찜닭**

**닭볶음탕**

**닭강정**

**닭갈비**

**닭꼬치**

**후라이드 치킨**

**전기구이**

**닭 구이**

## 닭 특수부위 활용하는 닭 구이 식당들

은화계

위치 : 서울 신당동
공덕 닭갈비 식당 '계고기집' 세컨드 브랜드
취급부위: 허벅지살, 목살, 닭발, 연골, 근위, 염통

계양간

위치 : 부산
취급부위: 목살, 허벅지살, 무릎연골,
가슴연골, 안창살

326숯불닭 구이

위치 : 서울 금호동
돼지, 소 구이에서 닭 특수부위 구이로 메뉴 변경
취급부위: 허벅지살, 목살, 닭굴(등뼈), 안창살

# 양고기

그동안 양고기 하면 '누린내'라는 단어가 그 옆을 꼭 따라다녔다.
하지만 2015년 7,773t이었던 수입 양고기는 2019년 1만 7112t으로 대폭
증가하였으며, 양고기의 인기는 꾸준히 상승세를 보이고 있다.

| 양고기의 분류 | |
|---|---|
| 머튼<br>(생후 18개월 이상) | 육향<br>강함 |
| 램<br>(생후 12개월 미만) | 육향<br>약함 |

1976년 육류파동으로 돼지고기 값이 폭등하자 육류 소비량을 맞추기 위해
보세가공 수출용으로 보관하던 양고기는 1978년 국내 시장에 출시됐다.
저가 재료임을 강조하여 소비를 권장했지만 육향이 강한 나이든 양
'머튼(mutton)'이 주로 유통되면서 대중화에 어려움을 겪었다. 온라인 및
이태원에서 구할 수 있던 양고기는 2010년대에 진입하면서 코스트코를
통해 일반 소비자에게 유통되기 시작했는데, 비교적 육향이 덜한 어린 양
'램(lamb)' 유통이 활성화되면서, 육향이 강한 양고기에 대한 인식이 변했다.

또한 외식업 시장에서는 새로운 육류 소비문화가 주목을 받으면서 양고기에
대한 부정적 인식은 사라지고 있다(매경프리미엄, 2019; 문화일보, 2015).
양꼬치 문화는 대림동, 건대입구역 등 중국음식 중심지를 시작으로 유행하기
시작했고, 2015년도 "양꼬치엔 칭따오" 유행어의 영향으로, 양꼬치는
특별하고 기분좋은 외식 메뉴가 되었다. 마라탕과 훠궈 등이 유행하면서
양고기는 더욱더 일상적인 식문화로 자리잡았다. 얼얼한 마라 국물에 익힌
얇은 양고기는 특유의 육향에 대한 거부감을 줄여주었다. 양갈비 부위는
주로 구이 형태로 존재하며 화로에 구워 먹는 문화와 홋카이도식 징기스칸
양갈비로 양분되어 있다. 양고기에 대한 심리적 진입장벽이 점점 낮아지면서
양다리를 통으로 구워 먹는 양다리 구이 역시 새로운 외식 트렌드로
등장하고 있다.

국내에서 주로 유통되는 부위로는 어깻살(숄더랙)과 갈빗살(프렌치랙)이
있다. 자체 물류창고를 통해 새벽배송/바로배송 서비스를 제공하는 온라인
채널 중 마켓컬리, 헬로네이쳐, SSG, 롯데마트, 쿠팡의 다섯 개 채널에서
양고기를 판매하고 있다. 롯데마트의 경우 전년대비 2020년도 양고기 매출
성장률이 314.5%를 달성했다. 그동안의 소돼지 중심의 육류 소비문화에서
양고기 문화의 비중이 점차 증가하는 것을 체감할 수 있다.

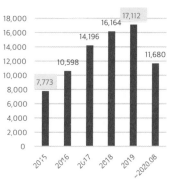

양고기 수입량 추이
(단위: 톤/자료: 관세청 수입통계)

2020년 10월 15일 기준 새벽배송/바로배송 채널 양고기 SKU 건수
(단위: 개)

국내 주요 유통되는 양고기 부위

출처: 호카이도 여보 양갈비 요리점
(https://www.facebook.com/187190941889226/)

출처: 브레어토끼
(https://rickyhouse.tistory.com/1678)

## 프리미엄 오브 프리미엄, 한우 오마카세

'셰프에게 메뉴를 맡긴다'는 뜻의 오마카세는 신선한 제철
식재료를 가장 자신있는 방식으로 고객에게 내어주는 특선
정식으로, 스시야를 시작으로 각광받아 왔다. 가격에 구애받지
않고 좋은 부위를 내어 놓는 오마카세는 기존 프리미엄 영역에서
한 단계 더 나아간 형태로 각광받기 시작했는데, 한우는 오마카세
메뉴에서 한식 이외의 형태로 변화하며 소비자들에게 다채로운
매력을 선보이며 파인 다이닝 트렌드로 급부상하고 있다. 불경기
속 가심비 소비가 성향이 확대되는 가운데 고급 정육, 특히 숙성
한우 매출은 2018년 대비 159.5% 증가했다(업계추산, 이데일리,
2019).

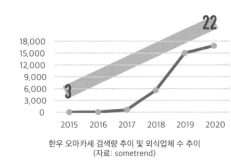

한우 오마카세 검색량 추이 및 외식업체 수 추이
(자료: sometrend)

한우 오마카세 외식업체의 주요 특징은 세 가지로 나눌 수 있다. 1) 소규모의
프라이빗한 공간. 대부분의 오마카세 레스토랑은 바(Bar) 형태와 소규모 룸 몇
개만 갖추고 운영하고 있다. 제한된 공간에서 일행과 편안하게 먹을 수 있다는
장점은 코로나 이후 더 인기를 끌고 있다. 식사 목적이 아닌 추억을 남기는 '프라이빗
식당'으로 재포지셔닝하고 있다. 2) 맛에 대한 이해도를 높이는 서빙 방식. 부위별
특성을 고려한 숙성, 굽는 방식, 같이 곁들일 소금 등 식사에 대한 전문가의 자세한
설명을 더함으로써 한우에 대한 소비자의 이해를 높이고 프리미엄 식재료에 대한
더 큰 만족감을 이끌어낸다. 3) 식재료에 다양한 변주를 더하는 코스 구성. 한우를
메인으로 맛과 풍미를 살리는 동시에 이와 어울리는 이탈리아나 서양식, 혹은 한식
메뉴 등 특별한 곁들임을 함께 제공한다. 이러한 디테일을 통해 코스 구성에서의
기승전결을 이끌어낸다.

'오마카세', '한우'를 키워드로 검색 결과 찾아낸 한우 오마카세 외식업체 22곳을
가격대에 따라 다음과 같이 구분하고 특징을 분석해 보았다. 그 내용은 오른쪽
표에서 찾아볼 수 있다

육류 간편식 시장은 경쟁이 치열해지며 제조사의 이익률이 나빠지고 있는 상황이다.
양적으로 빠르게 성장하던 시장에서 누구나 뛰어들어도 일정 이상의 매출을 내던
시기는 지나가고 있다. 실제 조리한 것과 유사한 맛과 식감을 내는 식품공학적
기술의 혁신으로 차별화를 이루거나, 아니면 최근 뜨고 있는 외식업계의 변화를
비대면 상황에서 집에서 간편하게 소비할 수 있도록 구현하는 비즈니스적
기민성(gility)이 필요하다. 또한 본 챕터의 분석이 제시하고 있는, 신제품을 언제
출시해야 하는지, 레시피의 큰 트렌드는 어떻게 흘러가고 있는지, 그리고 어떤
채널에 초점을 맞추어야 하는지에 대한 인사이트를 통해 신제품 기획에 도움을 받기
바란다.

| 정육식당 | 스테이크하우스 | 오마카세 |
|---|---|---|
|  |  |  |
| 한우 대중화 | 형태 차별화 | 부위와 조리법 다양화 |

## 파인 다이닝 트렌드로 급부상한 한우 오마카세

| | 고기 본연의 맛에 집중한 하이엔드급 오마카세 | 다채로운 요리를 함께 제공하는 미들급 오마카세 | 가성비를 갖춘 엔트리급 오마카세 |
|---|---|---|---|
| 가격대 | 250,000원 ~ 350,000원 | 120,000원 ~ 180,000원 | 100,000원 이하 |
| 구성 | 로스 코스 평균 6.83개<br>요리 코스 평균 7.6개 | 로스 코스 평균 5.63개<br>요리 코스 6.5개 | 로스 코스 평균 5.2개<br>요리 코스 4개 |
| 특징 | 품질과 부위에 집중하며 한우 본연의 맛을 살리고 이를 보조하는 수준에서 곁들임 코스 구성 | 구이 메뉴 외에 다양한 재료를 조합하여 한우를 재해석한 개성있는 메뉴를 함께 제공 | 메뉴 구성과 식재료 조달 구조를 간결화하여 가격 접근성을 높인 오마카세 코스 제공 |
| 주요<br>외식업체 | 국내 최초 한우 오마카세를 도입한 본앤브레드의 12가지 부위의 로스 구이 코스로 구성된 오마카세<br><br>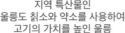 | 트러플, 캐비어, 우니와 한우 육회를 토핑한 감자국수, 양념갈비를 말린 육포 등 다양한 식재료를 조합한 요리를 선보이는 비플리끄<br><br> | 정육점과 식당 운영이 통합되어 육류 수급과 보관, 재고관리에서 가격 경쟁력을 갖추고 합리적인 가격의 오마카세를 제공하는 미티크<br><br> |
| | 지역 특산물인 울릉도 칡소와 약소를 사용하여 고기의 가치를 높인 울릉<br><br> | 해산물 메뉴를 코스에 포함해 단조로움을 피하고 메뉴의 성향에 맞게 위스키를 구성한 주류 페어링이 인기인 우라만<br><br> | 5종의 한우 구이 코스 구성에 집중하고 요리 메뉴 구성을 줄여 5만원 이하의 가성비 코스를 제공하는 소와나<br><br> |

# RMR 개발로 코로나 19의 위협에 대응하는 한식벽제

평양냉면이 먹고 싶어서 마켓컬리에서 <봉식탁>이라는 브랜드로 판매 중인 봉피양 평양냉면을 구매해 먹어 보았다. 너무 맛있어서 시중에 판매되고 있는 주요 평양냉면 간편식 제품들을 더 사서 먹어 보았지만 봉식탁 평양냉면이 압도적인 1위였다. 이어서 봉피양의 시그니처 메뉴를 간편식으로 만든 본양념목살 또한 대단히 훌륭했다. 코로나 시대에 레스토랑이 살아남는 전략은 역시 간편식일까? 한식벽제의 경영을 담당하고 있는 김태현 부회장을 만나 보았다.

**Q. 벽제갈비와 봉피양은 어떤 기업인가요?**
한식벽제는 '혼을 담은 한식, 벽제의 장인정신이 지켜갑니다' 라는 슬로건으로 각 분야별 20년 경력 이상의 장인군단이 맛을 지켜내고, 나아가 후대로의 계승을 위한 후계자 양성에 힘쓰는 종합 외식기업입니다. 벽제갈비는 한우 전문점으로, 소를 마리째 '일두구매'하여 한우를 다양하게 활용한 메뉴를 선보이는 브랜드입니다. 봉피양은 돼지본갈비와 평양냉면 전문점으로, 한돈의 고급화와 평양냉면의 대중화에 앞장서 있는 브랜드입니다.

**Q. 외식업체에 특히 가혹한 이 시기에 여러 지점 중 아직 문 닫은 점포가 하나도 없다는 이야길 듣고 저력이 있다는 생각이 들었습니다. 코로나19에 어떻게 대응하고 계신가요?**

저희도 힘든 상황임에는 마찬가지입니다. 여러 위기를 이겨내 왔지만 이번 만큼은 차원이 다릅니다. 그러나 항상 위기가 오면 그걸 기회로 만들고자 하는 것이 벽제의 방식입니다. 아이러니하게도 위기 순간이야말로 기획 단계에서 지지부진하거나 시행 후 제대로 관리되지 못하던 일들을 추진할 수 있는 여력이 생기기 때문입니다.

매장 차원에서는 포장 및 배달을 활성화하거나 매장별 다양성 추구를 위한 메뉴 개발 등 작은 대응을 합니다. 하지만 이 정도로 큰 위기를 돌파하기는 어렵지요. 그렇기에 전사적 차원은 나무보다 숲을 보는 방식이 필요합니다. 외식업과의 연계성이나 성장 가능성을 종합적으로 고려한 뒤, 이번에는 간편식 사업에 집중하여 이를 보완하고 발전시키는 것을 이 어려움을 타개하는 핵심으로 바라보고 있습니다.

**Q. 봉피양의 시그니처 메뉴라고 할 수 있는 본양념목살과 평양냉면을 RMR(Restaurant Meal Replacement) 간편식 제품으로 기획하신 게 코로나19 이전으로 기억하는데, 선견지명이 있었던 건가요? 어떤 목표로 기획하게 되었습니까?**

외식업 시장은 코로나 이전에도 여러 사회적 환경 변화로 인해 큰 변곡점에 있었습니다. 규모가 크고 많은 인력을 필요로 하는 전통적

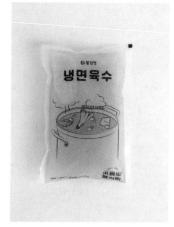

기업일수록, 가맹사업이 아닌 직영사업으로 운영할수록 타격이 큽니다. 코로나19가 변화를 가속시킨 것은 분명하지만 그게 아니었어도 점점 상황은 좋지 않은 방향으로 흘러갔을 겁니다.

아무래도 미래가 불투명하다 보니 새로운 성장 동력을 고민했고, 그런 가운데 유일하게 성장하고 있는 부문이 있었으니 그것은 가정으로 찾아가는 형태의 비즈니스였습니다. 배달과 포장이 늘고 온라인 판매가 뚜렷한 성장세를 보였습니다. 앞으로 이 어려움을 근본적으로 해결하려면 간편식을 시작으로 식품사업을 본격적으로 전개해 봐야겠다고 결심하게 되었습니다.

Q. 외식업체에서 온라인 소매 판매용 식품을 개발한다는 게 쉬운 일은 아닌 것 같습니다. 제품을 개발하실 때 어떤 과정으로 진행하셨고, 어떤 어려움이 있으셨나요?

일단 내부적으로 벽제 식구들에게 필요성의 공감대를 형성하는 일이 가장 힘들었습니다. 기획 당시만 해도 코로나 이전이라 여력도 부족하고, 전문 분야가 아닌데 괜히 브랜드 이미지만 훼손시킬 수 있다는 우려가 가득하여 설득에만 2년 정도 시간이 걸렸습니다. 물론 오너가 강압적으로 지시하면 더 빨리 일이 진행되어 코로나 이전에 사업을 본격화할 수도 있었을 테니 아쉬움도 있습니다만, 그랬다면 그건 저만의 공이

됩니다. 사업을 지속해 가는 데에는 실무자들의 의지와 동기부여가 무엇보다 중요하기 때문에 그 과정에 가장 많은 공을 들였습니다.

개발 단계에서는 어떤 느낌의 맛을 낼 것인지 결정해야 했습니다. 평양냉면의 경우 너무 마니아틱하면 처음 접하시는 분들이 당황스러우실 것이고, 너무 대중적이면 본질이 흔들립니다. 그래서 처음 드시는 분들도 마니아들도 받아들이기 부담스럽지 않은 맛을 만들어가는 과정에 가장 오랜 시간이 걸렸습니다.

Q. 본갈비와 평양냉면이 마켓컬리에서 꽤 잘 팔린다는 이야길 들었습니다. 성과가 어떤가요?

마켓컬리와는 다소 각별한 인연이 있습니다. 저희가 마켓컬리의 초창기 파트너사였기 때문이기도 하지만, 우수한 간편식 상품은 높은 가격에도 분명한 수요가 존재한다는 믿음을 서로가 함께 확인했기 때문입니다.

사실 저희는 RMR 비즈니스에 관심을 가진 지 굉장히 오래됐습니다. 2012년 매장에서 파는 고급 탕 패키지 중심의 단순한 구성으로 '벽제 오세요'라는 RMR 혼합형 브랜드를 런칭했는데요, 큰 성과를 거두지는 못했습니다. 콘셉트를 강화할 조직적 역량도 부족했지만 무엇보다 타이밍이 너무 빨랐습니다. HMR이란 단어조차 생소하던 시절에 그 다음 단계를 시작해 버린 것이니까요. 사업이란 무엇을 하는가에 못지않게 언제

하는가도 중요하다는 배움을 얻었습니다.

그렇게 별 재미를 보지 못하던 와중에 2016년 쯤, 당시 갓 스타트업으로 출발한 마켓컬리 김슬아 대표님께서 직접 찾아오셔서 벽제갈비 탕 패키지를 꼭 넣고 싶다고 하시더군요. 저희로서는 한 차례 쓴 맛을 본 일을 다시 추진하는 것도 그렇고, 당시에는 마켓컬리의 이미지를 확신할 수 없었기에 괜히 이미지에 손상이 생길까 걱정이 되었지요. 하지만 김슬아 대표님의 남다른 신념과 열정을 보면서 마음이 움직였고, 결과적으로 베스트셀러가 되면서 새로운 시장에 대한 믿음을 확고히 할 수 있게 되었습니다.

Q. 앞으로 비즈니스에서 간편식을 어떤 방향으로 가져가실 계획이신가요?

깊이와 넓이를 복합적으로 바라봐야 할 것 같습니다. 깊이에는 품질과 구성, 넓이에는 다양성과 생산성의 측면입니다. 저희가 기존 생산해 오던 탕이나 김치류 등은 오랜 노하우로 깊이가 있지만 본래 목적이 매장 공급용이다 보니 생산량이 너무 부족합니다. 그래서 마켓컬리에서도 초창기에는 압도적으로 판매 우위를 점했지만 공급이 따라가지 못해 품절되는 경우가 자주 발생해 아쉬움이 많았습니다.

반대로 새로 시작하는 냉면이나 양념육은 대량 생산이 가능한 구조지만 솔직히 아직 부족한 부분이 많습니다. 좋게 봐 주시는 분들도 많아 감사드릴 따름이지만 제 눈에는 아쉬운 점이 많아서 그것들을 중심으로 개선해 나가는 중입니다. 시설도 개선할 뿐 아니라 장인들의 끊임없는 탐구정신을 수반한다면 보다 다양하면서도 수준 높은 제품이 만들어지겠지요. 이로써 소비자들을 만족시키는 데 한층 더 기여할 수 있기를 희망합니다.

**평양냉면과 본양념목살 패키지 뒷면을 보면 조리 가이드가 꽤 세심하게 적혀 있다. 열원과 물의 양에 따라 조리 시간이 차이 날 수 있으니 면을 삶을 때 한 가닥 맛을 보고 우리집 최적 조리 시간을 찾아라, 들어 있는 고기 양념이 아깝다고 생각하지 말고 과감히 덜어내고 팬에 올려라 등등, 제품 조리법에서 이렇게 세상이 멸망할 것 같은 긴박함과 스릴이 느껴지는 처음이다. 혹여나 고객이 조리를 잘못해서 맛없게 먹으면 어쩌나 싶은 한식벽제 식구들의 노심초사 고민이 담겨 있다.** 인터뷰. 문정훈

사진: 한식벽제

# 05

# 바다에서 찾은 대체
# 단백질, 수산가공식품

요즘 들어 수산물은 우리에게 부쩍 가까워진 식재료가 된 듯하다. 유튜브에서
다양한 수산물을 소개하고, 레시피를 제시하고, 대신 먹어 보고 어떤 식감, 맛, 향을
지녔는지 설명해 주는 채널이 늘어나고 있고 구독자수도 상당하다. 신선한 수산물을
집까지 배송해 주는 업체 수도 늘어났다. 이제는 자갈치시장, 노량진수산시장까지
가지 않아도 집에서도 신선한 회를 즐길 수 있다. 예전에는 부모님이 가시를 발라
밥 위에 얹어주셨던 고등어와 삼치도 뼈를 깔끔하게 제거한 필렛 형태로 편의점과
마트에서 쉽게 구매해 먹을 수 있다.

수산물이 육류를 대체할 만한 지속가능한 단백질원이라는 점은 수산물에 더욱
주목해야 할 이유다. 잘 알려져 있듯 사료용 곡물을 재배하기 위해 습지, 숲이
파괴되고 이뿐 아니라 가축을 기르는 과정에서 막대한 양의 물이 소비되고, 분뇨로
인한 오염이 유발된다. 한편, 수산물을 생산하는 과정은 비교적 이로부터 자유롭다.

지속가능한 대체 단백질로서 수산물이 조명받고 있는 상황에서, 본 장은 우선
어종별로 835개 가구의 신선 수산물 구매추이를 살펴보았다. 여기에서 어종
자체가 소비자들의 인기를 끌고 있어 가공식품으로도 미래가 유망한 어종, 그리고
먹고는 싶지만 가정 내 손질 및 조리의 어려움으로 잠재력이 숨겨져 있는 어종들에
주목하여 이후를 구성하였다. 현재 이러한 어종들을 가공한 식품들의 소비형태가
어떠하고 어떤 트렌드를 보이는지를 살펴보았다. 그리고 각 어종별로 국내 신제품
출시 현황과 국외 혁신 신제품 출시 현황을 더했다.

수산물은 그 종류가 다양해 미(味)적으로 탐구할 여지가 무궁무진한 단백질원이다.
이 장을 읽는 미식가들이 오색찬란한 맛의 바다로 빠져들어 보길 바란다. 수산가공
신제품을 기획하는 독자들도 본 장을 통해 유용한 인사이트를 얻어가길 바란다.

박여운 연구원

수산물이 성장하는 간편식 시장에 지각변동을 일으키고 있다. 특히 코로나19 이후로 수산물을 단백질 재료로 하는 간편식 제품 비중이 높아지고 있다. 육류 간편식 소비 빈도가 증가하면서 오히려 이를 대체할 수 있는 수산물 단백질에 대한 관심이 높아진 것이다. 그러나 신선 수산물은 선도 관리와 전처리 과정이 까다로운 재료다. 특히 1~2인 가구가 많아지면서 좁고 환기가 어려운 주거환경으로 인해 신선 생선 등 가정 내 원물 조리는 매우 제한적인 상황이다. 그러나 다양한 신선 수산물에 대한 소비자들의 갈망은 여전히 존재한다. 이런 상황에서 식품 기업의 가공은 소비자들의 불편함을 해결해주는 일종의 사회적 기여일 것이다.

이번 장에서는 소비자들이 신선 수산물을 구매하는 패턴을 어종별로 분석하고 구매가 감소하거나 증가한 어종 중에서 가공식품으로 내놓았을 때 성장 가능성 있는 품목을 살펴보고, 가공 방향을 모색한다.

## 가정 간편식의 메인 식재료로 각광받는 수산물

앞에서 언급한 것처럼 간편식의 단백질 재료는 축산물이 높은 비중을 차지하고 있다. 하지만 최근, 특히 코로나19 이후로 국·탕·찌개류 중심의 한식 가정 간편식 분야에서 수산물의 영역이 확대되고 있다. 그동안 손질법이 까다롭고 보관이 어렵다는 이유로 소비가 감소한 신선 수산물이 가정 간편식으로 재탄생하며 소비자 사이에서 인기를 끌고 있다. 국내 1위 수산식품 기업인 동원산업을 필두로 식품 기업들이 앞다투어 수산물 가정 간편식을 출시하고 있는데, 이런 수산물 가정 간편식 상품 출시 트렌드에 불씨를 당긴 제품은 2019년 6월에 CJ가 출시한 비비고 생선 구이 제품이다.

CJ는 고등어, 삼치, 가자미 등 3종의 생선을 뼈를 제거한 후 1인이 한끼에 먹기 좋은 크기로 잘라 냉장 간편식 제품으로 출시하였다. 시장 반응은 나쁘지 않았으나 2주의 짧은 유통기한으로 폐기량이 많아지자, 패키지 방식을 변경하여 한달의 유통기한으로 재출시하여 좋은 성과를 내고 있다. 뒤이어 여러 기업들이 생선 간편식을 내고 있으나 어종마다 다른 생선살 경도의 차이로 현재 식품 기술로 냉장 유통할 수 있는 어종은 제한적이며, 뼈 제거 문제, 비린내 제거 문제, 안정적인 원재료 수급, 선도 관리 등의 문제로 앞으로 극복해야할 문제들이 많다.

닐슨으로부터 제공받은 국내 유통채널별 가정간편식 매출 데이터를 통해 2017년부터 2020년 3월까지, 주요 수산물 가정 간편식 매출액 상위 10가지 제품과 매 해 3월의 수산물 간편식 시장 규모의 변화를 살펴 보았다. 매출액은 2017년 3월, 125억 원에서 출발해 2018년 3월에는 153억 원, 2019년 3월, 165억 원으로 점진적으로 상승하다 2020년 3월에는 더 빠른 증가세를 보이며 191억 원의 매출액을 기록했다.

22020년 3월에 매출액 가운데 1위를 차지한 제품은 CJ 비비고의 소고기 미역국(16억6700만원)이었고, 그 뒤를 이은 제품이 태송 새우볶음밥(11억3900만원)이었다. CJ의 햇반 컵반 미역국밥(10억5900만원)이 그 뒤를 이었다. 상위 10위권 안에 포진된 상품들은 모두 한끼 식사로 먹을 수 있는 해수산물이 들어간 볶음밥/덮밥류와 국탕류였다.

또한 밀키트의 한식/양식별 수산물 메인 식재료 비중 변화를 살펴봤을 때 2019년 9월 270개 제품, 2020년 5월 673개 제품, 2020년 10월 1,010개 제품을 대상으로 각 타임 포인트에 따른 한식/양식 요리별 메인 식재료로서 수산물의 비중을 분석했다. 한식과 양식 모두 수산물 식재료의 비중이 증가하는 추세이며, 한식 요리에서는 생선류, 양식 요리에서는 갑각류의 비중이 가장 높은 것을 확인할 수 있었다.

## 2017~2020 연별 3월 해수산물 간편식 Top 10 제품 및 시장 규모

| 순위 | 2017년: 125억7800만원 제품명 | 매출 (백만원) | 2018년: 153억1600만원 제품명 | 매출 (백만원) | 2019년: 165억8000만원 제품명 | 매출 (백만원) | 2020년: 191억2700만원 제품명 | 매출 (백만원) |
|---|---|---|---|---|---|---|---|---|
| 1 | 오뚜기 맛있는 새우볶음밥 | 1,083 | CJ 비비고 소고기미역국 | 1,170 | CJ 비비고 소고기미역국 | 1,562 | CJ 비비고 소고기미역국 | 1,667 |
| 2 | CJ 햇반 컵반 미역국밥 | 1,025 | CJ 햇반 컵반 미역국밥 | 1,023 | CJ 햇반 컵반 미역국밥 | 1,240 | 태송 새우볶음밥 | 1,139 |
| 3 | 천일식품 새우볶음밥 | 1,017 | 오뚜기 맛있는 새우볶음밥 | 956 | 풀무원 생가득 일곱가지 야채와 통새우 볶음밥 | 803 | CJ 햇반 컵반 미역국밥 | 1,059 |
| 4 | 천일식품 낙지볶음밥 | 768 | CJ 비비고 새우볶음밥 | 746 | CJ 비비고 새우볶음밥 | 782 | CJ 비비고 새우볶음밥 | 856 |
| 5 | CJ 햇반 컵밥 황태국반 | 701 | 천일식품 새우볶음밥 | 728 | 천일식품 새우볶음밥 | 560 | 오뚜기 맛있는 컵밥 톡톡 김치알밥 | 671 |
| 6 | 풀무원 생가득 일곱가지 야채와 통새우 볶음밥 | 580 | CJ 햇반 컵반 황태국밥 | 550 | CJ 햇반 컵반 낙지 콩나물 비빔밥 | 550 | 풀무원 생가득 일곱가지 야채와 통새우 볶음밥 | 641 |
| 7 | CJ 비비고 새우볶음밥 | 575 | 풀무원 생가득 일곱가지 야채와 통새우 볶음밥 | 471 | CJ 햇반 컵반 황태국밥 | 490 | CJ 비비고 알탕 | 510 |
| 8 | 오뚜기 맛있는 컵밥 김치참치덮밥 | 505 | 대상 종가집 남도추어탕 | 465 | 대상 종가집 종가반상 남도 추어탕 | 488 | 태송 새로워진 낙지볶음밥 | 508 |
| 9 | 오뚜기 맛있는 컵밥 진짬뽕밥 | 396 | 천일식품 낙지볶음밥 | 455 | 천일식품 낙지볶음밥 | 447 | CJ 햇반 컵반 황태국밥 | 463 |
| 10 | CJ 비비고 낙지볶음밥 | 337 | 오뚜기 맛있는 컵밥 김치참치덮밥 | 412 | 오뚜기 맛있는 컵밥 톡톡 김치알밥 | 415 | 오뚜기 맛있는 컵밥 김치참치덮밥 | 450 |

(자료: 닐슨 2017년 3월~2020년 3월 국내 유통채널별 가정 간편식 매출 데이터)

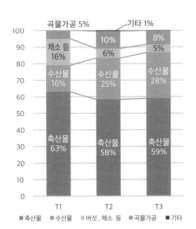

한식 밀키트 메인 식재료 비중 변화(←왼쪽) 및 수산물별 세부 비중(위↑)

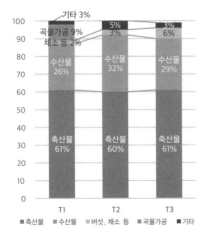

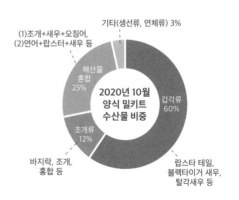

양식 밀키트 메인 식재료 비중 변화(←왼쪽) 및 수산물별 세부 비중(위↑)

# 국내 수산물 시장 동향: 신선 해수산물

여전히 신선 해수산물 구매의 대부분은 오프라인에서 이루어지고 있다. 전체적으로 보았을 때 가구당 신선 해수산물의 구매액은 매년 증가하고 있으나 구매횟수는 감소하는 것을 보았을 때, 소비자가 1회 구매하는 해수산물 금액이 증가하고 있다는 것을 알 수 있다. 온라인에서 구매하는 신선 해수산물의 금액은 오프라인에 비해 매우 적으나 2018년까지 꾸준히 증가하였다가 2019년 감소하였다.

한국인이 가장 좋아하는 신선 해수산물의 변천사는 다음과 같다. 농촌진흥청 소비자패널 835가구 구매 자료를 분석한 결과 2015~2016년에 가구당 신선 해수산물 구매액 비중에서 가장 큰 비중을 차지한 해수산물은 고등어였다. 2017년에는 갈치가, 2019년에는 오징어가 구매액에서 가장 큰 비중을 차지했다. 한국해양수산개발원이 2020년에 실시한 '해양수산 국민 인식 조사' 결과에 따르면, 2019년까지 3년 연속 1위를 차지한 고등어는 2위로 밀리고 오징어가 1위를 차지했다.

가구당 연평균 가공 수산물 오프라인 구매액은 꾸준히 증가했고, 구매횟수는 줄어들고 있다. 따라서 1회당 구매액이 증가한 것으로 보인다. 가구당 연평균 가공 수산물 온라인 구매액 및 구매횟수는 꾸준히 증가하고 있다. 특히, 가공 수산물 중에서는 가정 간편식류의 구매 비중이 꾸준히 증가했음을 확인할 수 있다. 2015년부터 2019년까지 가구당 구매횟수 연평균 성장률을 기준으로 신선 수산물의 어종별 소비 증감에 대해 조사했더니 130~131쪽의 표와 같은 결과가 도출되었다.

이하 표시되지 않은 모든 자료의 출처는 농촌진흥청 소비자패널 835가구 구매 자료를 분석한 것이며, 2019년 12월 자료는 추정치를 사용하였다.

## 신선 수산물 어종별 소비 증감

| 생선류 | | | | 갑각조개류 | | | | 연체류 | |
| --- | --- | --- | --- | --- | --- | --- | --- | --- | --- |
| 어종 | 성장률 | 어종 | 성장률 | 어종 | 성장률 | 어종 | 성장률 | 어종 | 성장률 |
| 연어 | 11.1% | 조기 | -5.5% | 꼬막 | 22.9% | 게 | -7.1% | 낙지 | 1.4% |
| 우럭 | 6.6% | 참치 | -6.5% | 가리비 | 4.4% | 홍합 | -13.7% | 문어 | 0.8% |
| 광어 | 5.3% | 고등어 | -7.3% | 전복 | 3.4% | | | 주꾸미 | -1.8% |
| 대구 | 2.5% | 명태 | -7.4% | 새우 | 0.9% | | | 오징어 | -9.3% |
| 장어 | -1.0% | 삼치 | -10.6% | 소라 | 0.3% | | | | |
| 갈치 | -1.3% | 꽁치 | -19.3% | 바지락 | -4.6% | | | | |
| 가자미 | -2.2% | | | 굴 | -4.8% | | | | |

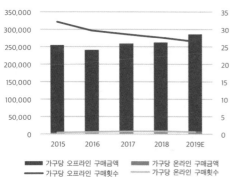

연별 가구당 신선 해수산물 구매추이
(단위· 원/회)

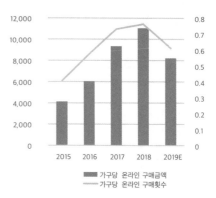

연별 가구당 신선 해수산물 온라인 구매추이
(단위: 원/회)

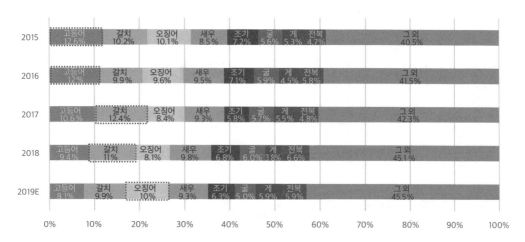

연별 가구당 신선 해수산물 주요 품목별 구매비중 추이

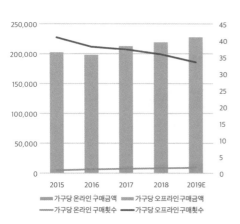

연별 가구당 가공 해수산물 구매추이
(단위: 원/회)

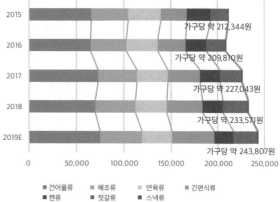

연별 가구당 품목별 가공 해수산물 온·오프라인 구매추이

## 신선 해수산물 온·오프라인별 구매추이

### 생선류 전체

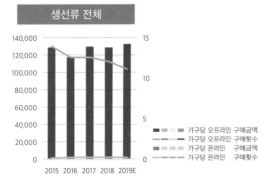

140,000
120,000
100,000
80,000
60,000
40,000
20,000
0

15

10

5

0

2015 2016 2017 2018 2019E

가구당 오프라인 구매금액
가구당 오프라인 구매횟수
가구당 온라인 구매금액
가구당 온라인 구매횟수

### 고등어 (-7.3%)

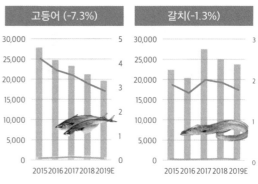

30,000
25,000
20,000
15,000
10,000
5,000
0

5
4
3
2
1
0

2015 2016 2017 2018 2019E

### 갈치(-1.3%)

30,000
25,000
20,000
15,000
10,000
5,000
0

3

2

1

0

2015 2016 2017 2018 2019E

### 조기(-5.5%)

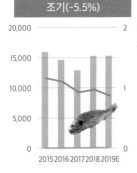

20,000

15,000

10,000

5,000

0

2

1

0

2015 2016 2017 2018 2019E

### 명태(-7.4%)

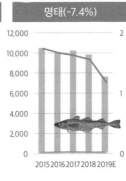

12,000
10,000
8,000
6,000
4,000
2,000
0

2

1

0

2015 2016 2017 2018 2019E

### 연어(+11.1%)

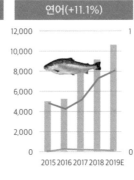

12,000
10,000
8,000
6,000
4,000
2,000
0

1

0

2015 2016 2017 2018 2019E

### 광어(+5.3%)

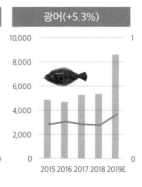

10,000

8,000

6,000

4,000

2,000

0

1

0

2015 2016 2017 2018 2019E

### 가자미(-2.2%)

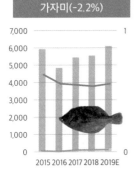

7,000
6,000
5,000
4,000
3,000
2,000
1,000
0

1

0

2015 2016 2017 2018 2019E

### 삼치(-10.6%)

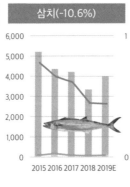

6,000
5,000
4,000
3,000
2,000
1,000
0

1

0

2015 2016 2017 2018 2019E

### 장어 (-1.0%)

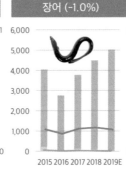

6,000
5,000
4,000
3,000
2,000
1,000
0

1

0

2015 2016 2017 2018 2019E

### 대구(+2.5%)

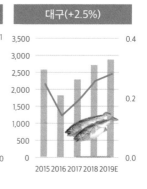

3,500
3,000
2,500
2,000
1,500
1,000
500
0

0.4

0.2

0.0

2015 2016 2017 2018 2019E

### 꽁치(-19.3%)

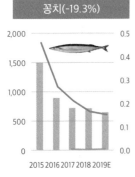

2,000

1,500

1,000

500

0

0.5
0.4
0.3
0.2
0.1
0.0

2015 2016 2017 2018 2019E

### 참치(-6.5%)

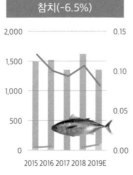

2,000

1,500

1,000

500

0

0.15

0.10

0.05

0.00

2015 2016 2017 2018 2019E

### 우럭(+6.6%)

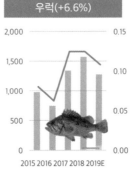

2,000

1,500

1,000

500

0

0.15

0.10

0.05

0.00

2015 2016 2017 2018 2019E

## 갑각조개류 전체

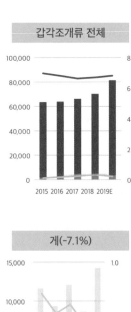

100,000 — 8
80,000 — 6
60,000 — 4
40,000 — 2
20,000 — 0
0

2015 2016 2017 2018 2019E

## 새우(+0.9%)

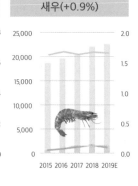

25,000 — 2.0
20,000 — 1.5
15,000 — 1.0
10,000 — 0.5
5,000
0 — 0.0

2015 2016 2017 2018 2019E

## 전복(+3.4%)

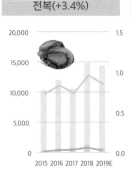

20,000 — 1.5
15,000 — 1.0
10,000 — 0.5
5,000
0 — 0.0

2015 2016 2017 2018 2019E

## 굴(-4.8%)

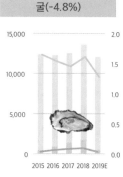

15,000 — 2.0
— 1.5
10,000 — 1.0
5,000 — 0.5
0 — 0.0

2015 2016 2017 2018 2019E

## 게(-7.1%)

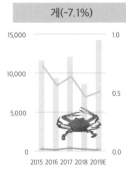

15,000 — 1.0
10,000
— 0.5
5,000
0 — 0.0

2015 2016 2017 2018 2019E

## 꼬막(+22.9%)

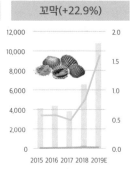

12,000 — 2.0
10,000 — 1.5
8,000
6,000 — 1.0
4,000
2,000 — 0.5
0 — 0.0

2015 2016 2017 2018 2019E

## 바지락(-4.6%)

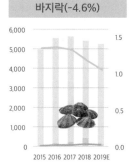

6,000 — 1.5
5,000
4,000
3,000 — 1.0
2,000
1,000 — 0.5
0 — 0.0

2015 2016 2017 2018 2019E

## 소라(+0.3%)

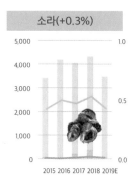

5,000 — 1.0
4,000
3,000
— 0.5
2,000
1,000
0 — 0.0

2015 2016 2017 2018 2019E

## 홍합(-13.7%)

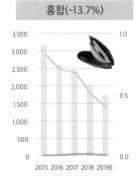

3,500 — 1.0
3,000
2,500
2,000 — 0.5
1,500
1,000
500
0 — 0.0

2015 2016 2017 2018 2019E

## 가리비(+4.4%)

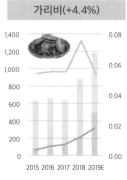

1,400 — 0.08
1,200
1,000 — 0.06
800
600 — 0.04
400
200 — 0.02
0 — 0.00

2015 2016 2017 2018 2019E

## 연체류 전체

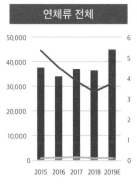

50,000 — 6
— 5
40,000
— 4
30,000
— 3
20,000
— 2
10,000 — 1
0 — 0

2015 2016 2017 2018 2019E

## 오징어(-9.3%)

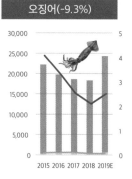

30,000 — 5
25,000 — 4
20,000
— 3
15,000
10,000 — 2
5,000 — 1
0 — 0

2015 2016 2017 2018 2019E

## 낙지(+1.4%)

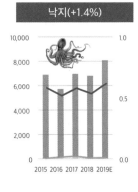

10,000 — 1.0
8,000
6,000
— 0.5
4,000
2,000
0 — 0.0

2015 2016 2017 2018 2019E

## 문어(+0.8%)

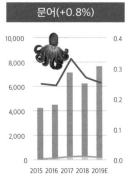

10,000 — 0.4
8,000 — 0.3
6,000
— 0.2
4,000
2,000 — 0.1
0 — 0.0

2015 2016 2017 2018 2019E

## 주꾸미(-1.8%)

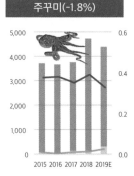

5,000 — 0.6
4,000
— 0.4
3,000
2,000
— 0.2
1,000
0 — 0.0

2015 2016 2017 2018 2019E

# 국내 수산물 가공 상품화 기회 대상 어종 선정

미래의 새로운 수산물 가공제품 컨셉을 개발함에 있어 어종 중심의 접근을
시도하였다. 국내 수산물 소비 트렌드와 최근 수산물 가공 트렌드 등을 반영해
가공 상품으로 만들었을 때 성장이 예상되는 12가지 수산물(연어, 대구, 새우, 꼬막,
고등어, 조기, 명태, 오징어, 주꾸미, 갈치, 참치, 게)을 선정했다. 가공 상품화 대상
어종 선정을 위한 정량적/정성적 기준은 다음과 같다.

1. 신선 원물에 대한 선호가 높은 수산물(연어, 대구, 새우, 꼬막):
- 농촌진흥청 패널 구매 데이터 기준 지난 5년간 구매액 및 구매횟수의 연평균 성장률을
  검토해 반영했다.

2. 먹고는 싶으나 원물을 먹기에는 손질이 불편해 먹기 어렵다고 판단되는 수산물
  (고등어, 조기, 명태, 오징어, 주꾸미, 갈치, 참치, 게)
  (1) 지난 5년간 구매액 및 구매횟수가 성장하지는 않았지만, 다양한 가공식품으로
      제품화 될 기회가 존재하며 실제 시장에서 유사한 트렌드가 포착되는 수산물
  (2) 수산물 가공식품과 관련된 소비자 초점집단 인터뷰(Focus Group Interview) 결과
      가공된 형태의 신제품에 대한 니즈가 언급된 수산물

이렇게 선정된 12종의 수산물을 붉은살 생선, 흰살 생선, 갑각조개류, 연체류로
나누어 각 어종의 가공 방향에 대해 살펴보고, 최근 출시된 국내외 관련 신제품 사례
통해 미래의 신상품 컨셉에 대하여 모색해 보기로 한다. 이 12가지 어종과 더불어
최근 소비자들의 프리미엄 지불의사가 올라가고 있는 김과 멸치의 상품 트렌드에
대해서도 간단히 살펴본다.

| 분석그룹 1<br>원물 선호가 높은 해수산물 | | 분석그룹 2<br>손질이 불편해 먹기 어려운 해수산물 | | | |
|---|---|---|---|---|---|
| 어종 | 의견 | 어종 | 의견 | 어종 | 의견 |
| 연어 | 국내 소비자에게 익숙하고 프리미엄하다고 인식되어 선호도가 높은 어종. 연어스테이크와 같이 연어로 만든 간편식은 인기를 끌 수 있을 것. | 고등어 | 고등어 구이 간편식 가격이 생물 고등어 구이를 구워 먹는 비용보다 저렴하다면 구매할 의향이 있음. | 갈치 | 갈치는 직접 조리해 먹기에는 원물의 가격이 비싸서 갈치구이 간편식이 적당한 가격으로 출시된다면 구매의향이 있음 |
| 대구 | 이유식으로 만들기 편하게 살을 발라서 소분/냉동한 제품에 대한 선호가 있음. | 참치 | 연육 형태보다는 참치의 형태를 보존한 가공식품이 있다면 구매의향이 있음. | 게 | 게장을 담궈 먹을 때에는 냉동 손질 절단 꽃게와 같이 1차 가공이 된 제품을 구매하는 것을 선호함. |
| 새우 | (소금구이, 감바스 등 다양한 요리로 즐겨오다가) 최근 마라룽샤, 마라샹궈 등 새우를 활용한 이색적인 요리가 많이 나오고 있어 자주 소비하고 있음. | 조기 | 제철생선이라 원물을 상시로 구매해서 먹기 어려움. | 오징어 | 오징어 튀김 제품은 아이들이 좋아하고 맛있어서 자주 구매함. 젓갈 스프레드/튜브형 제품이 나오면 좋을 듯. |
| 꼬막 | 원물을 사서 조리할 경우 쓰레기가 많이 나와 원물 소비에 대한 불편함이 있음. | 명태 | 조림은 조리과정이 번거롭다 보니 코다리 조림 간편식 제품에 손이 많이 감. | 주꾸미 | 주꾸미는 계절을 타는 해산물이라 상시로 원물로 소비하는 것이 불편함. |

## 새로운 국민 생선, 다양하게 즐기는 연어

연어는 국민 횟감 광어와 비견될 정도로 소비가 증가하고 있으며(파이낸셜뉴스, 2020), 외식 및 집밥 등 다양한 상황에서 소비가능한 국민 생선으로 떠오르고 있다. 신선 연어는 2015년 이후 가구당 구매액, 구매횟수가 꾸준히 증가하는 추세이다. 가공 연어도 2017년 이후 구매액이 증가하고 있다.

훈제 연어는 2016년 이후 가구당 구매액과 구매횟수 모두 증가하는 추세이다. 훈제 연어는 고단백 저칼로리 식재료로 다양한 요리의 재료로 활용 가능하기 때문에 인기를 끌고 있다. 2013년에 국내에 본격적으로 출시된 연어 통조림은 2015년 이후 구매액과 구매횟수가 급격히 감소하였다. 연어 통조림은 연어를 주로 생연어(연어 회 등) 또는 훈제 연어로 접하는 소비자의 기대감에 부합하지 못했기 때문이며 가격이 3분의 1정도로 훨씬 저렴한 참치 통조림보다도 관능적으로 뒤처진다는 불만이 많았다. 참치 통조림과 질감은 비슷하지만 비린내가 더 많이 나는 연어 통조림에 소비자들이 적응하지 못한 것이다(머니투데이, 2016).

국내 연어 가공식품은 생연어의 식감을 느낄 수 있는 제품을 중심으로 다양하게 출시되고 있다. 한끼 식사로 충분한 하와이식 참치 덮밥인 포케도 주목할만 하며, 간장 연어는 최근 큰 인기를 얻고 있다. 국외 연어 가공식품에는 훈제 연어를 활용한 요리 형태나 익힌 연어를 활용한 형태의 프리미엄 제품군이 보인다. 이를 참고해 연어 가공식품의 폭을 넓힐 수 있을 것으로 기대된다.

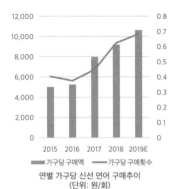

연별 가구당 신선 연어 구매추이
(단위: 원/회)
■ 가구당 구매액　━ 가구당 구매횟수

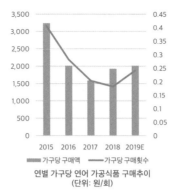

연별 가구당 연어 가공식품 구매추이
(단위: 원/회)
■ 가구당 구매액　━ 가구당 구매횟수

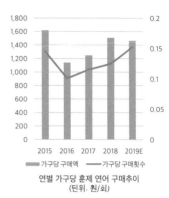

연별 가구당 훈제 연어 구매추이
(단위: 원/회)
■ 가구당 구매액　━ 가구당 구매횟수

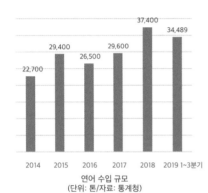

연어 수입 규모
(단위: 톤/자료: 통계청)

---

| 고급패키지의<br>훈제연어 | 밥반찬으로<br>즐기는 연어 | 해동으로 즐기는<br>연어 포케 | 훈제연어가<br>들어간 밀키트 |
|---|---|---|---|
|  |  |  |  |
| **프리미엄 훈제연어 슬라이스** | **간장 연어** | **연어 포케 오리엔탈** | **앙트레 쿠킹박스** |
| • 한국/2019/남미에스앤에프㈜<br>• 냉동<br>• 패키지: Flexible, 플라스틱<br>• 가격(용량): ₩10,800(180g)<br>• 특징: 프리미엄 | • 한국/2019/GB F&F<br>• 냉동<br>• 패키지: 병, 플라스틱<br>• 가격(용량): ₩18,000(350g) | • 한국/2018/신세계푸드<br>• 냉동<br>• 패키지: 접시, 플라스틱 PP<br>• 가격(용량): ₩4,990(100g)<br>• 특징: 프리미엄, 휴대 가능 | • 한국/2019/푸드써플라이<br>• 냉동<br>• 패키지: 파우치, 플라스틱<br>• 가격(용량): ₩12,900(438g)<br>• 특징: 간단한 사용법 |

| 전자레인지 조리<br>연어 라자냐 | 치즈를 감싼<br>훈제연어 | 연어밥 밀키트 | 샐러드용 토핑:<br>스팀 연어 |
|---|---|---|---|
|  |  |  |  |
| **Salmon Lasagna with Leeks and Spinach** | **Smoked Salmon Appetisers** | **Salmon with Rice** | **Steamed Salmon for Salads** |
| • 프랑스/2019/ND&CO<br>• 냉장<br>• 패키지: 나무 접시<br>• 가격(용량): $1.85(300g)<br>• 특징: 전자레인지 조리 가능 | • 호주/2019/Maxfoods<br>• 냉장<br>• 패키지: 플라스틱 접시<br>• 가격(용량): $5.46(100g)<br>• 특징: 간단한 사용법 | • 대만/2019/Kouhu Fisheries<br>• 냉동<br>• 패키지: Flexible, 플라스틱<br>• 가격(용량): $3.83(620g) | • 일본/2019/Seven & I Holdings<br>• 냉장<br>• 패키지: Flexible, 플라스틱<br>• 가격(용량): $2.71(430g)<br>• 특징: 프리미엄 |

## 신흥 강자에게 빼앗긴 자리를 탈환하라! 고등어

신선 고등어의 구매액과 구매 횟수는 2015년 이후 모두 감소하고 있다. 대표 수산물 가공품인 '요리 재료형' 통조림은 낮은 품질과 저가 이미지에 머물러 있어 관련 시장이 몇 년간 정체 중이다. 당연히 고등어의 대표적인 가공식품인 통조림도 하락하고 있다(이코노믹리뷰, 2020). 그러나 최근 고등어 구이 제품을 필두로 한 생선구이 간편식은 가구당 구매횟수와 구매액이 상승하고 있으며, 다양한 제품이 나오고 있다. 아직은 육가공 식품에 비해 미미한 시장이지만 맞벌이 부부 및 1인 가구가 증가하면서 수요가 더욱 늘어날 것으로 보인다. (경향신문, 2019)

국내 고등어 가공식품으로는 손질의 번거로움을 개선한 냉동 고등어 순살 제품과, 구이, 조림 등 고등어를 간편하게 먹을 수 있는 상품 중심으로 출시되고 있다. 국외 고등어 가공식품으로는 유럽 및 호주를 중심으로 훈제 고등이 상품이 많이 출시되고 있다. 일본에서는 한국과 비슷한 조림류 상품이 출시되고 있다.

## 캔의 몰락, 그 다음은? 참치

신선 참치의 가구당 연간 구매 횟수는 0.1회 전후로 거의 구매가 이루어지지 않는 것으로 보인다. 더불어 참치 가공식품도 가구당 구매액과 구매횟수가 줄어들고 있는 추세이다. 참치 가공식품의 대표적인 상품인 참치 통조림은 명절 선물용 이외에 따로 구매가 일어나지 않는 신세로 추락했다.

참치 가공식품에 대한 구매가 하락하는 추이를 보이는 가장 큰 이유는 참치 캔의 구매가 줄었고, 다양한 가공식품이 존재하지 않기 때문이다. 가구당 참치 캔 구매액과 구매횟수는 2015년 이후 꾸준히 감소하고 있다. 간편식 시장 등이 확대되며 주로 음식 부재료로 쓰이던 참치 캔의 사용빈도가 줄고, 수산물 통조림이 전반적으로 낮은 품질과 저가 이미지에 머물러 있어 시장이 정체되는 것으로 사료된다(이코노믹리뷰, 2019).

반면 최근 가쓰오부시 농축액에 다시마, 무 따위의 추출액과 식염을 섞어서 만든 액상 조미료인 참치액젓의 가구당 구매추이는 2016년 이후 성장하고 있다. 구매 비중도 2015년 대비 2019년에 7%p 상승하며 눈에 띄게 커졌다. 조미료에 대한 인식이 개선되고, TV 예능 프로그램에서 비법 소스로 소개되는 등 노출되었기 때문으로 보인다(뉴스핌, 2019). 그러나 역시 소비자들의 구매 욕구를 끌어 올릴 만한 가공식품은 부족한 상황이다.

국외에서는 다양한 형태의 가공식품이 출시되고 있다. 스프레드, 고로케, 파스타 키트 등 익힌 참치살을 이용한 상품이 다양하게 출시되고 있으며, 카르파쵸 등 생 참치도 간편하게 먹을 수 있는 제품이 출시되고 있다. 또한 참치회를 바로 집에서 먹을 수 있는 냉동 참치회 간편식, 참치 스테이크의 제품들도 고려해볼 수 있다.

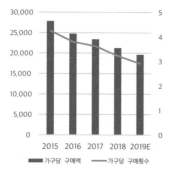

연별 가구당 신선 고등어 구매추이
(단위: 원/회)

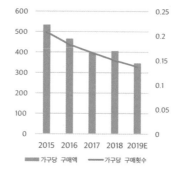

연별 가구당 캔 고등어 구매추이
(단위: 원/회)

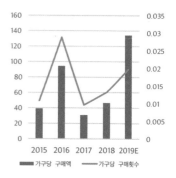

연별 가구당 고등어 가정 간편식 구매추이
(단위: 원/회)

고등어 구이 간편식

유자 고등어구이
- 한국/2019/청정원
- 냉동
- 패키지: flexible, 플라스틱
- 가격(용량): ₩26,900(240g*3)
- 특징: 손질된 생선으로 깔끔한 뒷처리, 전자레인지 조리 가능

어린이용 순살 고등어

어린이 순살생선 고등어구이
- 한국/2020/청정원
- 냉동
- 패키지: flexible, 플라스틱
- 가격(용량): ₩12,000(180g)
- 특징: 전자레인지 조리 가능, 어린이

훈제 고등어 순살 플레이크

Warm Smoked Mackerel Flakes with Pepper
- 네덜란드/2019/Jumbo Supermarkten
- 냉장
- 패키지: 접시, 플라스틱
- 가격(용량): $4.23(200g)
- 특징: 간단한 사용법, 친환경

미소 고등어 조림

Simmered Mackerel with Miso
- 일본/2019/Ryohin Keikaku
- 냉동
- 패키지: flexible, 플라스틱 PE
- 가격(용량): $2.67(90g)
- 특징: 식품 첨가물/방부제 없음 전자레인지 조리 가능

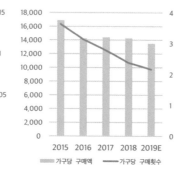

연별 가구당 신선 참치 구매추이
(단위: 원/회)

연별 가구당 가공 참치 구매추이
(단위: 원/회)

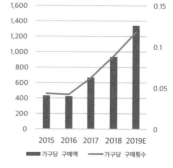

연별 가구당 참치액젓 구매추이
(단위: 원/회)

태국 풍미의 참치 고로케

Thai Spiced Tuna Fishcakes
- 영국/2019/Whitby Seafoods
- 냉동
- 패키지: Flexible, 곽
- 가격(용량): $4.00(280g)
- 특징: 간단한 사용법, 친환경, 재활용

프리미엄 참치 카르파쵸

Tuna Carpaccio
- 오스트리아/2019/Merkur Warenhandels
- 냉장
- 패키지: 스킨팩, 플라스틱
- 가격(용량): $4.95(123g)
- 특징: 속도, 친환경, 프리미엄

짜 먹는 참치 스프레드

Tuna Paste
- 스웨덴/2019/Abba
- 냉장
- 패키지: 튜브, 알루미늄
- 가격(용량): $2.07(145g)
- 특징: 친환경 제품, 재활용

전자레인지 참치 파스타 키트

Fusilli with Tomato Sauce and Tuna
- 스페인/2019/Comercial Gallo
- 상온
- 패키지: Flexible, 플라스틱
- 가격(용량): $2.37(180g)
- 특징: 친환경, 전자레인지 조리, 편리한 패키지, 무첨가물/방부제

## 담백한 흰살 생선, 대구

신선 대구는 2016년 이후 가구당 구매액과 구매횟수가 증가하는 추세를 보이고 있다. 대구살을 활용한 대표적인 가공식품인 대구 생선까스류의 가구당 구매금액은 2015년부터 2017년까지는 감소하는 추세를 보이다가 2018년부터 다시 상승세를 보인다. 그러나 생선까스류 제품의 관능적 특성에 대한 불만이 많고 품질의 개선이 필요하다는 소비자들의 반응이 많다. 대구를 활용한 탕류는 2016년 이후 가구당 구매횟수와 구매금액이 증가하는 추세를 보인다. 이마트의 수산물을 이용한 탕류 간편식의 성장을 보았을 때 향후 대구를 활용한 다양한 가능성을 확인할 수 있었다.

국내 대구 가공식품은 다양한 상품군보다는 손질이 필요없는 부침용 필레, 동그랑땡 등 한국 소비자에게 익숙한 상품 위주로 출시되고 있다. 국외에서는 대구를 활용한 다양한 가정 간편식과 즉석 섭취 식품이 출시되고 있다. 특히 노마드(Nomad)사가 출시한 대구를 활용한 생선 튀김은 그 속은 부드럽고 겉이 바삭한 식감이라 품질이 매우 뛰어나다는 평가를 받고 있다. 국내에서도 이런 '겉바속부' 냉동 생선 튀김 간편식의 출시는 새로운 시장을 창출해 낼 수 있다. 담백한 맛과 잘 부서지지 않고 단단한 어육을 이용한 제품을 참고해 가공식품을 개발한다면 국내 수산가공시장에서 새로운 강자로 떠오를 수 있을 것으로 보인다.

## 명절 선물 너머, 조기

조기 원물의 오프라인 구매추이는 구매 횟수 기준으로 보았을 때 계속 감소하고 있는 것으로 보이고, 온라인 구매는 2019년 이전까지 지속적으로 증가했으나, 그 규모는 극히 미미했다. 반면에 조기 어묵과 굴비가 가장 큰 비중을 차지하고 있으며, 2019년에는 온라인 판매 증가에 힘입어 굴비가 크게 성장했다.

조기 가공식품 중에선 굴비(부세를 가공한 보리굴비 포함)를 가장 많이 소비하고 있고, 굴비의 구매액과 구매횟수는 2018년 대비 2019년에 온오프라인 모두에서 크게 증가했다. 굴비의 검색량이 매년 명절마다 크게 오르는 것을 보아 굴비는 여전히 명절 선물로서의 입지를 가지고 있었으며, 굴비 구매액과 구매 횟수의 증가는 '청탁금지법(김영란법)의 개정'과 '전통 식품군에 대한 선호도 증가'에 영향을 받은 것으로 보인다. 2020년에도 청탁금지법이 완화되며 증가 추세를 이어나갈 것으로 예상된다. 명절 뿐 아니라 상시 소비를 위해서는 소포장 및 다양한 가공 방식을 통해 소비자에게 다가가야 하는데, 최근 전자레인지에만 덥히면 쉽게 취식할 수 있는 보리 굴비 제품들이 많이 판매되고 있다.

국내에서는 굴비 원물의 형태를 유지한 가공식품은 진공포장하여 냉동으로 유통되는 경우가 많으며, 보존성 높고 먹기 간편한 고추장굴비, 장아찌로 가공하기도 한다. 국외에서는 조기를 이용한 만두, 스낵, 안주 등 다양한 가공 식품이 나오고 있다. 이를 참고하여 국내의 밥 반찬용 가공식품에서 벗어나 다양한 형태로 가공할 수 있을 것이다.

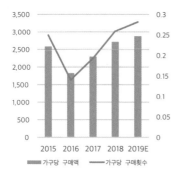

연별 가구당 신선 대구 구매추이
(단위: 원/회)

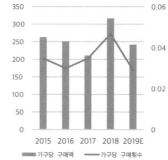

연별 가구당 대구 까스류 구매추이
(단위: 원/회)

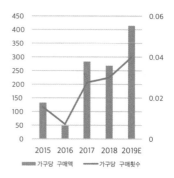

여별 가구달 대구 탄류 구매추이
(단위: 원/회)

## 상온 보관 대구 간편식

### 양반 대구콩나물찜
- 한국/2018/동원F&B
- 상온
- 패키지: 플라스틱
- 가격(용량): ₩5,000(350g)
- 특징: 식품 첨가물/방부제 없음, 휴대 가능

## 근사한 한끼 반조리 상품

### 대구 스테이크 레몬딜버터
- 한국/2019/이마트
- 냉동
- 패키지: 둥근 통, 플라스틱 PP
- 가격(용량): ₩3,980(289g)
- 특징: 전자레인지 조리 가능

## 프레즐맛 대구 필렛 튀김

### Fish Fillet in Pretzel Breading
- 헝가리/2019/Iglo
- 냉동
- 패키지: 곽, 판지 및 플라스틱
- 가격(용량): $4.95(250g)
- 특징: 식품 첨가물/방부제 없음, 친환경 제품

## 치즈와 어우러진 대구 살 스낵

### Red Cheddar Cheese & Cod Snack
- 일본/2019/Natori
- 냉장
- 패키지: 얇은 금속 파우치
- 가격(용량): $0.98(30g)
- 특징: 없음

연별 가구당 신선 조기 오프라인 구매추이
(단위: 원/회)

연별 가구당 신선 조기 온라인 구매추이
(단위: 원/회)

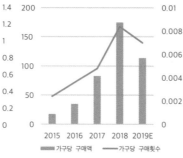

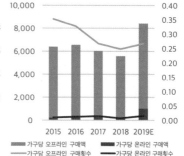

연별 가구당 굴비 구매추이
(단위: 원/회)

## 보존성을 높인 제품

### 굴비장아찌
- 한국/2018/어부의밥상
- 냉장
- 패키지: 둥근 통, 플리스틱 PET
- 가격(용량): ₩9,333(150g)

## 간편하게 즐기는 유명 산지 제품

### 영광 법성포 찜부세
- 한국/2019/성보수산
- 냉동
- 패키지: 스킨팩(진공), 플라스틱
- 가격(용량): ₩10,800(160g)
- 특징: 전자레인지 조리 가능

## 조기 만두

### Yellow Croaker Dumplings
- 중국/2019/Chuange Foods
- 냉동
- 패키지: 얇은 금속재, Flexible
- 가격(용량): $7.70(430g)
- 특징: 식품 첨가물/방부제 없음

## 조리된 조기 튀김

### Small Yellow Croakers
- 중국/2015/Likofu Foods
- 냉동
- 패키지: Flexible, 라미네이트
- 가격(용량): $6.60(120g)
- 특징: 식품 첨가물/방부제 없음 전자레인지 조리, 시간/속도

## 버릴 것 없는 생선, 명태

살코기, 알, 내장 등 여러 부위를 다양한 요리에 활용할 수 있는 명태는 버릴 것이 없는 생선이라고 할 수 있다. 신선 명태는 2015년 이후 가구당 구매액과 구매횟수 모두 점차 하락하는 추이를 보이고 있다. 명태 가공식품은 2015년부터 2017년까지 가구당 구매액과 구매횟수가 증가했으나 이후 차츰 감소하고 있다.

명태 건어류의 가구당 구매액과 구매횟수는 2017년 이후 감소하나 1회 평균 구매금액은 2015년 이후 늘어나는 양상을 보이고 있다. 홈술족이 늘어나면서 안주로 먹을 수 있는 형태로 가공된 노가리, 먹태 판매가 눈에 띄게 증가한 것으로 보이며(매일경제, 2020), 고단백 저칼로리 식품으로 손꼽히며 다이어트를 원하는 여성, 반려동물에게 건강한 간식을 주고 싶은 소비자 등을 중심으로 인기를 끌고 있다.

명란젓, 창난젓 등 명태 젓갈류의 가구당 구매액과 구매횟수는 2015년 이후 증가하는 추세다. 이는 간편식이 증가하면서 김치를 대신해 밥반찬 역할을 하는 젓갈류가 인기를 얻었고, 다양한 명란 레시피가 미디어에서 인기를 끌었기 때문으로 보인다.

2015년 이후 가구당 명태 간편식 구매액과 구매횟수는 꾸준히 상승하고 있다. 대표적인 명태 간편식으로는 동태탕, 황태국(북어국), 코다리조림, 명태무침 등이 출시되고 있다.

국내의 명태 가공식품은 대구와 마찬가지로 다양한 상품군보다는 전, 동그랑땡 등 한국 소비자에게 익숙한 제품이 출시되고 있다. 국외에서는 튀김, 소스가 올라간 필레, 맛살 등 다양한 제품이 출시되고 있다. 담백한 명태를 활용한 다양한 가정 간편식/즉석 섭취 식품은 국내 수산가공시장에 새로운 강자로 떠오를 수 있을 것으로 보인다.

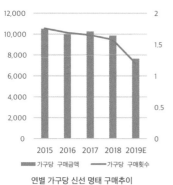

연별 가구당 신선 명태 구매추이
(단위: 원/회)

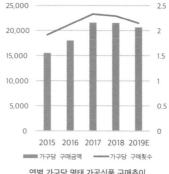

연별 가구당 명태 가공식품 구매추이
(단위: 원/회)

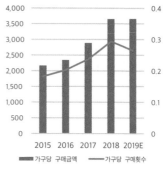

연별 가구당 명태 젓갈류 구매추이
(단위: 원/회)

연별 가구당 명태 건어류 구매추이
(단위: 원/회)

| 명태 건어류 1회 평균 구매금액 | |
| --- | --- |
| 2015 | ₩7,949 |
| 2016 | ₩8,433 |
| 2017 | ₩9.056 |
| 2018 | ₩9,049 |
| 2019 | ₩9,191 (2015년 대비 15%↑) |

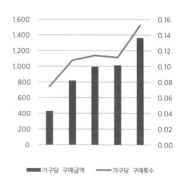

연별 가구당 명태 간편식 구매추이
(단위: 원/회)

| 명태를 표현하는 다양한 이름 | | | |
| --- | --- | --- | --- |
| 생태 | 갓 잡았거나 얼리지 않은 상태의 명태 | 황태 | 얼었다 녹았다를 반복하며 노랗게 마른 명태 |
| 동태 | 얼린 명태 | 먹태 | 바싹 얼지 못해 껍질이 거뭇하게 마른 명태 |
| 코다리 | 내장과 아가미를 빼내고 코를 꿰어 반건조한 명태 | 짝태 | 내장을 제거하고 소금에 절여서 말린 명태 |
| 북어 | 바싹 말린 명태 | 노가리 | 바싹 마른 어린 명태 |

**먹기 좋게 썰린 동태살**

**우리아이들을 위한 동태살**

- 한국/2016/롯데쇼핑
- 냉동
- 패키지: 스킨팩, Flexible
- 가격(용량): ₩7,900(200g)
- 특징: 간단한 사용법, 어린이 (5-12세) 타깃

**안주용 먹태**

**먹태**

- 한국/2017/신화 F&S
- 상온
- 패키지: Flexible 플라스틱
- 가격(용량): ₩11,800(180g)
- 특징: 편리한 패키지

**명태 살이 들어간 부야베스**

**Bouillabaisse**

- 독일/2019/Costa Meeresspezialitäten
- 냉동
- 패키지: 접시, 플라스틱 PET
- 가격(용량): $5.46(380g)
- 특징: 전자레인지 조리 가능, 친환경 제품

**명태로 만든 프리미엄 맛살**

**Garlic and Herb Filled Crab Sticks**

- 프랑스/2019/Fleury Michon
- 냉장
- 패키지: 둥근 통, 플라스틱 PP
- 가격(용량): $2.64(384g)
- 특징: 식품 첨가물 및 방부제 없음

## 먹느냐 안 먹느냐, 기로에 놓인 갈치

갈치는 2017년 이후 구매액과 구매 횟수 모두 감소하고 있다. 갈치의 구매추이와 생산량 추이가 비슷한 흐름을 보이는 것을 봤을 때 소비자들은 어획량에 따른 가격 변동에 민감하게 반응하여 갈치를 소비하고 있는 것으로 보인다.

갈치 원물 구매의 감소 요인 중 '손질이 번거롭다'는 점을 꼽을 수 있을 것이다. 그런데 간편식으로 만들고자 해도 살이 비교적 단단하지 않기 때문에 원물의 형태를 살려 가공하면서 뼈를 제거하는 것이 난제다. 그럼에도 불구하고 조금씩 갈치 간편식 제품들이 출시되고 있다.

갈치는 가공식품의 종류가 많지 않다. 현재 갈치 가공식품의 약 50%는 젓갈의 형태로, 약 40%는 건갈치의 형태로 소비되고 있나. 삼겹살 구이와 함께 머을 수 있는 갈치젓갈의 구매는 지속적으로 증가하고 있으나, 건갈치의 구매는 감소하는 추이를 보인다. 갈치젓갈을 제외하곤 갈치 가공식품의 전반적인 구매가 줄어들고 있어 새로운 가공형태를 모색할 필요가 있다.

국내 갈치 가공식품으로는 손질의 번거로움을 개선한 순살 갈치 제품, 전자레인지 등으로 간편하게 조리할 수 있도록 가공된 갈치구이, 갈치조림 등 반찬류. 갈치젓갈 등이 주를 이루고 있다.

국외의 갈치 가공식품은 중국 제품이 많이 있다. 중국에선 갈치가 레토르트 형태로 많이 가공되고 그 유형도 반찬, 스낵 등으로 매우 다양하다. 갈치는 항상 반찬으로 소비해야 한다는 국내 소비자의 인식을 변화시키고, 프리미엄 스낵처럼 다양한 형태로의 가공을 시도할 수 있을 것으로 보인다.

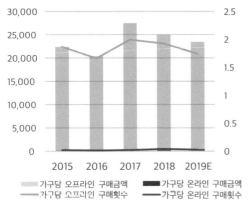

연별 가구당 신선 갈치 구매추이
(단위: 원/회)

■ 가구당 오프라인 구매금액　　■ 가구당 온라인 구매금액
━ 가구당 오프라인 구매횟수　　━ 가구당 온라인 구매횟수

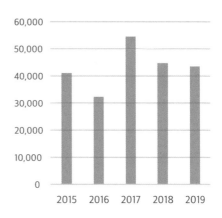

갈치 어획량 추이
(단위: 톤, 자료: 수산물유통종합정보시스템)

최근 5년간 갈치 가공식품 구매 비중

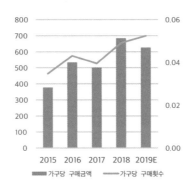

연별 가구당 갈치젓갈 구매추이
(단위: 원/회)

■ 가구당 구매금액　　━ 가구당 구매횟수

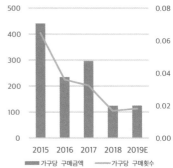

연별 가구당 건갈치 구매추이
(단위: 원/회)

■ 가구당 구매금액　　━ 가구당 구매횟수

### 손질이 필요없는

**99% 순살갈치**

- 한국/2019/Coupang
- 냉동
- 패키지: 스킨팩(진공), 플라스틱
- 가격(용량): ₩20,900(800g)

### 살을 젓갈류로 가공

**삼문 갈치육젓**

- 한국/2018/삼문
- 냉장
- 패키지: 병, 일반유리
- 가격(용량): ₩10,000(120g)

### 레토르트 양념갈치구이

**Grilled Hairtail**

- 중국/2017/Yu Zhong Tu Seafood
- 상온
- 패키지: Flexible, 얇은 금속재
- 가격(용량): $1.30(115g)

### 간편한 갈치조림

**香海带鱼香卤**

- 중국/2015/Xianghai Food
- 패키지: 접시, 플라스틱
- 가격(용량): $1.53(65g)
- 특징: 간단한 사용법

# 일상 속 수산물로 입지는 다졌는데 그 다음은? 새우

전 세계 새우 생산량이 증가하며 우리나라의 수입량과 소비량도 증가했다. 새우는 이미 보편적으로 접근할 수 있고, 쉽게 소비할 수 있는 일상속의 수산물로 자리잡았다. 새우 원물과 가공식품의 온라인, 오프라인 구매액과 구매 횟수 모두 전체적으로 증가하는 추세가 보인다.

한편, 국내에서 기존에 많이 소비해 오던 대하, 흰다리새우뿐 아니라 다양한 품종의 새우가 시장에서 인기를 끌고 있다. 소비자들이 자신의 취향에 따른 다양한 새우를 소비함에 따라 다양한 가격대의 상품들이 등장하고 있다. 또한 새우는 살이 단단하여 다양한 형태로 가공되어 간편식으로 개발되고있다.

새우 가공식품을 살펴보면, 2015년 대비 2019년 새우 가공식품 구매 횟수에서 가정 간편식이 차지하는 비중이 크게 증가했다. 새우 간편식 중 가장 많은 비중을 차지하는 것은 새우 볶음밥이지만 최근 성장세가 꺾인 데 반해 새우튀김, 칠리새우, 새우장 등 트렌디한 새우 가공식품의 구매가 증가하고 있다. 다양하고 새로운 새우 간편식에 대한 소비자들의 니즈가 있다고 볼 수 있으며, 새우장은 특히 최근 가장 핫한 아이템으로 성장하고 있다.

국내 새우 가공식품은 번거로운 손질을 줄일 수 있고, 활용도가 높은 냉동 새우살 제품을 필두로 다양한 제품이 출시되고 있다. 단순 새우살 이외에도 중식, 양식 등 다양한 메뉴가 제품화되어 인기를 끌고 있다.

전 세계에서 인기있는 식재료인 새우는 국외 여러 나라에서도 다양한 형태의 가공식품으로 나오고 있다. 특이한 제품으로는 동남아시아 지역에서 소비되는 새우장(쉬림프 페이스트)이 있다. 새우장은 새우를 염장 발효하여 만든 제품으로 조미료로 사용한다.

## 우리나라에서 주요 소비되는 새우 품종 및 특징

| 품종 | 특징 | 품종 | 특징 |
|---|---|---|---|
| 흰다리새우 | - 우리나라에서 가장 대중적이고 가장 많이 소비하는 새우로 비교적 저렴함<br>- 국산(양식)과 남미산이 주로 유통됨<br>- 병해에 강하고 생존률 높으며 성장속도 빠름 | 도화새우<br>물렁가시붉은새우<br>가시배새우<br>(독도새우 3종) | - 한류성, 심해지역 서식, 비싼 가격이 특징임<br>- 청와대가 2017년 트럼프대통령의 한국 방문을 기념한 만찬에서 도화새우를 내놓음 |
| 대하 | - 한중일 등 동북아시아에서만 서식함<br>- 대부분 자연산이 유통됨(예전엔 양식했으나 흰점바이러스가 퍼진 후 양식 크게 감소)<br>- 성미가 급해 잡자마자 죽어 활어로 유통하기 힘듦 | 홍다리얼룩새우<br>(블랙타이거새우) | - 전 세계적으로 가장 널리 식용되는 새우종<br>- 인도 태평양이 주 서식지로 냉동유통되어 1년 내내 쉽게 구매할 수 있으며, 껍질이 매우 두꺼워 주로 직화나 소금구이로 구워 먹음<br>- 크기에 따른 가격 차이가 큼 |
| 가시발새우<br>(딱새우) | - 제주, 여수 등의 특산물로 연중 내내 잡히나 양식이 되지 않아 어획량이 적음<br>- 껍질이 단단하고 이마뿔이 뾰족한 게 특징<br>- 보통 새우보다 풍미가 강하고 바닷가재처럼 식감이 쫄깃함 | 아르헨티나홍새우<br>(랍스터새우) | - 쫄깃한 식감과 단맛이 특징인 프리미엄 품종<br>- 수입새우는 대부분 양식이지만 홍새우는 자연산임<br>- 보통 잡자마자 선상에서 급랭하여 선도가 좋고 국내에서 연중 내내 유통됨 |

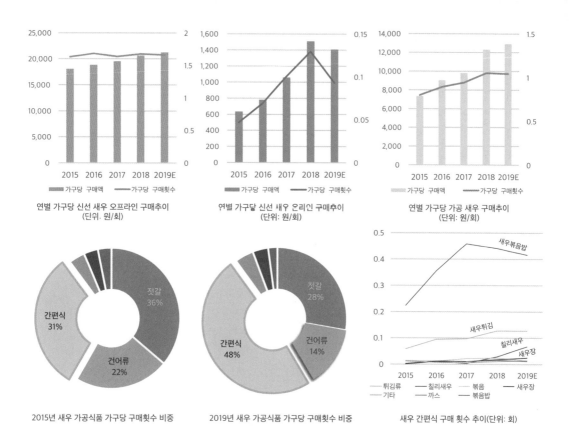

연별 가구당 신선 새우 오프라인 구매추이
(단위. 원/회)

연별 가구당 신선 새우 온라인 구매추이
(단위: 원/회)

연별 가구당 가공 새우 구매추이
(단위: 원/회)

2015년 새우 가공식품 가구당 구매횟수 비중

2019년 새우 가공식품 가구당 구매횟수 비중

새우 간편식 구매 횟수 추이(단위: 회)

|  |  |  |  |
|---|---|---|---|

**냉동된 칠리 새우**

**달콤칠리 통살새우**
- 한국/2019/아모제
- 냉동
- 패키지: Flexible, 플라스틱
- 가격(용량): ₩8,900(370g)

**새우 토핑이 있는 냉동 피자**

**쉬림프 스테이크 피자**
- 한국/2019/오뚜기
- 냉동
- 패키지: 곽, 판지
- 가격(용량): ₩5,990(430g)
- 특징: 전자레인지 조리 가능, 프리미엄

**갈릭, 치폴레로 양념한 스캄피**

**Scampi w Mild Garlic & Chipotle**
- 벨기에/2019/Be Food!
- 냉장
- 패키지: 접시, 플라스틱 PET
- 가격(용량): $3.54(110g)
- 특징: 서식지/자원 보호, 윤리-친환경 제품, 전자레인지 조리 가능

**쉬림프 페이스트**

**Shrimp Paste**
- 중국/2019/Anjoy Food
- 냉동
- 패키지: 접시, 플라스틱
- 가격(용량): $4.27(150g)

## 외식을 넘어 간편식까지, 꼬막

2017년부터 꼬막 원물과 꼬막 가공식품이 온라인과 오프라인에서 모두 구매가
증가하고 있다. 소비자들의 꼬막에 대한 관심도가 증가한 것으로 볼 수 있다. 꼬막
가공식품은 꼬막 캔(53%)과 꼬막 무침 같은 반찬류(39%)가 대부분을 차지하고
있었다. 그러나 최근 건강한 이미지를 갖고 있는 수산물 식재료라는 인식과 SNS에서
입소문을 탄 '강릉 엄지네 포장마차'의 꼬막 비빔밥이 도화선이 되어 다양한 꼬막
간편식이 등장하기 시작했다. (비문) 특히 2017년부터 연안식당의 '꼬막 비빔밥'을
필두로, 본도시락의 '여수 꼬막 불고기 도시락', 스쿨푸드의 '어간장꼬막비빔밥',
이바돔감자탕의 '꼬막비빔솥밥정식', 코베타이의 '꼬막비빔밥' 등 꼬막과 밥을 이용한
외식 메뉴가 인기를 끌고 있다(매일경제, 2019).

국내 꼬막 가공식품은 대부분 반찬류인 꼬막장, 꼬막무침, 꼬막비빔밥 등으로
출시되고 있다. 주로 소포장 상태로 상온, 냉장, 냉동 방식으로 다양하게 유통 중이다.
국외 꼬막 가공식품은 주로 면 또는 밥과 함께 요리하는 제품으로, 파스타의 부재료,
꼬막볶음면, 스시 또는 샐러드용 꼬막살 등이 있다. 꼬막을 단지 한식 식재료로만
사용하지 말고, 다양한 해외 레시피에 응용한 가공 식품을 내놓는다면 세련된
이미지로 포지셔닝하는 것도 가능할 것으로 보인다.

## 게장을 통해 본 가공의 기회, 게

신선 꽃게의 구매액과 구매 횟수의 추세는 정체되어 있다. 2019년에 크게 상승한
구매액이 눈에 띄는데 꽃게의 가격이 상승했기 때문으로 보인다. 신선 게 구매 중
90%는 꽃게가 차지하고 있으므로 게 원물의 구매추이는 꽃게 원물의 구매추이를
따른다고 볼 수 있다. 게 원물 구매 중 4%밖에 차지하지 않는 대게는 2019년에
구매액과 구매 횟수가 크게 증가한 것을 확인할 수 있다.

게 가공식품은 간편식이 대부분을 차지하고 있다. 게 가공식품은 2017년 이후
구매가 증가하고 있는데, 이 중 70%는 게장의 형태로 소비되고 있다. 게장의 구매
또한 2017년부터 크게 증가하고 있는데 이는 TV, 유튜브 등 미디어의 영향일
것이라고 추측된다. 게장의 인기를 통해 게 가공 식품이 소비자에게 충분히
매력적으로 다가갈 수 있다는 가능성을 볼 수 있다.

국내 게 가공식품으로는 원물 형태 유지 정도가 다양한 여러 종류의 간편식(RTC,
RTH) 제품들이 출시되고 있다. 국외에서 출시되는 게 가공식품은 국내
가공식품보다 비교적 가공 정도가 높은 튜브형, 포리지형, 캔 등의 형태로 출시되고
있다. 간편하게 섭취할 수 있는 게딱지장 튜브, 게살캔 등 다양한 형태의 게
가공식품을 개발할 수 있을 것이다.

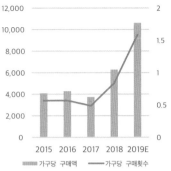

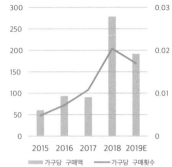

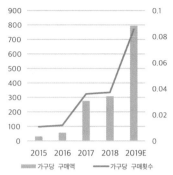

연별 가구당 신선 꼬막 오프라인 구매추이
(단위: 원/회)

연별 가구낭 신선 꼬막 온라인 구매추이
(단위: 원/회)

연별 가구당 꼬막 가공식품 구매추이
(단위: 원/회)

| 1인용 소포장 | 기본적인 반찬 | 인스턴트 꼬막볶음면 | 꼬막을 넣은 빠에야 |
|---|---|---|---|
|  |  |  |  |
| **밥통령 꼬막장** | **불꼬막무침** | **Rezza Brand Instant Kuey Teow with Cockles** | **Goya Paella Kit** |
| • 한국/2018/백미리자율관리 공동체영어조합법인<br>• 냉장<br>• 패키지: 플라스틱 PET<br>• 가격(용량): ₩3,900(180g) | • 한국/2019/양테이블<br>• 냉장<br>• 패키지: 둥근 통, 플라스틱 PET<br>• 가격(용량): ₩8,900(200g) | • 말레이시아/2015/Bio Haruantech<br>• 상온<br>• 패키지: 둥근 통, 플라스틱 PS<br>• 가격(용량): $0.71(75g)<br>• 특징: 천연 소재 제품, 할랄 (Halal), 시간/속도, 소셜 미디어 | • 멕시코/2019/Goya<br>• 상온<br>• 패키지: 곽, 판지+흰색(내부)<br>• 가격(용량): $6.63(539g)<br>• 특징: 간단한 사용법 |

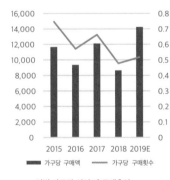

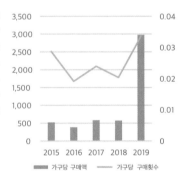

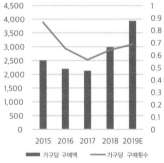

연별 가구당 신선 게 구매추이
(단위: 원/회)

연별 가구당 신선 대게 구매추이
(단위: 원/회)

연별 가구당 게 가공식품 구매추이
(단위: 원/회)

| 냉장유통 꽃게어묵국(RTH) | 집에서 즐기는 칠리크랩 | 튜브형 게살&어란 페이스트 | 게살만 발라 살균하여 포장 |
|---|---|---|---|
|  |  |  |  |
| **꽃게 어묵국** | **칠리크랩 밀키트** | **Friedrichs Crab Cream** | **Phillips Special Premium Crab** |
| • 한국/2019/CJ 제일제당<br>• 냉장<br>• 패키지: 세울 수 있는 파우치 (리필형 백), 플라스틱<br>• 가격(용량): ₩3,990(500g)<br>• 특징: 전자레인지 조리 가능 | • 한국/2019/Mychef<br>• 냉장<br>• 패키지: 접시, 플라스틱<br>• 가격(용량): ₩15,900(1060g)<br>• 특징: 프리미엄 | • 독일/2019/Gottfried Friedrichs<br>• 냉장<br>• 패키지: 튜브, 금속 알루미늄<br>• 가격(용량): $3.06(100g)<br>• 특징: 간단한 사용법 | • 미국/2019/Phillips Foods<br>• 냉장<br>• 패키지: 둥근 통, 플라스틱 PP<br>• 가격(용량): $12.89(227g)<br>• 특징: 프리미엄, 윤리-친환경, 서식지/자원보호, 간단한 사용 |

## '금징어'지만 사랑해, 오징어

신선 오징어는 2015년부터 2018년까지 가구당 구매횟수와 구매액이 감소했지만 2019년 들어서는 모두 증가했다.

구매횟수가 감소한 이유는 2015년 30만6,578톤에 이르던 오징어 생산량이 2019년 7만1,757톤으로 매우 크게 감소하였으며 이에 따라 '금징어'로 불릴 만큼 가격이 상승했기 때문이다. 하지만 어획량 감소에도 국내 공급량은 2016년 이후 꾸준히 증가했다. 수요를 맞추기 위해 수입량이 증가했기 때문이다. 2015년 80.2%를 기록했던 자급률은 2019년 23.8%로 떨어졌다.

그런데 올해에는 동해에서 오징어 어획량이 늘었다는 반가운 소식이 들려 왔다. 2020년 6월 15일까지 속초 수협에서 경매로 거래된 오징어는 16만5,285kg로 2019년 6월 한 달간 경매된 오징어 물량보다 네 배 증가한 것이다. 그에 따라 2019년 평균 4,200원 선에서 거래되던 오징어 가격이 소폭 하락했다. 오징어의 인기가 높아진 만큼, 차별화된 국내산 고급 오징어 제품을 내놓는다면 수요가 있을 것으로 기대된다.

오징어 가공식품의 가구당 구매횟수는 2015년부터 2018년까지 감소했으며, 이는 오징어의 가격 상승 때문으로 보인다. 오징어 건어류의 가구당 구매횟수는 2015년부터 2018년까지 감소했고, 오징어 젓갈은 2016년 이후 감소하고 있는 추세이다. 오징어 건어류와 젓갈의 구매액은 구매횟수보다 변동이 적어 결과적으로 1회 평균 구매금액이 상승하고 있다.

국내 오징어 가공식품으로는 원물을 손질하는 번거로움을 개선한 손질 오징어가 대표적이며, 국, 젓갈, 짬뽕 등에 들어가는 등 주재료보다는 반찬이나 부재료로 비중을 차지하고 있다. 국외에서는 오징어를 주재료로 한 스낵, 샐러드, 간편식 등이 출시되고 있다. 다양한 가공 방법을 참고해 볼 수 있을 것이다.

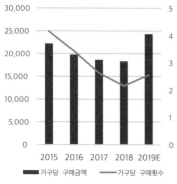

연별 가구당 신선 오징어 구매추이
(단위: 원/회)

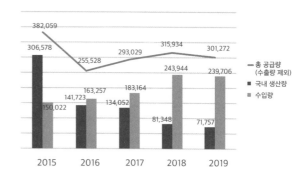

연간 오징어 생산량 및 공급량
(단위: 톤, 자료: 해양수산부)

- 총 공급량 (수출량 제외)
- 국내 생산량
- 수입량

연별 가구당 오징어 가공식품 구매추이
(단위: 원/회)

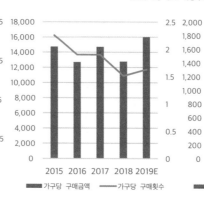

연별 가구당 오징어 건어류 구매추이
(단위: 원/회)

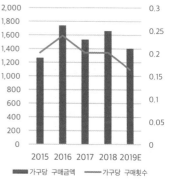

연별 가구당 오징어 젓갈 구매추이
(단위: 원/회)

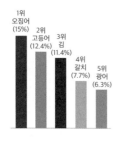

2020 한국인이 가장 좋아하는 수산물 순위
(자료: 한국해양수산개발원)

| 오징어 건어류 및 젓갈류 1회 평균 구매금액 | | |
|---|---|---|
| 연도 | 오징어 건어류 | 오징어 젓갈 |
| 2015 | ₩6,527 | ₩6,291 |
| 2016 | ₩6,682 | ₩7,294 |
| 2017 | ₩7,750 | ₩7,622 |
| 2018 | ₩8,457 | ₩8,247 |
| 2019 | ₩9,810 (2015년 대비 50% 증가) | ₩8,566 (2015년 대비 36% 증가) |

**번거로움 개선 &다양한 활용**

**손질 오징어**
- 한국/2019/이마트
- 냉동
- 패키지: 스킨팩, 파우치
- 가격(용량): ₩9,880(500g)
- 특징: 간단한 사용법, 경제적

**오징어가 들어간 밀키트**

**초마짬뽕**
- 한국/2019/이마트
- 냉장
- 패키지: 곽, 판지
- 가격(용량): ₩9,980(672g)
- 특징: 편리한 패키지

**부드러운 오징어 튀김 스낵류**

**Soft Fried Squid Snack with Sauce & Mayonnaise**
- 일본/2019/Family Mart
- 상온
- 패키지: Flexible, 플라스틱
- 가격(용량): $0.99(25g)

**에어프라이어 오징어 요리**

**Dusted Baby Squids**
- 말레이시아/2019/Pacific West Foods
- 냉동
- 패키지: Flexible, 곽
- 가격(용량): $5.07(300g)
- 특징: 프리미엄, 친환경, 할랄

## 신선함보다 간편함? 주꾸미

주꾸미의 오프라인 구매는 정체중이다. 온라인 구매는 오프라인에 비해 비중은
적지만 빠르게 성장하고 있다. 소셜 커머스 사이트 티몬에서는 주꾸미를 사용한
가공식품의 판매가 전년동기대비 40% 이상 판매가 증가했고, 위메프에서는 2015년
대비 2019년에 124% 성장했다.

주꾸미 가공식품은 대부분 간편식의 형태로 '주꾸미 볶음', '양념 주꾸미'가 많다.
손질이 어려워 원물을 쉽게 구매할 수 없었던 젊은 소비자들이 간편식 형태로 많이
소비하고 있는 것으로 보인다. 안주나 가정 간편식 등 가공식품으로 기회가 많은
수산물이다.

국내 주꾸미 가공식품은 주꾸미 볶음, 주꾸미 만두, 타코 와사비 등으로 다양한
편이다. 반찬, 간식, 안주로 소비되며, 원물 형태를 유지한 손질 주꾸미 또한 수요가
있는 것으로 보인다. 국외에서는 주꾸미를 샐러드용으로 가공한 제품, 요리의
부재료로 사용하기 쉽게 가공한 제품을 많이 찾아 볼 수 있다. 다양한 음식에 쉽게
사용할 수 있는 식재료로 포지셔닝한 점을 벤치마킹할 수 있을 것이다.

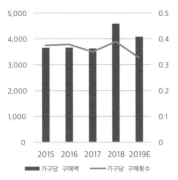

연별 가구당 신선 주꾸미 오프라인 구매추이
(단위: 원/회)

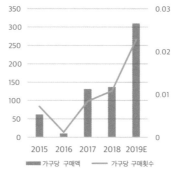

연별 가구당 신선 주꾸미 온라인 구매추이
(단위: 원/회)

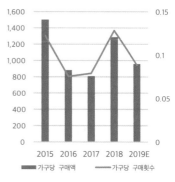

연별 가구당 주꾸미 간편식 구매추이
(단위: 원/회)

■ 가구당 구매액　━ 가구당 구매횟수

---

### 미쉐린 식당 노하우를 담은

**게방찬 주꾸미볶음**
- 한국/2019/정이푸드빌
- 냉동
- 패키지: Flexible 1회용 봉지(Sachet), 플라스틱
- 가격(용량): ₩8,500(300g)
- 특징: 전자레인지 조리 가능

### 손질의 번거로움 개선

**손질 주꾸미**
- 한국/2018/은하수산
- 냉동
- 패키지: Flexible 1회용 봉지(Sachet), 플라스틱
- 가격(용량): ₩10,900(600g)
- 특징: 간단한 사용법

### 속을 주꾸미로 채운 만두

**투명한 주꾸미만두**
- 한국/2018/한만두식품
- 냉동
- 패키지: 파우치
- 가격(용량): ₩15,500(1kg)

### 안주&반찬

**톡쏘는 타코 와사비**
- 한국/2018/사조씨푸드
- 냉장
- 패키지: 둥근 형태의 통, 플라스틱 PP
- 가격(용량): ₩3,300(80g)
- 특징: 간단한 사용법

### 세척된 소포장 주꾸미

**Cleaned Baby Octopuses**
- 이탈리아/2019/Xilo
- 냉동
- 패키지: Flexible, 플라스틱
- 가격(용량): $0.92(400g)

### 올리브유에 절인 주꾸미 캔

**Baby Octopus in Olive Oil**
- 스페인/2018/Conservas Dani
- 상온
- 패키지: 캔, 금속 강철
- 가격(용량): $3.54(106g)

### 주꾸미 샐러드

**Whole Octopus Salad**
- 프랑스/2016/Palais des Mets
- 냉동
- 패키지: 접시, 플라스틱
- 가격(용량): $3.38(200g)

### 냉동 주꾸미

**Indo-Pacific Small Octopus**
- 이탈리아/2016/Ital Seafood
- 냉동
- 패키지: Flexible, 플라스틱
- 가격(용량): $1.23(800g)

# 프리미엄 제품의 비중이 커지고 있는 해수산물

만만한 반찬인 김 구이와 멸치볶음으로만 소비되던 김과 멸치 시장에도 선택의
폭이 점점 다양해지고 있다. 단순하고 획일화되었던 가공 방식을 뒤틀어 프리미엄
시장으로 진출하는 사례들을 살펴보자.

곱창김(잇바디돌김), 무산김, 지주식김, 초사리김, 감태김을 프리미엄 김으로
분류하여 연별 가구당 프리미엄 김 구매액과 구매횟수를 비교하였다. 가구당 김 전체
구매액은 증가하는 데 비해 구매액은 감소세에 있어 김의 1회 구매액이 증가함을
확인했다. 이 중에서도 프리미엄 김의 구매액 빛 횟수는 가파르게 성장하고 있고,
이 중에서도 곱창김의 비중이 94%로 압도적임을 확인할 수 있다. 최근 풀무원에서
아예 새로운 품종의 원초로 만든 프리미엄 김을 출시 준비 중에 있는 등, 김의 품종
차별화를 통한 프리미엄 상품화 경향을 관찰할 수 있다.

일본 프리미엄 김 사례를 벤치마킹하여 금속 틴 케이스로 고급 패키징을 하거나,
원산지 강조, 저온 숙성, 화학조미료 무첨가 등의 방식을 취함으로써 프리미엄
제품으로 포지셔닝 할 수 있다.

멸치의 가구당 1회 구매액은 2015년 이후 계속 상승하고 있다. 멸치 소매가격이
상승하고(부산일보, 2019), 포장규격이 축소되며(한국농어민신문, 2018) 1회
구매액이 상승한 것으로 보인다. 해외에서 멸치는 앤초비, 시라즈로 불리며 생물이나
반건조 형태로 소비되고 있지만 국내에서는 대부분 완전 건조 형태로 반찬,
육수용으로 쓰이고 있다. 그런데 기존 가공방식과 달리 반건조 자숙 멸치 상품이
국내에 출시되며 인기를 얻고 있어 앞으로의 귀추가 주목된다. 씨름선수 출신 동진호
홍명완 선장은 어획한 멸치를 다양한 방식(건조, 반건조, 훈연, 육수 등)으로 가공한
뒤, 수도권 유명 레스토랑과 협업하며 서해 멸치의 프리미엄화를 주도하고 있다. 또한
제품에 "아빠"라는 네이밍을 붙임으로써 타깃 소비자를 명확히 세팅했으며, SNS를
활용한 진정성 있는 마케팅을 통해 소비자들의 멸치에 대한 관여도를 끌어 올리고
지불의사를 높이고 있다.

주요 프리미엄 멸치 가공식품은 일본의 시라스가 있다. 일본 시라스의 사례를
참고하여 생멸치 식감을 살려 제품화한다면 기존 멸치볶음이나 육수용으로
사용되는 완전건조 멸치와는 다른 토핑이나 무침용으로 소비될 상품군으로 확대할
수 있을 것으로 기대된다.

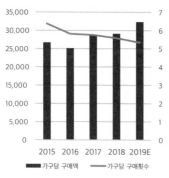

연별 가구당 김 구매추이
(단위: 원/회)

■ 가구당 구매액　━ 가구당 구매횟수

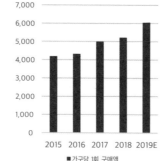

연별 가구당 김 1회 구매액 추이
(단위: 원/회)

■ 가구당 1회 구매액

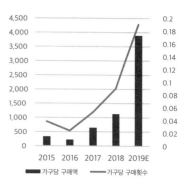

연별 가구낭 프리미엄 김 구매추이
(단위: 원/회)

■ 가구당 구매액　━ 가구당 구매횟수

| 원산지를 강조한 김 세트 | 한정판 양념 김 선물세트 | 저온 숙성 구이 김 | 화학조미료 무첨가 김 |
|---|---|---|---|

**아리아케 산 김 선물세트**
- 일본/SHIRAKO 유한회사
- 상온
- 패키지: 금속 케이스
- 가격(용량): 2500円(800g)
- 특징: 아리아케산 김 선물세트로 맛 김, 구이 김, 김 차 즈케 등이 들어 있음

**오모리야마 양념 김 세트**
- 일본/Ohmoriya Co., Ltd
- 상온
- 패키지: 금속 케이스
- 가격(용량): 2500円(8절40매*6)
- 특징: 아리아케 산 김을 구운 뒤 홋카이도 산 참 다시마와 큐슈 미야자키 현산 간장으로 양념함

**큐슈 아리아케 산 '극' 구이 김**
- 일본/Nico-Nico Nori 유한회사
- 상온
- 패키지: Flexible 플라스틱 봉지
- 가격(용량): 2500円(10매*5)
- 특징: 규슈 아리아케의 바다에서 자란 김을 빙온 숙성시켜 구워냄

**아리아케 산 김 식탁용**
- 일본/Nico-Nico Nori 유한회사
- 상온
- 패키지: 둥근 원통형 케이스
- 가격(용량): 2389円(50매*6)
- 특징: 회소성 높은 프리미엄 김을 가공하였으며 화학조미료가 첨가되지 않음

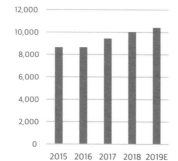

연별 가구당 멸치 구매추이
(단위: 원/회)

■ 가구당 구매액　━ 가구당 구매횟수

연별 가구당 멸치 1회 구매액 추이
(단위: 원/회)

■ 1회 구매액

| 타깃에 맞춘 명확한 네이밍 | 냉동 배송 신선한 생멸치 | 생멸치 식감을 살린 절임 | 상온 보관하는 시라스 캔 |
|---|---|---|---|

**아빠멸치**
- 한국/다정수산
- 냉동
- 패키지: 비닐, 종이, 진공
- 가격(용량): 8,900원(100g)
- 제품 특징: 기존 유통되던 제품과 차별화된 식감

**삶은 시라스**
- 일본/Ohira Fisheries Co., Ltd.
- 냉동
- 패키지: Flexible 플라스틱, 진공
- 가격(용량): $29.98(500g*2)
- 특징: 어획 후 30분 안에 가공이 끝남, 2.8%로 염도로 맞추었으며 소금만 사용됨

**시라스 오일 바질 절임**
- 일본/Triangle shop fisheries
- 상온
- 패키지: 유리병
- 가격(용량): $10.45(120g)
- 특징: 오일을 넣은 바질소스 안에 생멸치를 넣은 제품으로 파스타, 두부 토핑, 타파스 등에 활용

**시즈오카 스루가만 시라스 캔**
- 일본/Yamanashi Kanzume
- 상온(서늘한 곳)
- 패키지: 캔
- 가격(용량): $24.66(40g*5)
- 특징: 일본 혼슈의 시즈오카현, 스루가만에서 어획한 시라스를 신선하게 담은 제품

# 포스트-코로나 시대의 수산식품 R&D 발전방향

인류는 항상 육류, 채소, 어류로 생명을 이어 왔다. 수많은 패총을 비롯한 많은 유적들을 보면 우리 민족이 한반도에서 생활하기 시작한 선사시대부터 이래로 하천이나 해안에서 많이 나는 조개 등을 잡아 식량으로 사용하였음을 알 수 있을 정도로 수산물과는 오래 함께해 왔다.

수산물은 당연히 인류 문화와 서로 영향을 주고받았다. 유럽은 7세기부터 종교적인 이유로 육류 대신 생선을 섭취했다. 따라서 담수어만으로는 수요를 충족시키지 못해 청어를 염장하는 청어 어업이 규모 있는 산업으로 발전하게 되었다. 우리나라 최초의 해조류 양식 품종인 '김'의 양식법은 1640년(인조 18년)에 개발되었다. 지금은 수출액이 인삼보다 몇 배나 많은 5.8억 달러(2019년 기준)로 3년 연속 5억 달러를 돌파하며 '바다의 반도체'라고 불리고 있다. 이렇게 염장, 건제품으로 발전한 수산식품은 통조림 및 다양한 가공품의 원료로 우리에게 이용되고 있다.

2016년 식량수급표에 따르면 우리나라 국민 1인당 수산물 소비량이 59.8kg으로 육류 소비량 56.0kg을 넘어서고 있다. 이는 과학기술의 발전으로 우리가 좀 더 수산물을 접할 수 있게 되었기 때문으로 생각된다. 그 대표적인 사례가 넙치(광어)와 전복이다. 1980년 중반 이전까지만 해도, 서민들이 넙치를 맛보기는 어려웠지만 1984년 인공종묘생산 성공 이후 국내 양식 기술은 비약적인 성장을 이루게 됐고, 1990년대 후반에 접어들면서 사람들이 비교적 값싸게 즐기는 '국민 횟감'이 되었다. 전복은 2000년대 들어 가두리에 의한 양식기술이 도입되면서 생산량이 급속하게 늘어났다. 1990년대까지만 해도 100~200톤에 그치던 생산량은 2000년대 들어 1,000톤 가까이 늘어났으며, 이에 많은 소비자들이 맛볼 수 있는 수산물이 되었다.

우리나라는 수산식품을 원료 수산물 자체인 활어, 선어뿐 아니라 소금, 어육살 등 원료/ 소재와 냉동품, 통조림, 어육가공품 등 품목까지 다양하게 활용하고 있다. '2018년도 수산물 유통산업 실태조사'에 의하면, 인구구조 변화는 수산물 소비에 중요한 영향을 미치는 요인으로 작용하고 있으며, 특히 인구의 고령화 및 1인 가구 증가로 수산식품 소비 패턴도 변화고 있다고 한다. 이러한 변화에 따라 외식을 통한 섭취 증가 및 고급화, 다양화, 간편화와 함께 건강과 안전이 중요한 요소로 고려되고 있다.

## 간편식 시장의 확장

그간 수산물은 신선도 유지 문제로 밀키트 등 간편식 제품으로의 개발이 어려웠다. 그러나 학계와
연구계 및 다양한 회사에서 가공·유통기술을 통해 다양한 신제품을 개발하면서, 2019년부터
본격적으로 관련 제품이 출시 되었다. 특히, 코로나19라는 일상화된 재난은 원물의 소비가 많은
우리나라 국민들에게 간편식이 빠르게 자리잡는 기회가 되었다.

지금 우리가 흔히 아는 단어인 간편식을 10년, 20년 전에는 어떻게 불렀을까? 바로 '인스턴트식품'이다.
인구고령화, 1인가구 증가, 지금은 코로나19 임팩트라는 사회 변화와 함께, 이를 구현해 줄 수
있는 뛰어난 식품가공 기술의 발전으로 이제는 '인스턴트식품'이 간편식(HMR)이라는 제품의
고부가가치화를 이끌어 낸 것이다.

식품음료신문에 의하면 국내 수산 가공식품 시장 규모는 1조9000억 원으로 아직까지도 냉동품,
건제품, 해조제품이 대부분을 차지한다. 이 중 수산물 간편식 시장 규모는 약 340억 원 대로 전체 약
2%에 불과하다. 그러나 그 성장세만큼은 타 간편식 제품군을 크게 앞선다. 간편식 시장은 최근 4년간
연평균 30%대의 성장률을 보였고 올해 약 450억 원 대를 전망하고 있다.

이러한 흐름에 정부도 적극적인 지원에 나섰다. 해양수산부와 해양수산과학기술진흥원은 올해 수산물
간편식 상품 확대 및 수출 시장 개척을 위한 신규 기술개발에 투자한 것이다. 초고압기술, 과열증기기술,
고주파 해동기술 등 최신 가공기술을 적용하여, 수산물을 활용한 간편식품(3개 권역·총 16종)을
개발하여 글로벌 온라인 시장에 도전할 계획이다.

## 생산자 중심에서 소비자 중심으로의 전환

앞서 언급한 것처럼, 우리나라 식품 소비패턴은 소득 증가 및 인구구조의 고령화로 고급화, 다양화, 간편화를 추구하는 식문화로 변화하고 있다. 또한 수산물 소비 트렌드도 '맛'은 물론 '품질'과 '안전'에 대한 중요성이 높아지고 있다. 식량자원으로서의 수산물의 중요성이 점차 커지고 있다고 말하고 있으나, 수산물 어획량 또는 생산량 등 생산자 중심의 현황 자료는 많이 접하고 있지만, 수산식품에 대한 소비 패턴 및 소비자 인식도 변화에 대한 분석 자료를 접하기는 어려웠다.

그러나 수산물이 다른 농축산물처럼 생산자 중심에서 소비자 중심으로 이동하고 있음은 여러 군데에서 발견할 수 있다. 한 예로 2018년 '대한민국 e-마케팅페어'에서는 멍게를 주문 즉시 바로 채집하여 살아 있는 채로 배송을 시작한 양식 생산자 업체가 대상을 수상했다. '잘 키워야지'라는 관점에서 소비자에게 어떻게 '잘 유통할 것인지', '다양한 제품을 선보일 것인지'가 중요해진 것이다.

2021년부터는 수산식품의 체계적인 육성을 위한 '수산식품산업법'이 시행된다. 이 법은 수산식품을 생산 중심의 수산물로 보는 것이 아니라, 국민의 먹거리를 책임지는 중요한 산업이자 미래유망산업으로 인식한다는 점에서 정부의 관점 변화를 확인할 수 있다. '수산식품'의 법적 정의를 '사람이 직접 먹거나 마실 수 있는 수산물 또는 수산물을 주원료 또는 주재료로 하는 모든 음식물'이라고 정한 것부터가 소비자 관점의 시작이라고 볼 수 있을 것이다.

## 향후 정부 수산식품 R&D 방향 : 수산물 가공의 표준화

소비자들은 수산물을 구입할 때 가장 중요하게 고려하는 요인으로 '신선도'를 꼽았으며, 수산물을 꺼리는 가장 큰 이유를 '비린내'라고 답하고 있다. 이제 코로나19 이후에 이러한 문제를 해결하기 위해 어떤 연구와 기술개발을 지원할지 고민해야 할 단계다. 이에 '수산물을 신선하게 유통하기'와 '수산식품 공정의 스마트화'가 새로운 화두가 될 것으로 예측한다.

수산물 신선유통은 안전한 수산물의 공급을 위해 '수산물 품질신선유통체계'를 구축하는 기술을 통칭한다. 쉽게 부패되는 수산물 특성상 신선도 유지가 필수적이나, 현재 수산물 위판장에서 소비자 구매까지 신선유통을 위한 표준이나 그 기준 등이 부족한 상황이다. 이에 국제기준에 통용할 수 있는 수산물의 선도, 품질 및 유통에 관련된 과학적 평가 지표를 마련하고, 이를 뒷받침할 수 있는 위판장 관리 기술 및 시설을 개발해야 할 것이다. 또한 수산물을 수송하는 활어차의 안전성과 편의성을 개선하면서, 동시에 이커머스 시장의 급격한 성장에 따른 수산물·수산식품의 신선유통을 위한 친환경 보냉팩, 수송용기 등을 포함한 포장기술개발이 필요하다.

수산식품의 표준 생산(가공) 시스템이 개발되면 노동집약적인 가공공정에서 탈피할 수 있게 된다. 현재 단위별로 분산된 공정을 집적화하고, 자재품질에서부터 출고시점까지 공정 및 품질정보의 전달과 제어가 가능한 가공공장 표준모델 및 범용기술의 개발이 필요한 시점이다. 또한, 고등어 같은 다획성 대중어종이나 양식어류를 대량으로 필렛화하고, 자동으로 포장하는 시스템을 개발한다면, 고품질의 수산식품을 가정이나 단체급식에서 즐길 수 있게 될 것이다.

## 요즘 주목받는 수산가공 연구

최근 수산식품 분야에서도 '대체육'이 핫하게 뜨고 있다. 현재는 대체육 연구개발이 축육을 중심으로 이루어지고 있으나 최근 세계적으로 대체어육에 대한 관심이 증가하고 있다. 미국 벤처기업에서는 참치 근육세포를 이용하여 배양어육 연구개발을 진행하고 있으며, 해조 다당류 및 식물성 단백질 등을 이용하여 연어, 참치, 캐비어 등의 고급식품에 대한 식물성 대체육 개발도 이루어지고 있다.

그런데 왜 배양어육과 같은 기술개발이 관심을 받게 되었을까? 세계적으로 연육(surimi)의 형태로 가공되고 있는 어육은 게맛살, 어육소시지, 어묵 등 다양한 식품의 주원료로 사용되고 있다. 이에 대체축육과 달리 구조화 및 물성조절 기술에 많은 연구가 없어도 배양어육을 이용한 상용화가 가능하다는 장점이 있기 때문이다. 아직 전세계적으로도 기술개발의 태동기로 파악되고 있어, 향후 그 추이가 주목되는 분야라 할 수 있다.

코로나19로 인한 비대면 시대는 커머스 업계의 디지털 트랜스포메이션을 5년 이상 앞당겼다고 한다. 식품산업은 소비자 행동의 변화에 민감하게 반응해야 생존할 수 있다. 그리고 그 반응의 도구로 '과학기술'을 첫 번째로 꼽을 수 있습니다. '마차를 아무리 연결해도 철도가 되지 않는다'라는 슘페터의 거창한 말을 꺼내지 않더라도, 기술과 시장의 만나는 점, 곧 수요가 있어야 '혁신'이 만들어지는 토양분이 된다고 생각한다.

인문경제학뿐만 아니라, 예술학적으로도 수산물을 접하는 우리의 생활과 관점이 달라지고 있다. 산울림의 노래 "어머니와 고등어"에서의 가사 '어머니는 고등어를 구워주려 하셨나보다. 소금에 절여놓고 편안하게 주무시는구나.'는 30년 후 노라조의 "고등어"에서 '아비우 아비우 아비우 아 Beautiful 생선, 그대만을 위한 오메가-3 나는 고등어여라'라고 변했다. 과연 30년 후의 고등어는 어떤 모습으로 등장할지 지켜볼 일이다.

글. 박세문

**해양수산과학기술진흥원에서 해양수산 분야 정부 연구개발사업의 새로운 방향을 고민하고, 연구자를 지원하고 있다.**

# 집밥의 부활, 조미·향신·소스·유지류

우리의 삶을 송두리째 뒤흔든 코로나19는 식생활 패턴에도 큰 지각변동을 가져왔다. 특히, 팬데믹 상황이 장기화되면서 끊임없이 감소하고 있던 '직접 조리해 먹는 집밥'이 부활하는 계기가 됐다. 이는 무엇을 시사할까? 첫째, 적은 양으로 요리의 맛을 풍부하게 해 주는 조미료, 향신료, 소스류, 유지류의 구매 빈도가 증가하며 시장이 성장한다. 통계청의 발표에 따르면 2020년 2분기 조미식품과 유지류의 소비지출은 전년동기 대비 각각 34%, 48% 증가했고, 유통업체 매출 역시 증가한 것으로 나타났다. 이런 트렌드에 발맞추어 식품 제조사들은 다양한 제품을 출시하고 있다. 둘째, 외식업체 및 해외여행으로 경험했던 다양한 맛에 대한 니즈는 기존에 구매해 보지 않았던 다양한 조미료, 향신료, 소스류, 유지류의 구매로 이어지게 된다. 이와 같은 변화가 어떤 양상으로 펼쳐지고 있는지 본 장에서 담아내고자 하였다.

본 장에서는 한 곳으로 풍미를 더하는 조미료, 향신료, 소스류, 유지류의 구매 패턴을 분석하였다. 분석에는 농촌진흥청에서 관리하는 소비자패널 식료품 구매 자료를 사용하였다. 특히 2015~2019년 5개년의 수도권 지역 중심의 835가구 구매 데이터와 2017년에 중소도시 및 1-2인 가구를 추가 모집해 1,222가구의 2017~2019 3개년 구매 데이터를 분석하여 추이를 살펴보았다. 2019년 12월 자료는 2018년 1~11월 대비 2019년 1~11월의 증감율을 반영한 예측치이다. 분석 대상으로는 조미료(요리술, 설탕, 요리당, 소금, 식초, 감칠맛 조미료), 향신료(후추, 와사비/겨자, 허브류, 계피/시나몬), 소스류(케첩, 마요네즈, 머스타드, 샐러드 드레싱, 굴소스, 돈가스/스테이크소스, 매운맛소스), 유지류(식용유, 올리브유, 참/들기름)가 있었다. 세부 제품군별 추이를 살펴보고, 증감 추이에 대한 정성적/정량적 추가 분석을 통해 풍성한 해석을 담아내고자 노력하였다.

이 장의 분석 결과를 통해 소비자들이 다채로운 조미료, 향신료, 소스류, 유지류 시장의 매력을 느끼고 제품을 수평적으로 구분하고 취향에 맞게 구매하는 데, 식품업계 종사자분들이 각 세부 품목별 추이 분석을 통해 시장에 대한 통찰을 얻는 데 도움이 되기를 바란다. 엄하람 연구원

# 조미료

이번 분석에서는 단맛(설탕, 요리당), 짠맛(소금), 신맛(식초), 감칠맛(요리술, 감칠맛 조미료)을 내는 제품을 조미료로 정의했다. 단맛은 설탕과 요리당, 짠맛은 소금, 신맛은 식초, 감칠맛은 요리술과 감칠맛 조미료가 대표적인 제품군이다. 농촌진흥청 소비자 패널 구매자료에 따르면 조미료 구매 횟수는 꾸준히 감소하는 추세를 보이며 구매금액은 2015년 30,432원에서 2018년 26,373원으로 꾸준히 감소하다가 2019년 28,619원으로 구매금액이 소폭 증가했다. (분석에 쓰인 데이터는 표시된 것을 제외하면 모두 농촌진흥청 소비자패널 구매 데이터다.)

단맛을 내는 설탕과 요리당의 구매액 및 구매횟수는 가장 큰 폭으로 감소했고, 식초가 가장 변화가 없었다. 소금과 감칠맛 조미료의 구매횟수는 감소하였으나 1회 구매액이 증가했고, 요리술은 구매액, 구매횟수, 1회 구매액 모두 증가했다.

## 요리술

요리술은 요리에 첨가하여 재료의 잡내와 비린내를 잡고, 풍미를 더하는 역할을 한다. 요리술은 크게 미림 계열, 청주, 증류주 계열의 세 가지로 분류할 수 있다. 미림 계열의 요리술은 알코올 함량(14% 이상 혹은 1% 이하)을 기준으로 분류할 수 있다. 알코올 함량 14%이상인 요리술에는 혼미림과 미림타입 요리술이 있다. 혼(本)미림은 찐 찹쌀/누룩/소주를 섞어 빚은 술로 40~50%의 당도가 특징이며, 미림타입 요리술은 쌀과 누룩을 알코올 발효한 후 조미료를 첨가한 요리술(식품유형: 기타주류)로 알코올 도수가 14-16%에 이른다. 미림풍 요리술은 알코올 함량이 1% 미만이며 발효식초를 사용해 신맛이 난다(식품유형: 소스류). 요리용 청주와 증류주는 각각 청주/증류주 제조법대로 빚은 술로, 청주의 알코올 도수는 14%, 증류주의 도수는 14~20%에 해당한다.

가구당 요리술 구매액은 2015년도 930원에서 2019년도 1,647원으로 약 1.8배 증가했다. 월별 구매추이를 살펴보면, 육류요리를 많이 하는 명절이 포함된 9월에 구매금액 및 구매횟수가 높았다. 구매 장소는 비교적 거리가 가까운 채널(슈퍼마켓, 기업형슈퍼마켓)이 중심이 되는 것으로 나타났다. 2019년 연령별 요리술 구매 경험을 살펴본 결과 요리술은 비교적 높은 연령층에서 사용되며, 대표적인 요리술 브랜드인 롯데칠성의 '미림'의 구매추이에서 이와 같은 특징이 더욱 두드러지는 것으로 나타났다.

미림계열

혼미림
('코코노에
혼미림')

미림타입
요리술
(롯데칠성
'미림')

미림풍
요리술
(CJ 백설
'맛술')

청주계열　　증류주계열

요리용
청주

요리용
증류주

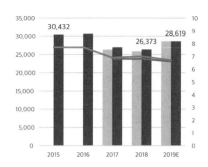

연별 가구당 조미료 구매추이(단위: 원/횟수)
835가구 구매금액과 횟수/1,222가구 구매금액과 횟수

| 조미료 분류별 정의 | | |
|---|---|---|
| 요리술 | 설탕 | 요리당 |
| 잡내를 제거하고 풍미를 내는 미림타입/미림풍 조미료 | 단맛을 내는 감(甘)미료 설탕, 스테비아, 자일로스 등 | 단맛과 윤기를 내는 감미료 올리고당, 물엿 등 |
| 소금 | 식초 | 감칠맛 조미료 |
| 짠맛을 내는 함(鹹)미료 맛소금, 굵은 소금, 천일염 등 | 신맛을 내는 산(酸)미료 식초, 빙초산 등 | 감칠맛을 내는 지(旨)미료 가루형, 액상형 |

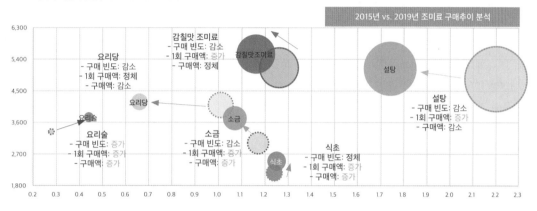

[그래프 요소] x축 : 연 평균 가구당 구매 빈도 / y축 : 1회당 평균 구매액 / 원의 지름 : 연 평균 가구당 구매액

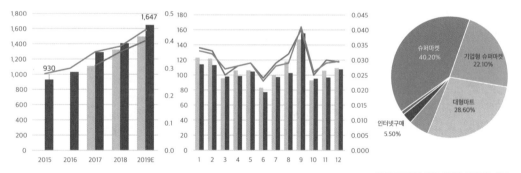

연별 가구당 요리술 구매추이 (단위: 원/횟수)

월별 가구당 요리술 구매추이 (단위: 원/횟수)

2019년 요리술 구입 채널별 구매횟수 비중
(자료: 농촌진흥청 소비자패널 1222가구 구매자료)

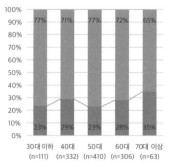

연령별 요리술 구매경험 가구 비중 (단위: %)
(자료: 농촌진흥청 소비자패널 1222가구 구매자료)

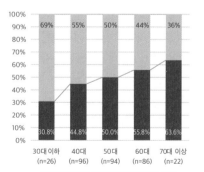

2019년 연령별 "미림" 구매경험 가구 비중
(자료: 농촌진흥청 소비자패널 1222가구 구매자료)

한국의 요리술 시장은 미림 계열이 가장 큰 비중을 차지하고 있고, 이 중에서도 미림타입 요리술과 미림풍 요리술 두 가지로 양분되어 있다. 2018년도까지는 요리술의 키 플레이어는 미림타입 요리술인 롯데칠성의 '미림'이었다. 그런데 2018년 12월 미림풍 요리술인 CJ 백설의 '맛술' 제품이 출시된 후 격차가 매우 좁아졌다. 소비자 패널 자료를 살펴보면, 2016년 72% 대 28%이었던 미림타입과 미림풍 요리술 구매액 비중이 2019년 52% 대 48%로 거의 비슷한 수준이 되었다. 미림풍 요리술이 이토록 빠르게 시장을 잠식한 이유로 두 가지를 들 수 있다. 먼저 온라인에서 식료품을 구매하는 트렌드가 증가하면서, 기타주류로 분류되어 온라인에서 구매할 수 없는 미림타입 '미림' 대신, 알콜 도수 1% 미만이라 소스로 분류되는 미림풍 '맛술'에 접근하는 편이 더 쉬워졌기 때문이다. 두 번째는 레시피에 주로 등장하는 보통명사 '맛술'과 제품명 '맛술'을 동일하게 인식했기 때문이라는 분석도 있다.

가향 요리술류로는 2018년까지 청정원의 맛술 생강+매실 제품이 유일했는데, 2018년 12월 CJ에서 생강과 로즈마리 제품을, 2020년 청정원에서 월계수잎이 함유된 제품을 출시했다. 앞으로 다양한 제품으로 확장될 가능성과 기회가 있는 분야로 보인다. 기본 맛술에 주요 한식 향신채인 대파, 양파, 마늘 향 또는 고추, 계피, 후추, 사과향 등을 첨가할 수 있을 것이다.

## 설탕과 요리당

설탕의 구매액 및 구매횟수는 2015년부터 2018년까지 감소하다가, 2019년 구매액이 약 1,500원 가량 증가한 모습을 보인다. 연별 가구당 흑설탕 구매가 2018년 2,886원에서 2019년 3,977원(예상)으로 껑충 뛰어오른 것을 볼 때 2019년의 흑당 열풍에 힘입은 현상으로 보인다. 또한 크게 성장하는 시장은 아니지만 자일로스 설탕 등 기타설탕이 조금씩 성장하는 추세에 있음을 볼 수 있다.

요리당의 구매액 및 구매횟수는 꾸준히 감소하고 있으며, 특히 1.2kg를 초과하는 대용량 제품의 구매 횟수가 더 가파르게 감소했다. 또한 2015년에는 명절(1월, 9월)과 매실 제철인 6월에 월 구매액이 증가하였으나 2019년에는 이같은 현상 대신 연중 큰 폭의 변동 없이 구매가 이루어졌다.

매실청을 담그는 6월은 설탕과 요리당 판매가 가장 많이 이루어지는 기간인데, 앞서 말한 대로 요리당의 6월 구매 현상은 점점 사라지고 있는 추세다. 반면, 여전히 설탕은 6월 구매 쏠림 현상이 유지되고 있다. 6월 설탕 구매액은 2015년 3,894원에서 2019년 3,155원으로 감소하기는 했으나 다른 달에 비해 구매량이 압도적으로 높다.

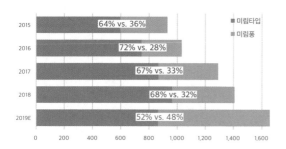

연별 가구당 요리술 분류별(미림타입vs.미림풍) 구매추이

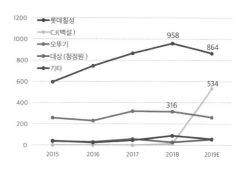

연별 가구당 요리술 브랜드별 구매추이
(단위: 원)

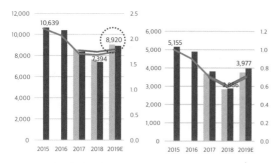

연별 가구당 설탕 구매추이 / 연별 가구당 흑설탕 구매추이
(단위: 원/횟수)

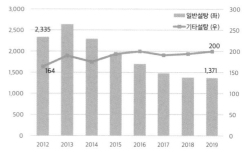

연별 설탕 오프라인 시장 규모(단위: 억 원)
(자료: aT FIS 식품산업통계정보)

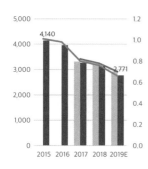

연별 가구당 요리당 구매추이
(단위: 원/횟수)

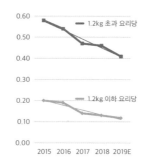

연별 가구당 요리당 무게별 구매추이
* 용량이 기재되지 않은 데이터 약 21% 제외 후 분석

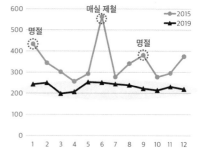

2015년 vs. 2019년 월별 가구당 요리당 구매추이
(자료: 농촌진흥청 소비자패널 835가구 구매자료)

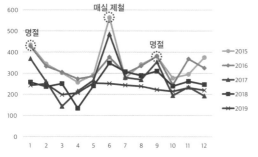

2015년 vs. 2019년 월별 가구당 요리당 구매추이
(단위: 원/횟수, 자료: 농촌진흥청 소비자패널 835가구 구매자료)

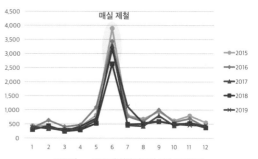

2015년 vs. 2019년 월별 가구당 설탕 구매추이
(단위: 원/횟수, 자료: 농촌진흥청 소비자패널 835가구 구매자료)

## 소금

소금 구매액은 2015년 3,532원에서 2018년 3,245원으로 꾸준히 감소하다가 2019년에 3,463원으로 소폭(218원) 상승했다. 용량은 250g 이하이거나 1kg 이상인 제품의 구매횟수가 많아졌다. 소금을 구매하는 시기도 달라졌는데, 김장철(11월)에 구매액이 증가하는 현상이 줄어들었다. 이는 절임배추 구매 증가 추이(2015년 약 10,300원에서 2019년 약 13,500원)를 고려했을 때 김장할 때 배추를 소금에 절이는 것부터 시작하는 가구가 줄어들었기 때문으로 보인다.

천일염 구매액은 2015년 1,365원에서 2019년 1,144원으로 감소하였으며, 구매횟수도 감소하는 추이를 보인다. 반면 MSG(감칠맛)가 포함된 맛소금과 향신료(후추, 허브류)가 포함된 시즈닝 솔트 구매는 증가 추세를 보이고 있다. 시즈닝 솔트의 평균 무게는 약 49.4g, 가격은 2,050원가량이며 순한맛, 매운맛, 마늘(양파)맛이 일반적이다. 최근 트러플 등의 프리미엄 식재료(예: 트러플)를 활용하거나 소금의 형태를 차별화한 플레이크 제품 등도 출시되고 있다.

## 식초

요리에 신맛을 내주는 식초 구매액은 2016년 자연발효식초 붐으로 급증했다가 2017년 감소 후 다시 증가 추세를 보이고 있다. 자연발효식초 구매액 비중은 2016년에 식초 구매액의 17%를 차지하였다가 2018년에 6%로 감소, 2019년에 9%로 소폭 증가했다. 식초 원재료로 구분하면, 현미식초로 대표되는 곡물식초 구매횟수는 2015년부터 2019년까지 지속적으로 증가하고 있으며 사과식초로 대표되는 과실식초는 구매가 감소하고 있다.

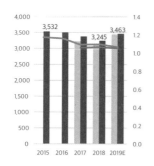

연별 가구당 소금 구매추이 (단위: 원/횟수)

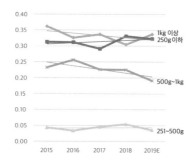

연별 가구당 소금 용량별 구매횟수 추이
(자료: 농촌진흥청 소비자패널 835가구 구매자료)
* 용량이 기재되지 않은 데이터 약 17% 제외 후 분석

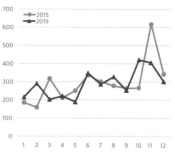

2015년 vs. 2019년 월별 가구당 소금 구매추이
(단위: 원/횟수)
(자료: 농촌진흥청 소비자패널 835가구 구매자료)

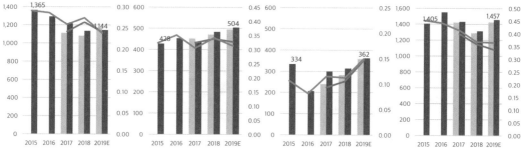

연별 가구당 천일염 구매추이
(단위: 원/횟수)

연별 가구당 맛소금 구매추이
(단위: 원/횟수)

연별 가구당 시즈닝솔트 구매추이
(단위: 원/횟수)

연별 가구당 기타소금 구매추이
(단위: 원/횟수)

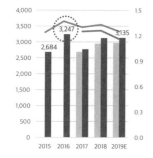

연별 가구당 식초 구매추이 (단위: 원/횟수)

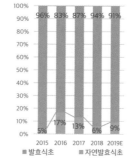

연별 가구당 발효/자연발효식초 구매액 비중 추이
(자료: 농촌진흥청 소비자패널 835가구 구매자료)

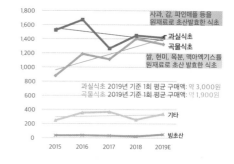

연별 가구당 식초 원재료별 구매액 추이
(자료: 농촌진흥청 소비자패널 835가구 구매자료)

| 발효형태 및 원재료에 따른 주요 식초 브랜드 및 제품 특징 | | | | | | |
|---|---|---|---|---|---|---|
| | 발효식초 | | | 자연발효식초 | | |
| 곡물 | 양조식초<br>맥아 엑기스<br>총산 6~7 | 2배 양조식초<br>맥아 엑기스<br>총산 13~14 | 양조식초<br>옥분(옥수수)<br>총산 6~7 | 청정원<br>정통 현미식초<br>쌀, 현미<br>총산 5~7 | 현미식초<br>유기농 현미<br>총산 4~8 | 백설<br>현미식초<br>쌀추출/현미당화농축액<br>총산 6~8 |
| | 현미식초<br>현미당화농축액<br>총산 6~7 | 오뚜기<br>2배 현미식초<br>현미당화농축액<br>총산 13~14 | 현미식초<br>현미당화농축액<br>총산 6~7 | | | |
| 과실 | 사과식초<br>사과농축액<br>총산 6~7 | 저산도 사과식초<br>사과농축액<br>총산 4~5 | 사과식초<br>사과농축액<br>총산 6~7 | 정통 사과식초<br>사과농축액<br>총산 5~7 | 유기농 사과식초<br>유기농 사과 농축액<br>총산 4~8 | 사과식초<br>사과농축액<br>총산 6~8 |
| | 2배 사과식초<br>사과농축액<br>총산 13~14 | 3배 사과식초<br>사과농축액<br>총산 18~19 | 2배 사과식초<br>사과농축액<br>총산 12~14 | 정통 파인애플식초<br>파인애플/사과농축액<br>총산 5~7 | | 파인애플식초<br>파인애플/사과농축액<br>총산 7~9 |

*2020/10/08 이마트몰 쓱배송 가능 제품 기준

## 감칠맛 조미료

감칠맛 조미료의 구매액은 2015년 6,510원, 2019년 6,456원으로 구매액이 정체하고 있으며, 구매횟수는 소폭 감소했다. 글루탐산나트륨(MSG), 식품원료, 향신료 등을 혼합하여 가공한 복합 조미료의 시장 규모가 2012년 839억원에서 2019년 577억원으로 급격히 감소했기 때문으로 보인다.

감칠맛 조미료는 지금까지 4세대를 거치며 발전해 왔다. 1956년 출시된 미원을 필두로 한 1세대 발효조미료에서 시작해 1975년 백설의 다시다로 대표되는 2세대 복합조미료가 오랜기간 조미료계를 주름잡았다. 그러다 2007년 대상의 맛선생이 원물을 사용한 3세대 분말 자연조미료를 출시했고, 2010년 '연두해요'라는 CM을 히트시킨 샘표의 요리에센스 연두가 출시되면서 4세대 액상 자연조미료가 자리잡기 시작했다.

1세대 발효조미료는 젊은 감각의 광고를 통한 인식 개선 효과 덕분에 비중은 적지만 구매액이 꾸준히 증가하고 있다. 복합 조미료는 가장 구매 비중이 높고 소비층이 탄탄하다. 자연 조미료는 천연 원료로만 제조한 것으로 분말 제품과 액상 형태로 출시되어 있다. 분말 자연조미료는 2015년 이후 소비가 줄어들다가 정체되었고, 혁신적 형태로 주목받은 액상 자연조미료는 2016년까지 성장하다가 최근 구매가 다소 주춤한 상황이다.

2019년 조미료 구매 경험 가구의 조미료 종류별 구매액 비중을 살펴 보면 세그먼트별 차이가 드러난다. 연령대별로는 분말/액상 자연조미료 구매액 비중이 30대 이하부터 40대까지 높게 나타나고 발효조미료의 구매액 비중은 70대에서 가장 높게 나타났다. 소득 구간대별로는 소득이 비교적 낮은 가구에서 발효조미료의 사용이, 소득이 비교적 높은 가구에서 자연조미료 사용이 높은 것으로 나타났으며, 자녀가 없는 가구의 발효조미료 구매 비중이 높게 나타났다.

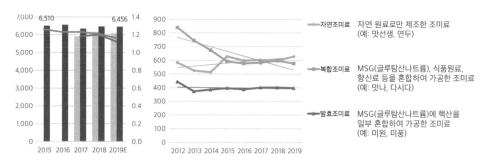

연별 가구당 감칠맛 조미료 구매추이
(단위: 원/횟수)

연별 감칠맛 조미료 시장 규모(오프라인)
(자료: aT FIS 식품산업통계정보)

자연조미료 자연 원료로만 제조한 조미료
(예: 맛선생, 연두)

복합조미료 MSG(글루탐산나트륨), 식품원료,
향신료 등을 혼합하여 가공한 조미료
(예: 맛나, 다시다)

발효조미료 MSG(글루탐산나트륨)에 핵산을
일부 혼합하여 가공한 조미료
(예: 미원, 미풍)

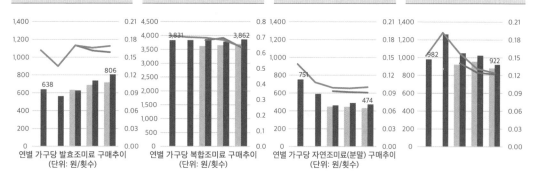

| 1세대 조미료 "발효조미료"<br>1956년 대상(청정원) 미원 | 2세대 조미료 "복합조미료"<br>1975년 CJ(백설) 다시다 | 3세대 조미료 "자연조미료(분말)"<br>2007년 대상(청정원) 맛선생 | 4세대 조미료 "자연조미료(액상)"<br>2010년 샘표 요리에센스 연두 |
| --- | --- | --- | --- |
| "적지만 증가하는 구매액" | "가장 높은 구매 비중, 탄탄한 소비층" | "감소 후 정체된 구매액과 구매횟수" | "혁신적인 형태, 구매는 다소 주춤" |

연별 가구당 발효조미료 구매추이
(단위: 원/횟수)

연별 가구당 복합조미료 구매추이
(단위: 원/횟수)

연별 가구당 자연조미료(분말) 구매추이
(단위: 원/횟수)

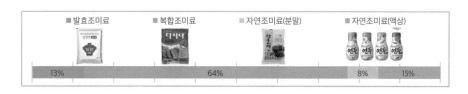

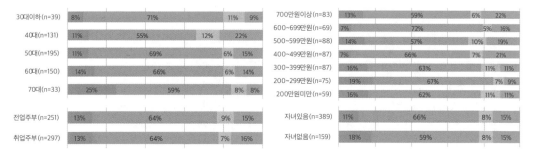

2019년 조미료 구매 경험 가구의 세그먼트별 구매액 비중

# 향신료

요리에 독특하고 다채로운 맛을 더해주는 향신료의 구매액은 2015년 3,324원에서 2017년 2,981원으로 감소하다가 2017년을 기점으로 구매액이 증가하며 2019년 4,100원까지 성장했다. 이번 분석에서는 후추, 와사비/겨자, 허브류, 계피/시나몬으로 분류해서 분석을 진행했다.

향신료의 2015년 대비 2019년 구매추이를 분석했을 때 와사비/겨자의 구매 빈도, 1회 구매액, 전체 구매액 모두 향신료 중 가장 가장 큰 폭으로 성장했으며, 후추, 허브류도 성장 추세를 보였다. 계피/시나몬의 1회 구매액은 증가했으나 구매 빈도는 감소하고 구매액은 정체하는 것으로 나타났다.

## 후추

후추의 제형에 따라 순후추와 통후추로 분류하여 살펴 보았다. 순후추는 2017년 이후 꾸준히 구매가 증가하는 반면 통후추는 2018년 대비 2019년에 감소하는 추세를 보인다. 특히, 2017년 이후 소비자 패널이 구매한 후추 제품의 약 55%를 차지하고 있는 '오뚜기 순후추'(100g)의 가격이 3,400원에서 5,000원으로 47% 인상되면서 구매액이 급격하게 증가한 것으로 보인다(출처: 아시아경제, 한국경제, 2018).

## 와사비/겨자

알싸하고 매콤한 맛이 매력적인 와사비와 겨자 중 와사비의 성장이 돋보인다. 와사비 판매는 꾸준히 증가하는 반면 겨자는 2018년 대비 2019년 구매액과 구매횟수 모두 감소하였다. 특히, 2017년도에 다양한 매체를 통해 생와사비의 인지도가 높아지면서 생와사비의 구매가 크게 증가했다.

## 허브류

다양한 종류로 요리에 이국적인 맛을 더해주는 허브류는 2017년 대비 2018년 급격하게 성장하였으나 2019년 구매액이 다시 감소하는 추세를 보이고 있다. 2017년 대비 2018년 허브 연관어를 분석한 결과, 허브 종류 중 로즈마리와 바질의 건수가 증가하였는데, 이는 스테이크나 파스타를 집에서 직접 요리해 먹는 사람들이 늘어났기 때문으로 보인다.

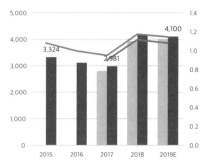

연별 가구당 향신료 구매추이(단위: 원/횟수)
835가구 구매금액과 횟수/1,222가구 구매금액과 횟수

| 향신료 분류별 정의 | |
|---|---|
| 후추 | 와사비/겨자 |
| 요리의 풍미를 더하는 대표적인 향신료<br>통후추, 순후추 등 | 매운맛을 내는 향신료<br>생와사비, 연겨자, 겨자가루 등 |
| 허브류 | 계피/시나몬 |
| 요리에 사용되는 향초<br>파슬리, 바질, 로즈마리 등 | 매운맛과 단맛을 내는 향신료로<br>계핏가루, 시나몬 파우더 등 |

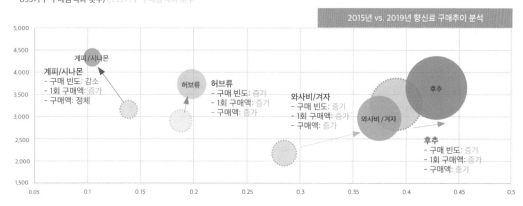

[그래프 요소] x축 : 연 평균 가구당 구매 빈도 / y축 : 1회당 평균 구매액 / 원의 지름 : 연 평균 가구당 구매액

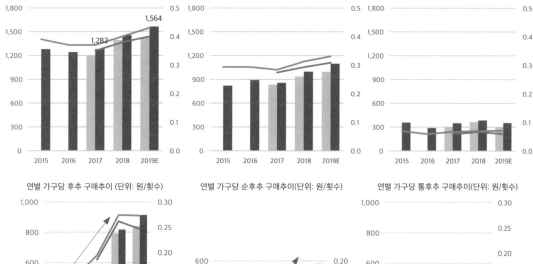

연별 가구당 후추 구매추이 (단위: 원/횟수)　연별 가구당 순후추 구매추이(단위: 원/횟수)　연별 가구당 통후추 구매추이(단위: 원/횟수)

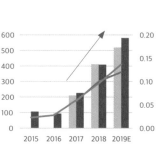

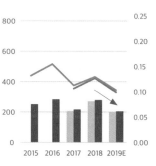

연별 가구당 와사비 구매추이 (단위: 원/횟수)　연별 가구당 생와사비 구매추이(단위: 원/횟수)　연별 가구당 겨자 구매추이(단위: 원/횟수)

한국무역통계진흥원 통계에 따르면 2018년 4월 아세안지역으로부터 국내에 수입된 향신료나 소스류 중량이 전년동기대비 20.6% 증가한 것으로 나타났다. 해외여행 시 접했던 요리의 맛과 향을 국내에서도 재현하기 원하는 소비자의 니즈에 따라 레몬그라스, 고수 등의 허브류 수입이 늘어나고 있다.

2018년 다이어트 목적으로 활용되었던 레몬밤은 2019년 급격히 감소했고, 경양식 접시에 오랫동안 자리잡고 있었던 파슬리의 연관어에 "예쁜"이라는 감성어가 새롭게 등장하며 플레이팅이 중요하게 대두되는 요즘 새로이 도약하고 있다. 육류 요리의 나쁜 냄새를 잡아준다는 월계수잎은 2018년 대비 2019년 구매액과 구매횟수 모두 증가하였다. 특히, 월계수잎은 캠핑 성수기인 7월에 가장 많이 검색되는 것으로 나타나, 캠핑 및 차박의 수요가 증가하고 있는 상황에서 더 증가세를 보일 것으로 예상된다.

달콤하고 독특하고 향으로 이탈리안 요리에 자주 사용되는 바질은 선호도가 높은 허브류 중 하나다. 바질을 말려 가루로 만든 바질 향신료의 구매는 2017년 대비 2018년 크게 성장했다가 2019년 다시 감소했다. 반면 바질 페스토를 필두로 한 바질 소스류는 구매액 및 구매횟수가 최근 증가하고 있는 추세이며, 특히 바질페스토의 성장세가 보인다. 바질 소스류를 바질을 주 재료로 사용한 바질 페스토와 부재료로 사용된 기타 소스류로 분류하면, 바질페스토 구매액 비중이 2015년 20% 대 80%에서 2019년 92%대 8%로 크게 역전했다.

## 계피/시나몬

계피/시나몬은 가루 또는 스틱 형태로 유통되고 있으며, 케이크나 머핀 등의 반죽에 첨가하거나 토핑으로 뿌려 사용하기도 하고, 한국 전통 음료인 수정과를 비롯해 뱅쇼나 시나몬라떼 등의 음료를 만들거나, 과일 잼의 풍미를 올리기 위해 첨가하는 등 다양한 형태로 사용되고 있다.

계피/시나몬의 주 판매처는 슈퍼마켓(34.76%)과 대형마트(25.03%) 등 소매점이 중심이며, 2019년 TV 매체에서 '시나몬물 다이어트'가 이슈화되면서 소매점에서 시나몬가루가 품절 대란을 빚기도 했다.

계피/시나몬은 디저트, 음료, 잼 등 다양한 형태로 사용되며 글로벌 마켓에서의 성장이 돋보이는 품목이다. 현대인들의 생활에서 건강한 식습관이 하나의 화두로 자리잡으면서 계피의 건강한 이미지에 대한 인식이 긍정적으로 작용하고 있는 것으로 보인다(약업신문, 2019).

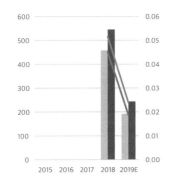

연별 가구당 허브류 구매추이(단위: 원/횟수)
835가구 구매금액과 횟수/1,222가구 구매금액과 횟수

(자료: Sometrend)

| 2017 vs. 2018 허브 연관어 분석 | | | | | |
|---|---|---|---|---|---|
| 순위 | 연관어 | 건수 | 순위 | 연관어 | 건수 |
| 1 | 솔트 | 40,084 | 1 | 솔트 | 58,200 |
| 2 | 허브솔트 | 39,673 | 2 | 허브솔트 | 57,240 |
| 3 | 소금 | 39,450 | 3 | 오일 | 24,610 |
| 4 | 쉬림프 | 33,303 | 4 | 고기 | 23,261 |
| 5 | 후추 | 28,585 | 5 | 소금 | 22,951 |
| 6 | 오일 | 23,492 | 6 | 후추 | 16,724 |
| 7 | 치즈 | 18,490 | 7 | 쉬림프 | 15,914 |
| 8 | 꼬치 | 15,212 | 8 | 소스 | 14,965 |
| 9 | 닭꼬치 | 14,954 | 9 | 로즈마리 | 13,628 |
| …40 | 바질 | 7,570 | …18 | 바질 | 10,632 |

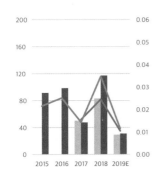

연별 가구당 레몬밤 구매추이 (단위: 원/횟수)

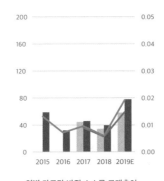

연별 가구당 파슬리 구매추이 (단위: 원/횟수)

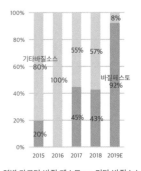

연별 가구당 월계수잎 구매추이 (단위: 원/횟수)

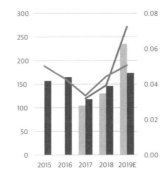

연별 가구당 바질 향신료 구매추이
(단위: 원/횟수)

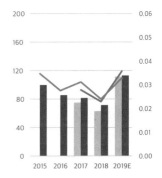

연별 가구당 바질 소스류 구매추이
(단위: 원/횟수)

연별 가구당 바질 페스토 vs. 기타 바질소스
구매액 비중 추이
(자료: 농촌진흥청 소비자패널 835가구 구매자료)

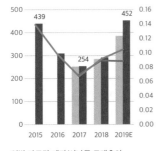

연별 가구당 계피/시나몬 구매추이
(단위: 원/횟수)

2019년 계피/시나몬 구입 채널 구매 횟수 비중
(자료: 농촌진흥청 소비자패널 1222가구 구매자료)

# 소스류

점점 다양한 맛으로 우리 밥상에 선보이고 있는 소스류는 2016년 이후 구매액과 구매횟수 모두 꾸준히 증가하고 있는 품목이다. 소스류의 가구당 구매액은 2016년 14,713원에서 2019년 18,620원으로 지속적으로 증가하고 있다. 이번 분석에는 대중적으로 소비되는 케첩, 마요네즈뿐 아니라 머스타드, 샐러드 드레싱, 굴소스, 돈가스/스테이크소스, 매운맛소스로 소스류를 정의했다.

2015년 대비 2019년 구매 패턴을 분석했을 때, 마요네즈, 굴소스, 매운맛소스, 샐러드 드레싱의 구매는 모두 전반적으로 증가하는 패턴을 보이며, 돈가스/스테이크 소스, 케첩은 구매횟수는 감소하나 1회 구매액은 증가했고, 머스타드는 큰 변화가 없는 것으로 나타났다.

## 케첩과 마요네즈

케첩은 2015년 이후 구매 횟수가 꾸준히 감소하고 있는 반면, 마요네즈는 구매 횟수는 정체, 구매금액은 증가하고 있다. 소비자 패널들이 구매한 SKU 개수를 분석하며 독특한 점을 발견했다. 케첩에 비해 마요네즈 구매 SKU 개수가 가파르게 증가하고 있다는 것이다. 즉, 다양한 종류의 마요네즈 제품이 시장에 등장했음을 의미한다.

마요네즈가 어떤 식으로 다양화되고 있는지 살펴보았다. 하프/논콜레스테롤 마요네즈의 구매액 비중은 2015년 이후 지속적으로 감소하고 있다. 반면 마요소스로 불리는 와사비, 불닭, 명란, 바질 등 플레이버가 첨가된 마요네즈의 구매액 및 구매횟수는 급격하게 증가하고 있다. 플레이버 마요네즈 시장 규모는 2017년 5억여 원에서 2019년에 약 22억 원 규모로 340% 성장하였다(UPI뉴스, 2019).

## 머스터드

식초와 함께 냉면에 넣어 먹던 겨자의 선호는 치킨 너겟을 찍어먹는 허니머스터드로, 또 스테이크에 곁들이거나 육류가 들어간 샌드위치에 발라 먹는 홀그레인 머스터드로 옮겨가고 있다. 겨자씨의 껍질을 제거하지 않은 '홀그레인 머스터드'의 구매액 및 구매횟수는 2017년 이후 꾸준히 증가하고 있다.

| 2019년 홀그레인 머스터드 연관어 분석 | | |
|---|---|---|
| 순위 | 연관어 | 건수 |
| 1 | 소스 | 2,658 |
| 2 | 샌드위치 | 2,155 |
| 3 | 소금 | 2,106 |
| 4 | 스테이크 | 1,896 |
| 5 | 고기 | 1,809 |
| 6 | 치즈 | 1,591 |
| 7 | 후추 | 1,070 |
| 8 | 와사비 | 1,039 |
| 9 | 샐러드 | 1,024 |
| 10 | 토마토 | 1,008 |

(자료: Sometrend)

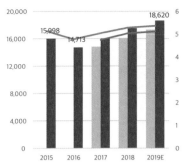

연별 가구당 수소류 구매추이(단위: 원/횟수)
835가구 구매금액과 횟수/1,222가구 구매금액과 횟수

| 소스류 분류별 정의 | | | |
| --- | --- | --- | --- |
| 케첩 | 마요네즈 | 머스터드 | 샐러드 드레싱 |
| 토마토와 다양한 향신료를 넣어 만든 소스류 | 난황과 식물성 기름을 활용하여 만든 소스류 | 겨자씨로 만들어 매운맛을 내는 소스류 | 샐러드에 간을 하기 위해 만든 소스류 |
| 굴소스 | 돈가스/스테이크소스 | | 매운맛소스 |
| 굴과 밀가루, 전분 등을 활용하여 길쭉하게 만든 소스류 | 우스터소스, 케첩 등을 혼합하여 만든 소스류 | | 매운맛을 내는 소스류로 칠리소스, 핫소스, 마라소스 등 |

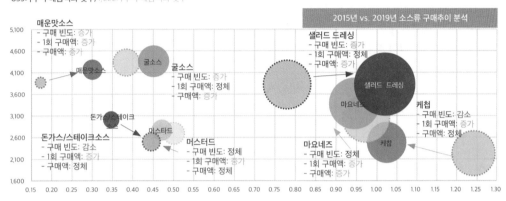

[그래프 요소] x축 : 연 평균 가구당 구매 빈도 / y축 : 1회당 평균 구매액 / 원의 지름 : 연 평균 가구당 구매액

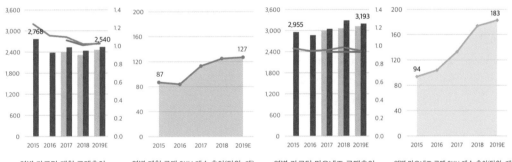

연별 가구당 케첩 구매추이
(단위: 원/횟수)

연별 케첩 구매 SKU 개수 추이(단위: 개)
(자료: 농촌진흥청 소비자패널 835가구 구매자료)

연별 가구당 마요네즈 구매추이
(단위: 원/횟수)

연별 마요네즈 구매 SKU 개수 추이(단위: 개)
(자료: 농촌진흥청 소비자패널 835가구 구매자료)

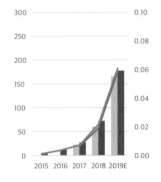

연별 가구당 플레이버 마요네즈 구매추이
(단위: 원/횟수)

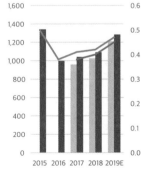

연별 가구당 머스터드 구매추이
(단위: 원/횟수)

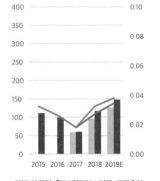

연별 가구당 홀그레인 머스터드 구매추이
(단위: 원/횟수)

## 샐러드 드레싱

건강한 식사를 위해 샐러드를 찾는 사람이 늘어나면서, 좀 더 오래 맛있게 샐러드를 먹는 데 도움이 되는 샐러드 드레싱 구매도 늘어나고 있다. 샐러드 드레싱 구매액은 2015년 3,001원에서 2019년 3,913원으로 꾸준히 증가하고 있으며, 2018년 대비 2019년 증가율이 두드러지게 나타났다.

샐러드 드레싱을 플레이버로 구분해 살펴보았다. 견과곡물 드레싱(참깨, 들깨, 흑임자 등)은 2015년부터, 발사믹 드레싱은 2017년 이후 구매액과 구매횟수 모두 지속적으로 증가하고 있다. 견과곡물 드레싱은 샐러드뿐만 아니라 육류, 돈까스 등에 곁들이는 소스로 다양하게 활용되고, 발사믹 드레싱은 자체만으로도 요리의 맛과 향을 좌우할 수 있어 요리 초보자들에게 본인의 요리실력을 커버해 줄 수 있는 만능 드레싱으로 인기를 끌고 있다(뉴시스, 2019). 또한 발사믹 드레싱은 프리미엄 식재료로 주목을 받았을 뿐 아니라 세끼를 먹었지만 단식효과를 낸다는 'FMD 식단'이 화제가 되면서 성장을 가속화한 것으로 보인다(중앙일보, 2019). 반면 과일 드레싱은 비중이 2015년 20%에서 2019년 10%로 확연히 줄어든 모습이 보인다.

## 굴소스

간장을 사용하는 요리에 간장 대체재로 첨가하여 감칠맛을 강화하는 용도로 사용되는 굴소스는 주로 볶음 요리에 많이 사용되며 약 167g부터 725g까지 다양한 용량의 제품이 존재하여 취향에 맞게 제품을 선택할 수 있다. 굴소스 구매는 2016년 이후 꾸준히 증가하여 구매액이 2016년 대비 2019년에 약 1.4배 증가했다. 2015년부터 2019년까지 굴소스 1회 구매액은 큰 변화가 없으나, 1회 구매용량은 2015년 237g에서 2019년 320g으로 늘고 있고, 구매 빈도도 증가하고 있는 것으로 보아 굴소스가 일상의 요리에 자리잡은 것으로 보인다.

## 돈가스/스테이크소스

돈가스소스는 2015년 이후 지속적으로 감소하는 추세이며, 스테이크소스는 2018년까지 증가하였으나 2019년 다시 감소했다. 캠핑과 집밥 소비가 늘면서 기존의 대중적인 시즈닝/소스 제품만으로는 경쟁력을 확보하기 어려울 정도로 소비자의 취향이 다양해졌고, 가정에서 즐기는 육류가 다양해지고 수입 소고기 시장의 성장이 가속화되면서 이와 더불어 시즈닝/소스류가 고급화 및 세분화되고 있다(News1. 2020). 이에 따라 기존에 대중적으로 사용되었던 돈가스/스테이크 소스에 대한 수요가 감소하는 것으로 보인다.

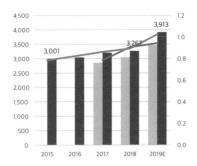

연별 가구당 샐러드 드레싱 구매추이
(단위: 원/횟수)

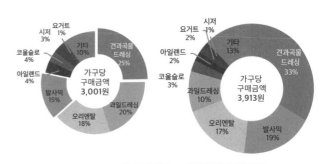

2015 vs. 2019년 가구당 샐러드 드레싱 종류별 구매액 비중
(자료: 농촌진흥청 소비자패널 835가구 구매자료)

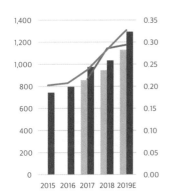

연별 가구당 견과곡물 드레싱 구매추이
(단위: 원/횟수)

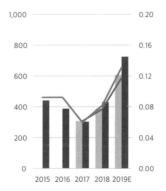

연별 가구당 발사믹 드레싱 구매추이
(단위: 원/횟수)

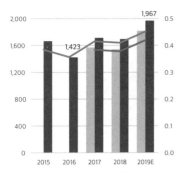

연별 가구당 굴소스 구매추이
(단위: 원/횟수)

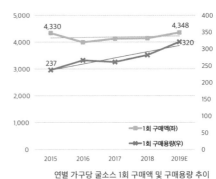

연별 가구당 굴소스 1회 구매액 및 구매용량 추이
(자료: 농촌진흥청 소비자패널 835가구 구매자료, 용량이 기재되지 않은 데이터 약 25%를 제외하고 분석함)

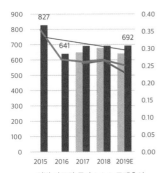

연별 가구당 돈가스소스 구매추이
(단위: 원/횟수)

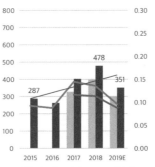

연별 가구당 스테이크소스 구매추이
(단위: 원/횟수)

## 매운맛 소스

간편식과 냉동식품 인기로 테이블 소스의 시장 규모가 증가하고, 엽기떡볶이나 불닭볶음면 등 매운 음식 열풍이 계속되면서 이제는 맵지 않은 음식을 매운 맛 음식으로 변신시킬 수 있는 매운 소스 제품이 늘어나고 있다. 불닭소스의 인기가 지속되면서, 스리라차, 라조장, 마라소스 등 중국·동남아의 이색적인 매운 소스에 대한 관심이 증가한 가운데, 2020년 4월 기준 "네이버 데이터랩 쇼핑인사이트"의 소스류 인기검색어에서 라조장이 5위로 신규 진입했고 태국의 스리라차소스(7위→1위) 등의 이색적인 매운맛 소스가 전년보다 높은 검색 순위를 차지했다(뉴데일리경제, 2020).

국내 시장에서 매운맛소스의 구매액과 구매 횟수는 지속적으로 증가하고 있다. 특히 40대 연령층의 구매액 비중이 지속적으로 증가하고 있다. 매운맛을 즐기는 문화가 10~20대를 중심으로 형성되고 있기에, 10대 청소년 자녀들이 있는 40대 연령층 가구의 비중이 커지고 있는 것으로 보인다. 국내에 출시된 매운맛 소스는 (스위트)칠리소스와 핫소스 등의 대중적인 매운맛 소스와, 불닭, 스리라차소스, 살사소스, 마라소스 등 이색적인 매운맛 소스로 나눌 수 있다. 매운맛 소스는 두 분류 중 이색적인 매운맛 소스 시장을 중심으로 성장하고 있다. 반면 대중적인 매운맛 소스인 (스위트)칠리소스와 핫소스는 정체하다가 2018년 대비 2019년 구매액과 구매횟수가 소폭 감소했다.

이색적인 매운맛의 대표주자인 불닭 플레이버는 소스 뿐만 아니라 다양한 제품군에서 사용되고 있다. 불닭 플레이버가 입혀진 불닭 제품은 2015년 이후 꾸준히 성장하다가 2018년 대비 2019년 구매액과 구매횟수가 소폭 감소하였다. 2019년 불닭 제품은 프랜차이즈 기업과의 협업도 활발하게 이루어지면서 다양한 카테고리로 출시되었다. 약 80%로 가장 큰 비중을 꾸준히 차지하는 제품군은 라면류이지만, 앞서서 살펴본 불닭소스가 포함된 조미소스류가 높은 증가율로 성장했다.

매운맛 소스의 최근 화두는 '마라'이다. 사천식 매운맛 "마라"에 대한 관심이 증가하면서 2017년 대비 2019년 훨씬 다양한 카테고리에서 마라맛 제품이 출시되었다. 지금껏 맛보지 못했던 얼얼한 매운 맛의 강편치에 한국 소비자들은 매료되기 시작했고, 2019년 폭발적인 인기에 힘입어 트렌드에 민감한 제과와 라면업계는 물론 치킨·편의점들도 잇따라 마라맛 신제품을 출시하며 '마라' 열풍을 따르고 있다(디지털타임스, 2019). 가구당 마라맛 제품 구매액은 2017년 6원에서 2019년 844원으로 크게 증가했다. 아직까지는 추가 조리가 필요한 소스류보다는 간편하게 바로 먹을 수 있는 라면, 간편식, 과자류 중심으로 성장하고 있다.

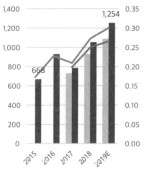

연별 가구당 매운맛 소스 구매추이
(단위: 원/횟수)

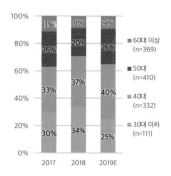

연별 매운맛 소스 연령대별 구매액 비중 추이
(자료: 농촌진흥청 소비자패널 1222가구 구매자료)

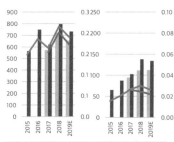

연별 가구당 대중적인 매운맛소스 구매추이
(단위: 원/횟수)

| 칠리소스 | 핫소스 |

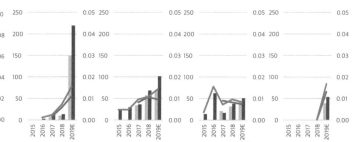

연별 가구당 이색적인 매운맛소스 구매추이
(단위: 원/횟수)

| 불닭소스 | 스리라차소스 | 살사소스 | 마라소스 |

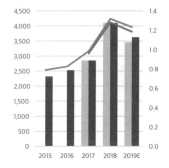

연별 가구당 불닭제품 구매추이(단위: 원/횟수)

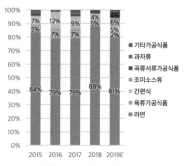

불닭제품 카테고리별 구매추이(단위: %)
(자료: 농촌진흥청 소비자패널 835가구 구매자료)

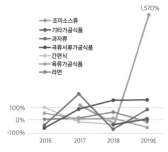

불닭제품 카테고리별 전년대비 구매액 증가율 추이
(단위: %)

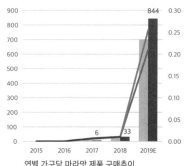

연별 가구당 마라맛 제품 구매추이
(단위: 원/횟수)

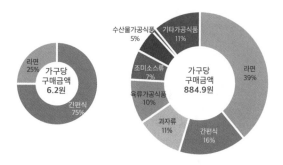

2017년 vs. 2019년 마라맛 제품 카테고리별 구매액 비중
(자료: 농촌진흥청 소비자패널 835가구 구매자료)

# 유지류

유지류의 용도가 변화하고 있다. 볶음이나 튀김이라는 기존의 주된 용도로 사용되는
빈도는 에어프라이어의 등장으로 절대적으로 줄어들고 있고, 생식으로 먹거나
샐러드 드레싱 대용으로 용도가 확장되어 사용되고 있다.

요리 베이스로 주로 사용되는 유지류를 일반식용유(콩기름, 카놀라유 등), 올리브유,
참기름, 들기름으로 분류해 분석했다. 유지류 구매횟수는 2015년부터 2019년까지
지속적으로 감소하고 있으며, 구매액은 감소하다가 2019년에 2018년 대비 2,000원
증가했다. 2015년 대비 2019년 구매 패턴을 분석해 보았을 때 일반 식용유의
구매빈도와 구매액은 감소하고 1회 구매액은 정체했다. 전통 기름류는 구매횟수는
감소하지만 1회 구매액은 증가하고 있는데 들기름이 가장 큰 폭으로 증가했다.
올리브유는 구매 횟수와 1회 구매액, 연 평균 구매액 유지류 중 유일하게 모두
증가했다.

## 일반식용유

일반식용유는 2015년부터 계속해서 감소 추세에 있는 제품군이다. 일반식용유
중에서 가장 큰 비중을 차지하는 카놀라유의 2019년 매출은 전년대비 25%
감소했다. 일반 식용유는 900ml를 초과하는 대용량 제품이 소용량 제품보다 더
자주 구매되고 있으나 구매추이는 대용량 제품 중심으로 꾸준히 감소하고 있다.
aT 관계자는 "간편식 소비 확대와 외식 소비 증가로 가정에서의 식용유 사용이
감소했고, 여기에다 요리할 때 건강을 생각해 기름을 적게 사용하는 경향이 영향을
미쳤다"고 분석했다(매일경제, 2020).

카놀라유와 대두유가 중심이 되는 일반 식용유 시장의 축소를 가져온 주요한
요인으로 에어프라이어를 들 수 있다. 에어프라이어는 뜨거운 불 앞에서 기름을
대량으로 사용하지 않고도 바삭한 튀김을 먹을 수 있도록 해주는 가전제품으로 가정
내 주방에서 빠르게 자리잡고 있다. 주방가전 내 에어프라이어 판매 비중은 2014년
2% 대비 2018년 38%로 급성장했다.

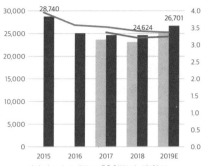

연별 가구당 유지류 구매추이(단위: 원/횟수)
835가구 구매금액과 횟수/1,222가구 구매금액과 횟수

| 유지류 분류별 정의 | | |
| --- | --- | --- |
| 일반식용유 | 올리브유 | 전통기름 |
| 콩기름, 카놀라유 등 일반적인 튀김, 볶음에 사용되는 식용유 | 올리브를 가공하여 생산한 기름 | 참깨와 들깨를 가공하여 생산한 기름 |
| 기타유지류 | | |
| 고추기름, 트러플오일, 아보카도유, 견과유, 코코넛유 등 | | |

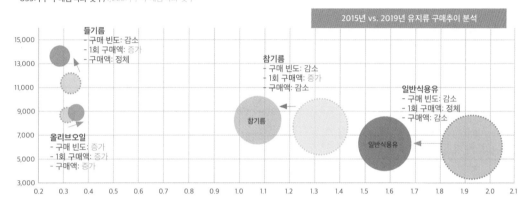

2015년 vs. 2019년 유지류 구매추이 분석

들기름
- 구매 빈도: 감소
- 1회 구매액: 증가
- 구매액: 정체

참기름
- 구매 빈도: 감소
- 1회 구매액: 증가
- 구매액: 감소

일반식용유
- 구매 빈도: 감소
- 1회 구매액: 정체
- 구매액: 감소

올리브오일
- 구매 빈도: 증가
- 1회 구매액: 증가
- 구매액: 증가

[그래프 요소] x축 : 연 평균 가구당 구매 빈도 / y축 : 1회당 평균 구매액 / 원의 지름 : 연 평균 가구당 구매액

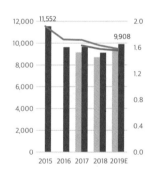

연별 가구당 일반식용유 구매추이
(단위: 원/횟수)

연별 일반식용유 시장 규모
(자료: aT FIS 식품산업통계정보)

일반식용유 전체
카놀라유
대두유
포도씨유
옥수수유
현미유

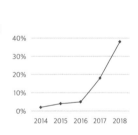

주방가전 내 에어프라이어 판매 비중
(단위: %/자료: 옥션)

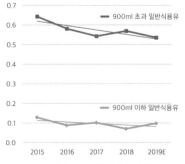

900ml 초과 일반식용유

900ml 이하 일반식용유

연별 가구당 일반식용유 구매추이(단위: 원/횟수)
(자료: 농촌진흥청 소비자패널 835가구 구매자료)

슈퍼마켓 40.73%
기업형슈퍼마켓 25.45%
대형마트 20.95%
인터넷구매 5.55%
농산물전문점 4.08%

2019년 일반식용유 구입 채널 구매횟수 비중
(자료: 농촌진흥청 소비자패널 1,222가구 구매자료)

179

## 올리브유

올리브유는 2017년 이후 구매액 및 구매횟수 모두 증가하고 있으며, 특히 2018년 대비 2019년 구매액 및 구매횟수 모두 26% 가량 성장하며 급격한 변화를 보인다. 올리브유 판매는 다양한 상품군이 존재하는 대형마트, 백화점, 인터넷에서 구매가 두드러지게 나타났다. 이는 슈퍼마켓(40.73%), 기업형 슈퍼마켓(25.45%) 등 거리가 가까운 소매점에서의 구매 비중이 큰 일반식용유와는 다른 양상이다.

2019년 기준 1회 평균 구매액은 8,911원이며, 세그먼트별 차이가 존재한다. 1회 평균 구매액은 30~40대와 70대가 50~60대 보다 높고, 소득이 증가할수록 구매액도 증가했으며, 취업주부 가구 대비 전업주부 가구에서 높았다. 자녀 유무 여부에는 유의미한 차이를 보이지 않았다.

올리브유 시장의 성장과 함께 올리브유 고유의 맛과 향을 즐기는 소비자가 늘어나고 있다. 올리브유는 마치 와인과 같이 품종, 산지, 생산 과정 등에 따라 품질과 맛이 다르고, 넓은 가격대에 다양한 제품들이 포진해 있다. 소비자의 다양성 추구 행동이 보이는 분야라고 할 수 있다.

## 참기름과 들기름

고소한 맛이 일품인 참기름은 전통 기름에서 대부분의 매출액 비중을 차지하고 있는 품목이다. 참기름의 구매추이는 2012년부터 2019년까지 꾸준히 감소하고 있다. 참기름 구매액은 2015년 10,194원에서 2019년 8,851원으로 약 1,300원 감소했다. 참기름과 들기름은 특이한 점이 있다. 전통적으로 기름집에서 직접 짜 먹어야 신선하다는 믿음 때문인지 전통시장 구매 비중(25.31%)이 높은 편이다.

들기름의 구매액은 2015년부터 꾸준히 감소하는 추세였으나, 2019년을 기점으로 구매가 증가했다. 오메가3 지방산 비율이 높아 건강한 기름이라는 인식이 자리잡고, 2019년에 영양소 손실 최소화에 효과적인 냉압착 가공 기름이 각광받으면서 생들기름의 수요가 급증했다. 참기름과 마찬가지로 들기름 역시 전통시장에서의 구매 비중이 가장 높으며, 전통시장과 농가직거래 구매 비중을 합치면 절반 가량을 차지한다.

아쉽게도 사실상 전통기름의 전체 시장 규모에 대해서는 정확한 분석이 어렵다. 패널 데이터상 전통기름의 주요 구매처는 전통시장과 농가직거래가 많은 편인데, 닐슨 POS 자료로는 구매 내역을 정확히 입수할 수 없기 때문이다.

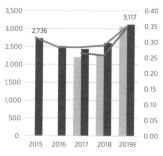

연별 가구당 올리브유 구매추이
(단위: 원/횟수)

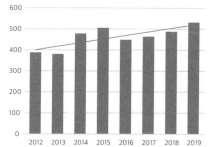

연별 올리브유 시장 규모
(사료: aT FIS 식품산업통계정보)

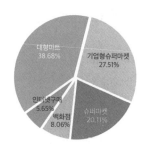

2019년 올리브유 구입 채널 구매횟수 비중
(자료: 농촌진흥청 소비자패널 1,222가구 구매자료)

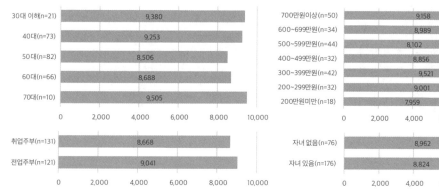

2019년 올리브유 구매 경험 가구의 세그먼트별 세그먼트별 1회 평균 구매액

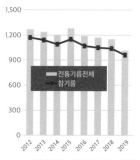

연별 참기름 시장 규모 (오프라인)
(단위: 억 원/자료: aT FIS 식품산업통계정보)

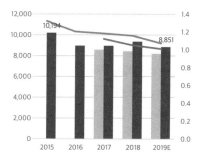

연별 가구당 참기름 구매추이
(단위: 원/횟수)

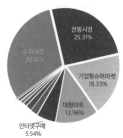

2019년 참기름 구입 채널 구매횟수 비중
(자료: 농촌진흥청 소비자패널 1,222가구 구매자료)

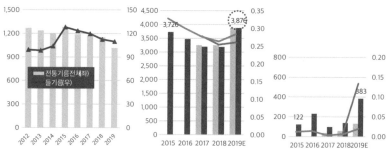

연별 들기름 시장 규모 (오프라인)
(단위: 억 원/자료: aT FIS 식품산업통계정보)

연별 가구당 들기름 구매추이
(단위: 원/횟수)

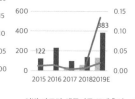

연별 가구당 생들기름 구매추이
(단위: 원/횟수)

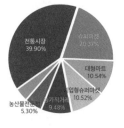

2019년 들기름 구입 채널 구매횟수 비중
(자료: 농촌진흥청 소비자패널 1,222가구 구매자료)

## 기타유지류

기타유지류는 유행에 따른 소비경향성이 뚜렷한 편이다. 한식 요리와 중식요리에
많이 사용되는 고추기름은 2017년까지 구매액 및 횟수가 증가하다 2019년까지 감소
추이를 보였다. 집에서 쉽게 고추기름을 만드는 방법이 널리 알려졌을 뿐 아니라
고추기름이 아니어도 매운 맛을 내주는 다양한 소스류가 출시되었기 때문인 것으로
보인다. 불맛 향미유, 파기름, 마늘기름 등 향신 기름 제품도 다양하게 출시되고 있다.

독특한 맛과 향을 지닌 코코넛유는 2016년 다이어트 및 기능성 식품으로
주목받으며 구매 급등 이후 큰 폭으로 감소하다가 케토제닉 다이어트와 채식 인구
사이에서 건강한 식물성 오일로 주목받으면서 2019년 구매가 반등했다.

아보카도에 대한 관심이 증가함에 따라 아보카도유 역시 건강식 및 다이어트
식품으로 각광받으며 소비가 급증했다. 발연점이 높고 불포화지방산이 풍부한
아보카도유는 가격대가 높아서 다른 유지류에 비해 백화점에서의 구매 비중이
두드러지게 나타났다.

음식에 맛과 향을 더하는 조미료/향신료/소스류/유지류는 각기 다른 방향으로
시장변화가 나타나고 있으므로 각기 다른 전략을 구사해야 한다.

소비자들의 구매액과 구매 빈도가 모두 증가하는 제품군(요리술, 후추, 와사비,
허브류, 샐러드드레싱, 굴소스, 매운맛소스, 올리브유)은 시장이 성장하고 있으므로
다양한 신제품 출시를 통해 성장세를 타고 소비자에게 어필해야 한다.

소비자들의 1회 구매액이 증가하는 제품군(소금, 식초, 감칠맛 조미료, 계피/시나몬,
케첩, 마요네즈, 머스타드, 돈가스/스테이크소스, 들기름)은 소비자들이 무조건
저렴한 제품보다는 까다롭게 본인의 취향에 맞는 제품을 구매하기 때문에, 차별성
있는 제품을 선보였을 때 기회를 잡을 수 있을 것으로 보인다.

반면, 소비자들의 구매액과 구매 빈도가 모두 감소하는 제품군(설탕, 요리당,
일반식용유, 참기름)은 현재의 사용 용도로는 성장이 제한적이기 때문에,
선제적으로 새로운 용도를 제시하는 등 변화를 모색해야 한다.

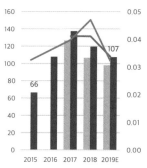

연별 가구당 고추기름 구매추이
(단위: 원/횟수)

| 2017년 고추기름 연관어 분석 | | | | | |
|---|---|---|---|---|---|
| 순위 | 연관어 | 건수 | 순위 | 연관어 | 건수 |
| 1 | 맛 | 9,996 | | | |
| 2 | 소스 | 9,058 | 11 | 국물 | 4,617 |
| 3 | 고기 | 7,090 | 29 | 짬뽕 | 2,276 |
| 4 | 요리 | 6,215 | 31 | 레시피 | 2,194 |
| 5 | 마늘 | 5,938 | 33 | 중국 | 2,146 |

(자료: Sometrend)

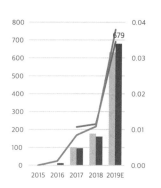

연별 가구당 코코넛유 구매추이
(단위: 원/횟수)

| 2016년 코코넛유 연관어 분석 | | |
|---|---|---|
| 순위 | 연관어 | 건수 |
| 1 | 다이어트 | 12,132 |
| 2 | 피부 | 10,468 |
| 3 | 식단 | 6,559 |
| 4 | 성분 | 6,342 |
| 11 | 효과 | 5,499 |
| 12 | 건강 | 4,846 |

(자료: Sometrend)

연별 가구당 아보카도유 구매추이
(단위: 원/횟수)

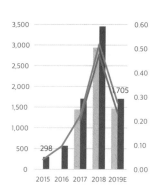

연별 아보카도 구매추이
(단위: 원/횟수)

2019년 아보카도유 구입 채널 구매횟수 비중
(자료: 농촌진흥청 소비자패널 1,222가구 구매자료)

# 07

# 산지의 신선함을 담아서, 커뮤니티 농산가공

온 가족이 다함께 저녁식사를 마치고 나면 거실에 다같이 둘러앉아 어머니가 깎아 주시는 사과, 배와 같은 과일들을 후식으로 먹었던 추억이 새록새록하다. 김장철이면 동네 아주머니들이 한집에 모여 김장을 하고, 하교를 한 우리들은 짭짤한 김장김치와 김이 모락모락 나는 수육을 먹고 다시 든든한 배를 잡고 학원으로 향했던 기억이 있다.

그리고 벌써 2020년의 끝자락, 누군가는 늦은 밤 자취방으로 돌아가는 길 편의점에 들러 플라스틱 컵에 담긴 청포도, 방울토마토, 파인애플 슬라이스와 같은 한입 과채들을 사고 누군가는 모바일로 샤인머스캣을 친구의 생일선물로 배송주문을 한다.

짧은 기간 동안, 우리가 과일, 채소, 그리고 곡물을 소비하는 방식은 눈에 띄게 변화했다. 835개 가구의 지난 5년간 과일, 채소, 곡물, 그리고 서류의 원물과 가공품의 구매 데이터를 분석해 보니 실로 그러하다. 어떤 과일은 명절에 소비가 집중되는 경향을 보이기도 하고, 어떤 과일이나 채소는 식감이나 모양, 맛과 같은 개성으로 소비자들의 관심을 사로잡고 있다. 쌀은 한국인의 "주식"을 넘어서 이제는 재배되는 지역의 지리적 특성과 품종을 따져가며 먹는 "특식"으로 프리미엄한 위상을 떨쳐가고 있다.

그렇다면 농산물을 생산하고 가공하는 농촌 커뮤니티는 이처럼 변화무쌍한 농산물 소비 트렌드에 대응하고, 이를 이끌어 나가야 할까? 본 장에서는 이와 관련하여 크게 두가지 흐름을 포착하였다. 첫번째는 소비자의 니즈를 반영한 신품종, 두번째는 농산물의 부가가치를 올리는 다양한 농산가공품이다. 두번째는 농촌 커뮤니티에서 다양하게 도전해볼 수 있다는 점에서 특기할 만하다. 이와 관련해 본 장의 독자들이 실마리를 삼을 수 있도록 국외 혁신 신제품 사례들을 함께 제시한다.

이렇게 본 장에서는 농산물 소비 형태에서 일어나는 다양한 변화들을 포착하고 농산가공품에 대한 가능성들을 제시한다. 농산가공에 관심이 있는 독자들이 본 장을 통해 실체 있는 인사이트들을 얻어 가길 바란다. 박여운 연구원

# 농업 경쟁력 확보를 위한 마을 단위 농산가공사업

건강을 위해서 또는 도시가 답답해서 귀농, 귀촌이 유행처럼 번졌다. 정부에서도 귀농 프로젝트를 지원하며 권장했다. 그럼에도 불구하고 농촌 인구는 꾸준한 감소 추세에 있으며, 2016년 부터는 귀농 인구조차 감소중이다. 역귀농(귀농 후 다시 도시로 이주하는 현상)도 유의미하게 일어나고 있다.

역귀농의 이유는 다양하지만 그 중에서도 영농 실패와 일자리 부족으로 인한 소득 감소가 큰 비중을 차지한다(농촌여성신문, 2017). 소득 감소를 막기 위해서는 농업 경쟁력을 확보해야 하는데, 이 장에서는 농촌 마을 단위에서 할 수 있는 두 가지 방법을 제시하고자 한다. 1) 프리미엄 신품종을 생산해 다양한 소비자의 니즈를 충족시키는 것, 2) 농산물 가공품을 개발, 생산, 판매하여 부가가치를 창출하는 것이다. 이 때 가공품은 대기업에서나 가능한 하이테크 가공품일 필요는 없으며, 유통은 온라인 채널을 이용하는 것이 효과적이다.

지난 정부에서는 농업의 6차산업화를 이야기하며, 생산자가 1차 산업인 농업, 2차 산업인 가공, 3차 산업인 유통과 관광까지 다룰 수 있도록 하는 역량을 가질 수 있도록 하였으나 현실성이 부족했다. 고부가가치를 올리기 위한 농업의 6차산업화를 이루기 위해서는 무엇보다도 마을 단위의 분업/협업 체계가 필요하다. 생산자는 생산에 집중하고, 가공은 가공을 전문으로 하는 이가, 유통과 관광은 또 이를 전문으로 하는 이가 맡아서, 분업하고 또 협업해야 한다. 마을의 자원은 효율적으로 공동 사용되어야 하고, 품목 선정부터, 가공 방식, 표적 시장 선정까지 전략적인 분석과 함께 협업 체계를 이루어야 이를 실현할 수 있다.

마을 단위로 고부가가치 농산물을 생산하고, 가공품을 개발하고 판매하는 단계까지 협업을 통해 일구어야 개인과 마을 단위 소득 증대를 기대할 수 있을 것이다.

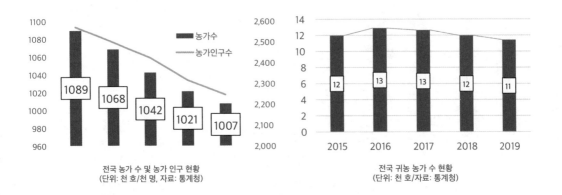

전국 농가 수 및 농가 인구 현황
(단위: 천 호/천 명, 자료: 통계청)

전국 귀농 농가 수 현황
(단위: 천 호/자료: 통계청)

## 다품종 소량생산,
## 프리미엄 신품종 농산물의 부상

지금까지 볼 수 없었던 다양한 신품종 농산물이 생산되어 시장에 나오고, 그 농산물을 구입하는 소비자가 늘어나는 추세다. 그린지브라, 바나나레그, 타이거렐라, 모큠당근, 썸머킹, 신비복숭아처럼 이름부터 심상치 않은 듣보잡 농산물들은 핫한 식재료가 되었다. 한 예로 강원도 영월 그래도팜은 국내에서 흔하게 볼 수 없는 15종의 에어룸(heirloom) 토마토를 재배하고 있다. 기존의 농산물과는 차별화된 맛, 향, 식감, 외형 등을 가지고 있어 유행에 민감한 주부, 미식에 관심이 많은 싱글족을 비롯한 새로운 맛을 추구하는 다양한 소비자들의 기호를 충족시키고 있다.

## 가공품으로 한 단계 변신하며
## 부가가치를 키운 농산물

새로운 수익창출원이라 하기엔 이미 많은 농촌 마을에서 시도를 하고 있지만, 농산가공은 성장이 둔화된 지역 농산물 부가가치를 높일 수 있는 좋은 방법이다. 특히, 온라인이라는 채널을 만나며 농산가공품의 가능성은 더욱 열리고 있다. 중앙정부 및 지자체에서도 농산물 가공지원센터, 특산사원 융복합기술지원 사업 등 다양한 지원을 하고 있다.

사진: 그래도팜

# 농촌 마을기업을 통한 수익 창출 사례

2011년부터 정부에서 추진한 마을기업 육성사업을 통해 2019년도 6월 기준 전국에 1,592개의 마을기업이 육성되었다. 농촌 마을기업에서는 주민들이 생산한 농산물 또는 농산 가공품을 판매하여 소득을 증가시키고 있다. 특히, 몇몇 농촌 마을기업의 사례에서는 농산물의 가공방식뿐 아니라 유통 채널을 다양화함으로써 소득의 증대를 꾀하고 있는 것으로 나타난다.

**가공식품 개발: 경남 합천 하남 양떡메마을** 합천은 전국에서 세 번째로 많이 양파를 생산하는 곳이다. 2005년 양파 값이 폭락하여 마을 주민들이 어려움을 겪을 때 지역 특산물을 활용한 가공식품을 생산하며 만든 브랜드이다. '양떡메마을'은 양파즙, 가래떡, 메주에서 한 글자씩 따와 만든 말이다.

**유통 채널 다양화: 충북 괴산 솔뫼농장** 괴산 솔뫼농장에서는 지역 주민이 친환경 농법으로 생산한 농산물을 구입해 메주, 고추장, 된장, 절임배추 등 가공식품을 생산하고 있다. 생산된 가공식품과 유기농법으로 재배한 찹쌀·토마토·고추·콩·오미자·배추같은 농산물은 생활협동조합인 '한살림'을 통해 판매하고 있다.

**소포장과 온라인 전략: 전남 영광 지내들영농조합법인** 전남 영광 지내들영농조합법인은 마을 기업으로 설립되었으나 큰 변화가 없는 유통 방식으로 매출이 저조했다. 하지만 조합원의 자녀가 귀농하며 농사와 영농조합 일을 돕기 시작한 후, 쌀, 보리등의 농산물의 패키지를 세련되게 바꾸고, 1kg, 2kg의 소포장 상품을 내놓았다. 기존의 오프라인 채널 뿐만 아니라 SNS, 쿠팡 등의 온라인 채널을 개척했다. 매출액이 약 5배 증가하는 성과를 냈다.

# 가공 형태에 따른 농산물 소비 트렌드

이 장에서는 농촌진흥청에서 관리하는 소비자패널 식료품 구매 자료를 사용하여 과일과 야채, 쌀 및 서류의 순으로 데이터 분석을 진행했다. 특히 2015~2019년 5개년의 수도권 지역 중심의 835가구 구매 데이터를 분석하여 추이를 살펴보았다. 2019년 12월 자료는 2018년 1~11월 대비 2019년 1~11월의 증감율을 반영한 예측치다.

먼저 살펴볼 과일 소비 트렌드에서는 크게 두 가지 양상을 보인다. 감, 사과, 배는 명절 소비 비중이 높은 과일이다. 상시 소비로 이어질 수 있도록 가공품에 대한 고민이 필요하다. 딸기, 복숭아, 포도는 원물이 주로 소비되고 원물의 품종을 다양화했을 때 성장한 모습을 보였다. 세부적으로 들여다본 내용은 다음과 같다.

## 감

감 원물의 가구당 평균 구매액과 구매 횟수는 감소 추세에 있다. 그에 반해 대봉감을 비롯한 떫은감의 생산면적 대비 생산량은 수요의 감소세와는 상반되게 비교적 유지되는 추이를 보이고 있다. 2017년에는 대봉감 과잉 생산으로 800여 톤의 떫은 감을 산지 폐기했다는 보도가 있었다. 지자체와 농협에서는 이런 사태에 대응할 수 있도록 가공방식의 다양화, 저장시설 확충같은 해결책을 강구하고 있다.

감 건물의 구매액 추이는 가장 큰 비중을 차지하는 곶감이 이끌고 있다. 감 건물 구매액은 2017년 감 풍작과 함께 2018년 청탁금지법 개정안이 시행됨에 따라 농산물 선물 상한 금액이 상승해 2018년 감 건물의 구매액이 전반적으로 급증한 것으로 보인다.

2018년에는 곶감 구매가 늘고 감말랭이와 반건시 구매액은 감소했다. 이를 통해 감 건물 구매액 통계에서 곶감, 감말랭이, 반건시는 서로 대체 관계인 것을 알 수 있다. 감 건물 수요는 명절에 집중되는 양상을 보이고 그 현상이 점점 강화된다. 일례로 곶감의 명절시기 구매 비중은 2015년도 45%에 비해 2019년도 80%로 크게 늘었다. 감의 상시 소비를 촉진할 수 있는 감 건물 외의 다양한 감 가공식품 개발에 대한 고민이 필요하다.

**국외 주요 감 가공식품 출시 제품 사례** 국외에 출시되고 있는 감 가공식품은 두 가지 양상을 보인다. 먼저 기존과 같은 감 건물이라도 모양을 차별화한 상품이 있다. 두 번째로 기존에 감을 활용하지 않았던 요거트, 캐러멜, 주스 같은 색다른 제품에 감을 사용한 상품이다.

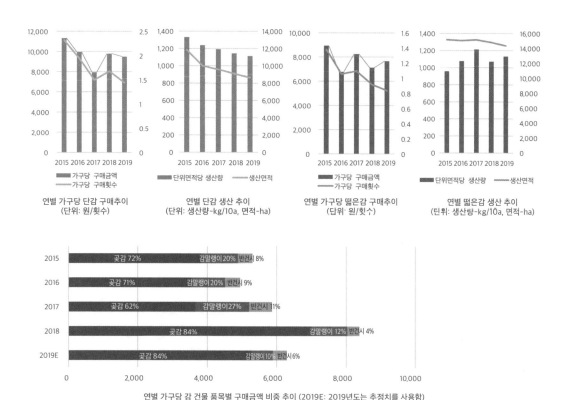

연별 가구당 단감 구매추이
(단위: 원/횟수)

연별 단감 생산 추이
(단위: 생산량-kg/10a, 면적-ha)

연별 가구당 떫은감 구매추이
(단위: 원/횟수)

연별 떫은감 생산 추이
(단위: 생산량-kg/10a, 면적-ha)

연별 가구당 감 건물 품목별 구매금액 비중 추이 (2019E: 2019년도는 추정치를 사용함)

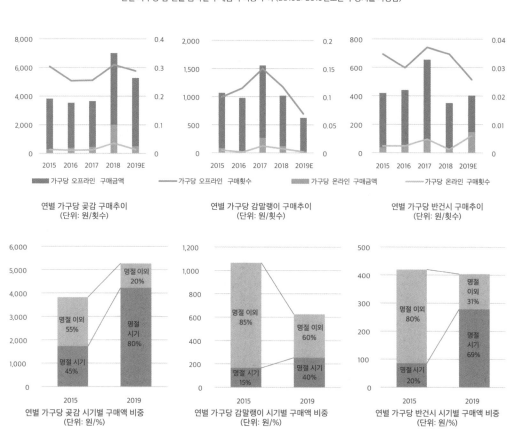

연별 가구당 곶감 구매추이
(단위: 원/횟수)

연별 가구당 감말랭이 구매추이
(단위: 원/횟수)

연별 가구당 반건시 구매추이
(단위: 원/횟수)

연별 가구당 곶감 시기별 구매액 비중
(단위: 원/%)

연별 가구당 감말랭이 시기별 구매액 비중
(단위: 원/%)

연별 가구당 반건시 시기별 구매액 비중
(단위: 원/%)

# 배

배는 선물 및 제수용으로 사용되는 명절의 단골손님이다. 배는 소매 가격이 높아지고 구매 횟수는 줄어들면서 전체적으로 약세를 보인다.

배 원물의 구매는 명절이 있는 2월(설날), 9월(추석)에 집중되어 있다. 즉, 배 원물 구매 목적의 절반 가량이 명절 선물과 차례상에 올리기 위해서이다. 배는 단일 품종만이 유통되고 있고 당연한 말이지만 재배 시기와 수확 시기가 모두 같다. 하지만 명절이 수확 시기보다 이를 경우 품질 문제가 발생한다. 이른 추석이 올 때마다 크기만 키워 유통한 배를 먹은 소비자들은 맛에 실망해 재구매를 하지 않고 그에 따라 산업이 위축되는 악순환이 이루어지고 있다. 재배 면적마저 줄어드는 추세에 있다(연합뉴스, 2018). 배 소비를 위해 판매와 가공 방안에 대한 논의가 필요하다.

가장 유명한 배 주스 제품으로 '갈아만든 배'(해태)가 있다. 이 제품은 국외에서 먼저 숙취해소제로 인기를 얻었다. 이를 바탕으로 국내에서도 소매점, 특히 편의점 판매가 두드러지며 2017년과 2018년에 대폭 성장한 것을 볼 수 있다. 배는 과채음료 시장에서도 가장 뜨는 제품군이라고 할 수 있다(중앙일보, 2018; 비즈트리뷴, 2019).

농촌마을 단위에서 소규모 가공이 가능한 배 가공식품(배즙, 배청, 배차 등)의 경우 구매액 및 구매횟수가 등락을 반복하며 정체 상태에 있다. 배라는 과일에 대해 '숙취해소'라는 기능성이 대중에게 인식된 상황을 이용해 소규모 가공이 가능한 배즙을 필두로 배 가공식품의 개발과 판매 전략을 수립할 필요가 있다.

**국외 주요 배 가공식품 출시 제품 사례** 주목할 만한 국외의 배 가공식품으로는, 유아를 타깃으로 부드러운 맛을 가진 배의 특성을 이용한 주스 또는 퓨레 제품과, 많은 과즙과 높은 당도를 이용한 증류주, 탄산음료, 차 등 다양한 형태의 음료를 들 수 있다.

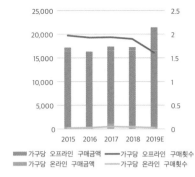

연별 가구당 배 구매추이
(단위. 원/횟수)

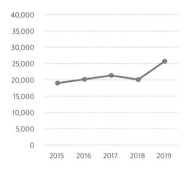

배 중품 등급 평균 소매가격(단위: 원)
(사료: aT 농산물뉴통성보 Kamis)

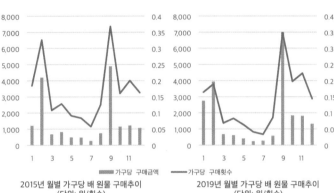

2015년 월별 가구당 배 원물 구매추이
(단위: 원/횟수)

2019년 월별 가구당 배 원물 구매추이
(단위: 원/횟수)

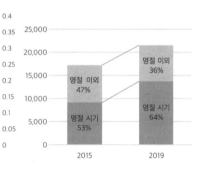

배 명절/비명절 시기별 오프라인 구매액 비중
(단위: 원)

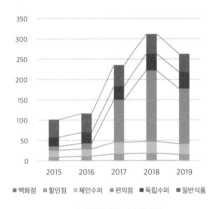

소매점 배 주스 매출액 추이
(단위: 억 원/자료: aT 닐슨 POS 소매점 매출액)

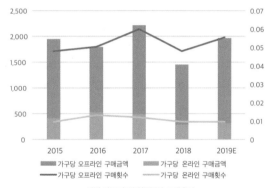

연별 가구당 배 청/즙/차 구매추이
(단위: 원/횟수)

# 사과

사과는 너무나도 친숙한 과일이기에 접하기도 쉽지만 지나치기도 쉬운 과일이라고 알려져 있다. 이를 반영하듯 최근 가구당 사과 구매횟수는 감소 추세에 있으며 이 경향은 온라인에서 더욱 두드러지게 나타나고 있다. 가구당 사과 구매횟수 감소에도 불구하고 소매가격은 증가하여 총 구매액은 큰 변화가 없음을 확인할 수 있다.

사과 원물의 구매는 명절이 포함되어 있는 2월(설날), 9월(추석)에 크게 늘어나며, 이러한 명절 구매 집중 현상은 2015년에 비해 2019년에 심화되었다. 한편 2015년도에 비해 2019년도 명절시기 구매횟수가 전반적으로 줄어들었음을 확인할 수 있다. 이는 샤인머스캣 같은 신품종 과일이 기존의 명절 과일인 사과와 배를 대체했기 때문으로 보인다. 사과의 상시 소비를 촉진할 수 있도록 지금보다 다양한 품종을 재배하고, 마케팅 전략을 수립하고, 가공식품을 개발할 필요가 있다.

시중에 유통되는 사과 품종은 그리 많지 않다. 여기서는 비중이 높은 순으로 네 가지 품종(후지, 홍로, 아오리, 홍옥)을 각각 분석했다. 후지는 전체 사과 품종에서 가장 많은 구매 비중을 차지하고 있어서 2016년 급증한 이후 꾸준한 구매를 보이고 있다. 홍로는 추석 명절 시즌에 주로 유통되는 품종으로, 매년 등락을 반복하고 있다. 아오리는 가구당 오프라인 구매액이 2,500원대 근처를 머물며 큰 변화가 없는 것으로 나타났다. 홍옥은 특유의 새콤달콤한 맛을 선호하는 일부 소비자의 수요가 있지만, 무른 과육으로 유통기한이 짧아 유통시장에서 환영받지 못하고 있다.

**국외 주요 사과 가공식품 출시 제품 사례** 요리에 활용할 수 있는 사과 소스(가당, 무가당), 천연 설탕과 같은 용도로 사용하는 사과 설탕(조미료), 가당을 하지 않은 비건 주류로 가공하거나 기존 사과 음료에 티를 인퓨징하여 차별화한 음료 제품 등으로 가공한 사례가 주목할 만하다.

연별 기구당 사과 원물 구매추이
(단위: 원/횟수)

연별 가구당 사과 원물 온라인 구매추이
(단위: 원/횟수)

후지 종품 수매 가격 추이
(단위: 원/10kg)

2015년 월별 가구당 사과 원물 구매추이
(단위: 원/횟수)

2019년 월별 가구당 사과 원물 구매추이
(단위: 원/횟수)

사과 명절/비명절 시기별 오프라인 구매액 비중
(단위: 원)

■ 가구당 오프라인 구매액　■ 가구당 온라인 구매액
― 가구당 오프라인 구매횟수　― 가구당 온라인 구매횟수

연별 가구당 사과 품종별(후지/홍로/아오리/홍옥) 원물 구매추이 (단위: 원/횟수)

연별 가구당 주요 과일 품목별 구매금액 비중 추이

# 감귤

감귤은 겨울철을 대표하는 과일이다. 감귤은 크게 밀감류와 만감류로 나눌 수 있다. 이번 섹션에서는 연도별 가구당 감귤 원물 추이를 밀감류와 만감류로 나누어 분석하고, 감귤류를 이용한 가공식품도 함께 제시했다.

연별 가구당 감귤 구매횟수는 정체되어 있는 반면, 구매액은 완만한 증가세에 있다. 감귤류 중에서 밀감류보다 가격이 높은 만감류 소비가 커지면서 전체 구매액이 증가한 것이다. 구매횟수에서도 밀감류의 구매횟수는 완만한 감소세에 있는 반면, 만감류의 가구당 구매횟수는 증가세를 보인다.

**[밀감류]** 밀감은 온라인 구매가 일상화된 농산물이다. 온라인 구매에 힘입어 구매 횟수가 2018년까지 증가세를 보였으나 최근 감소세를 보이고 있는 것으로 나타났다. 이러한 추이는 극조생 밀감의 품질 저하 이슈 때문으로 보인다. 출하 시기가 앞당겨지면서 품질 저하 문제가 발생하자 서귀포시 등 지자체 차원에서 미숙과 수확 행위 등 감귤의 이미지를 훼손하는 행위를 단속하는 등 노력을 기울이고 있다(경향비즈, 2015; 제주일보, 2019; 파이낸셜뉴스, 2019).

밀감류의 구매추이를 세세하게 살펴보면, 2015/2016년 대비 2018/2019년 노지 조생 밀감의 구매비중이 증가하고, 노지 완숙 밀감의 구매 비중이 감소한 것을 볼 수 있다. 이는 극조생 밀감을 조기 출하해 높은 가격에 판매하려는 일부 생산자들의 움직임에 기인한 것으로 보인다.

**[만감류]** 만감류는 한라봉, 레드향, 황금향, 남진해 등 밀감에 비해 수확 시기가 늦은 감귤류를 말한다. 한라봉을 제외한 만감류의 가구당 평균 구매액은 증가 추세에 있다. 극조생 감귤의 품질 저하 이슈가 나타난 밀감류와는 달리 출하 전 사전 검사제 도입을 통해 품질을 관리하고 만감류 출하 장려금 지원을 통해 다양한 품종의 고품질 만감류를 생산하는 등 노력을 기울인 결과 만감류 시장은 호조를 보인 것으로 판단된다.

한라봉은 2018년 대비 2019년에 온라인 구매액 비중의 감소와 함께 구매액이 감소하는 모습을 보이며 정체 상태이다. 한라봉은 감귤류 가운데 최고의 과일로 각광받아왔으나, 노지 밀감과 마찬가지로 조기 출하 등의 이유로 소비자 만족도가 떨어지고 있다. 이를 해결하기 위해 제주도에서는 2019년 11월과 12월 두 달간 '품질검사제'를 도입하는 등 소비자의 신뢰를 되찾기 위한 노력을 기울이고 있다.

천혜향, 레드향 등의 만감류 신품종의 2018년 대비 2019년 가구당 구매액 및 구매횟수는 크게 증가하고 있다. 재배 면적 또한 증가하고 있는데, 이는 프리미엄 품종에 대한 소비자의 선호에 따른 것으로 보인다. 롯데마트, 이마트 등 대형마트를 중심으로 한 유통 분야에서도 다양한 할인행사 및 프로모션을 통해 만감류 판매 확대를 추진하고 있다.

**감귤 가공식품 구매추이** 감귤류의 대표적인 가공식품은 주스이다. 감귤 원물과 마찬가지로 주스 시장의 성장도 정체되어있다. 특히, 감귤 주스 시장이 정체함에 따라 가공용 감귤에 대한 수요는 줄어드는데 비해 과잉생산이 이루어지고 있어 감귤의 좋은 이미지를 특화한 음료 제품이나 감귤주와 같은 감귤의 소비 활성화 방안을 고안할 필요가 있다.

감귤은 대부분 긍정적인 감성 키워드들과 연관을 맺고 있다. 그 중에서도 '맛있는', '좋은', '예쁜', '상큼한'이 높은 순위를 차지하고 있다. 최근 감귤의 이러한 상큼하고 청량감 있는 맛과 이미지를 활용하여 다양한 음료 제품들이 출시되고 있다.

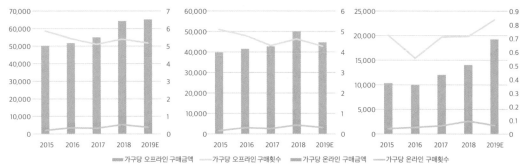

연별 가구당 감귤 원물 구매추이
(단위: 원/횟수)

연별 가구당 밀감류 원물 구매추이
(단위: 원/횟수)

연별 가구당 만감류 원물 구매추이
(단위: 원/횟수)

| 감귤류<br>출하 시기 | 12월 하순~2월 | 3월~4월 | 5월~9월 | 10월~12월 초순 |
|---|---|---|---|---|
| | 노지완숙감귤 | 비가림감귤 | 하우스감귤 | 노지조생감귤 |

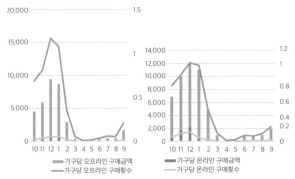

2015-16 vs. 2018-19년 월별 가구당 밀감 원물 구매추이(단위: 원/횟수)

노지감귤 시기별 구매금액 및 구매횟수 비중
(단위: 원) (단위: 횟수)

연별 가구당 한라봉 원물 구매추이
(단위: 원/횟수)

연별 가구당 천혜향 구매추이
(단위: 원/횟수)

| 제주도 만감류 상품 출하 기준 | | |
|---|---|---|
| | 당도 | 산함량 |
| 한라봉 | 12Brix이상 | 1.1%미만 |
| 천혜향 | 11Brix이상 | 1.1%미만 |

(자료: 제주일보, 2019)

연별 가구당 레드향 구매추이
(단위: 원/횟수)

연별 가구당 황금향 구매추이
(단위: 원/횟수)

소매점 감귤 주스 매출 추이
(단위: 억 원/자료: aT 닐슨 POS 소매점 매출액)

# 딸기

딸기는 껍질이 없고 과육이 부드러워 유통 과정에서 상품성이 저하되기 쉬운 과일이다. 이런 특성 때문에 소비자들이 오프라인 구매를 선호하여 온라인 구매 비중은 2019년 기준 2.4%로 매우 적다. 그럼에도 온라인에서 딸기 원물의 구매는 꾸준한 증가세를 보이고 있다. 패키지와 유통 방식을 개선한다면 온라인 판매를 더욱 가속화할 수 있을 것으로 보인다.

딸기는 품종에 따라 구매 성장과 하락이 뚜렷하다. 설향은 재배가 쉽고 알이 굵으며 품질이 우수해 재배 면적이 계속해서 증가하고 있다. 장희는 2017년부터 SNS에서 입소문을 타며 고급 품종으로 주목받기 시작했다. 경남, 산청을 비롯한 장희 재배 지역이 특수를 누리고 있다. 이렇듯, 딸기의 장희 품종와 포도의 샤인머스캣 품종의 성공 사례는 품질 향상이나 생산비 절감에만 주력했던 기존의 과수 산업 경쟁 전략에서, 품종의 다양화 및 고급화로 변화하고 있음을 시사한다.

**딸기 가공식품 구매추이** 오프라인 채널에서 딸기잼의 가구당 구매액와 구매횟수는 꾸준히 감소하고 있다. 최근 온라인 채널을 중심으로 미미한 성장세가 관찰된다.

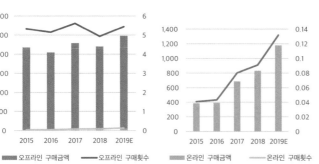

연별 가구당 딸기 워물 구매추이
(단위: 원/횟수)

연별 가구당 딸기 온라인 구매추이
(단위: 원/횟수)

딸기 품종별 재배 면적 비중
(자료: 한국농촌경제연구원)

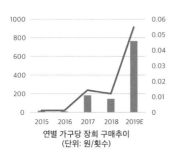

연별 가구당 장희 구매추이
(단위: 원/횟수)

연별 가구당 육보 구매추이
(단위: 원/횟수)

연별 가구당 죽향 구매추이
(단위: 원/횟수)

연별 가구당 딸기잼 구매추이
(단위: 원/횟수)

# 복숭아

복숭아 원물 구매에는 몇 년간 큰 변화가 보이지 않는다. 하지만 복숭아 가공식품인 복숭아 주스의 매출은 최근 급격히 성장하고 있다. 식·음료 업계에서는 '여름과일의 여왕'이라 불리는 복숭아를 활용한 아이스크림이나 음료, 주스, 우유 등 익숙한 카테고리의 제품부터 생소한 조합의 제품까지 다양한 신제품을 선보여 소비자로부터 큰 주목을 받았다. 복숭아의 대표 컬러인 분홍색과 상큼하고 향긋한 풍미는 마케팅 포인트가 되었다. 복숭아 원물은 다른 과일에 비해 온라인 구매 비율이 낮은데, 딸기처럼 유통 과정에서 상품성이 저하되는 것이 주요한 원인으로 지적된다. 패키지 개선 등을 통해 온라인 판매의 활성화가 필요하다.

소비자들에게 보편적으로 알려져 있는 품종인 천도, 황도, 백도 복숭아의 구매액 및 구매횟수는 최근 들어 감소세에 있다. 하지만 6월 중순에서 7월 초순에 조기 출하되는 조생종 천도 복숭아인 '신비' 품종이 새롭게 소비자들에게 인기를 얻고 있다. 6~7월 천도 구매 비중이 2015년에 비해 2019년에 약 8%p 증가한 것을 통해 신비 품종과 같은 조생종 시장의 성장을 가늠할 수 있다.

전체 복숭아 구매액 중에서는 식감을 강조한 제품명의 복숭아의 구매 비중이 꾸준히 증가하고 있다. 일명 '딱복'(딱딱한, 아삭한, 단단한 복숭아)과 '물복'(물렁한, 부드러운, 즙이 많은 복숭아)임을 강조하는 복숭아 원물의 구매액 및 구매횟수는 전반적으로 증가추세이며 구매 비중도 비슷한 것으로 보아 복숭아의 식감에 대한 개별 소비자의 선호가 뚜렷한 것으로 보여진다.

**국외 주요 복숭아 가공식품 출시 제품 사례** 국외에서 출시된 복숭아 가공식품 중 복숭아맛 식사 대용 음료, 복숭아 인퓨징 워터, 복숭아 슈냅스, 복숭아 유아식 등을 참고할 만하다.

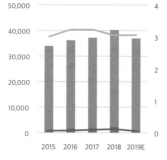

연별 가구당 복숭아 원물 구매추이
(단위: 원/횟수)

가구당 오프라인 구매액 ▪ 가구당 온라인 구매액
가구당 오프라인 구매횟수 — 가구당 온라인 구매횟수

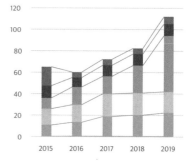

연별 소매점 복숭아 주스 매출 추이
(단위: 억 원/자료: aT 닐슨 POS 소매점 매출액)

▪ 백화점 ▪ 할인점 ▪ 체인수퍼 ▪ 편의점 ▪ 독립수퍼 ▪ 일반식품

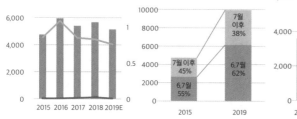

연별 가구당 천도 구매추이
(단위: 원/횟수)

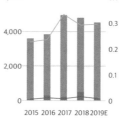

천도복숭아 시기별 구매액 비중
(단위: 원)

연별 가구당 황도 구매추이
(단위: 원/횟수)

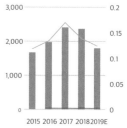

연별 백도 생산 추이
(단위: 생산량-kg/10a, 면적-ha)

식감 강조 여부에 따른
복숭아 원물 구매액 비중 추이

▪ 식감을 강조한 복숭아  ▪ 그 외

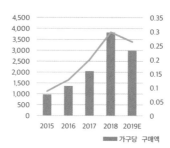

연별 가구당 딱딱한 식감 강조 복숭아 원물
구매추이(단위: 원/횟수)

가구당 구매액  — 가구당 구매횟수

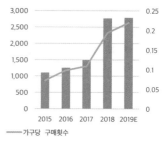

연별 가구당 물렁한 식감 강조 복숭아 원물
구매추이(단위: 원/횟수)

# 포도

포도 원물 구매액은 2017년부터 꾸준히 증가하는 추세인데, 특히 청포도 구매의 증가세가 두드러지게 나타났다. '포도'와 관련된 연관어 분석 결과에 포도 품종과 관련된 키워드들이 다수 등장했다. 포도 시장의 성장을 견인하고 있는 품종은 블랙사파이어, 샤인머스캣 등을 비롯한 신품종인 것으로 보여진다.

적포도는 소매 가격이 높아지는 2015년부터 2018년까지 오프라인 구매횟수는 소폭 감소하는 추세이나 소매가격이 안정된 2019년에는 증가한 모습을 보였다. 소비자들이 익숙하게 찾던 거봉포도, 캠벨얼리, 머루포도의 구매액 비중은 점차 감소하고 있다. 이는 샤인머스캣, 크림슨시들리스처럼 씨가 없어 먹기 편리하면서도 당도가 높은 신품종들로의 구매전환이 이루어지고 있기 때문인 것으로 판단된다.

껍질째 먹는 포도는 한입에 먹을 수 있는 편리함과 껍질에 들어 있는 영양소까지 섭취할 수 있다는 점 때문에 소비자들의 선택을 받고 있는 것으로 보인다. 이러한 소비자 트렌드에 맞춰 이탈리아 포도와 국내산 포도를 교배해 육성한 홍주씨들리스 등 신품종 포도 개발이 이루어지고 있다(연합뉴스, 2020). 또한 특이한 생김새로 SNS에서 눈길을 끌 수 있는 블랙사파이어 포도가 화제를 모으며 오프라인에서뿐만 아니라 온라인에서의 소비를 일으키고 있는 것으로 보여진다.

청포도의 오프라인 구매횟수 및 구매액은 2016년도부터 2019년까지 대폭 증가하는 추세를 보인다. '청포도' 키워드의 SNS언급량은 2017년도부터 감소하는 추세를 보이나, '샤인머스캣' 키워드는 2018년부터 대폭 증가했다. 단맛이 강하고 과육이 단단하며 씨가 없어 먹기 편리한 샤인머스캣은 비싼 가격에도 불구하고 선물세트를 비롯한 다양한 형태의 상품으로 백화점, 마트, 편의점 등 다양한 채널에서 소비자의 호응을 얻고 있다.

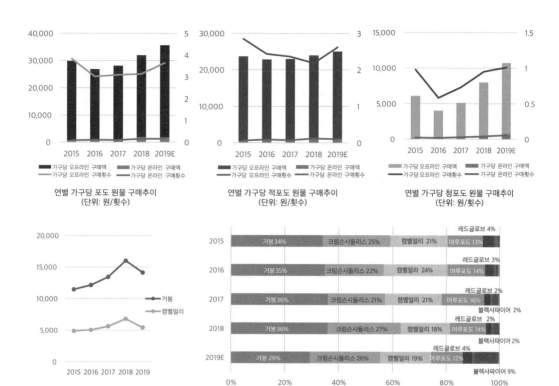

연별 가구당 포도 원물 구매추이
(단위: 원/횟수)

연별 가구당 적포도 원물 구매추이
(단위: 원/횟수)

연별 가구당 청포도 원물 구매추이
(단위: 원/횟수)

적포도 평균 소매가격 추이
(자료: aT Kamis 농산물유통정보)

연별 가구당 적포도 구매금액 비중 추이

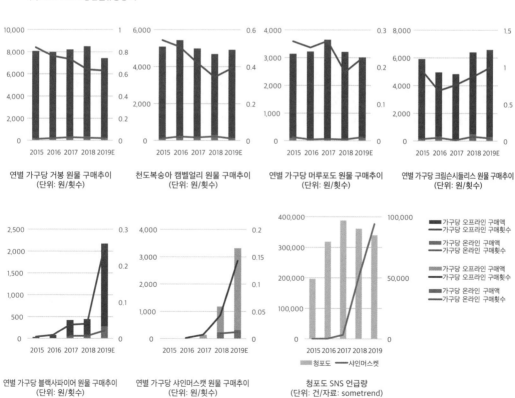

연별 가구당 거봉 원물 구매추이
(단위: 원/횟수)

천도복숭아 캠벨얼리 원물 구매추이
(단위: 원/횟수)

연별 가구당 머루포도 원물 구매추이
(단위: 원/횟수)

연별 가구당 크림슨시들리스 원물 구매추이
(단위: 원/횟수)

연별 가구당 블랙사파이어 원물 구매추이
(단위: 원/횟수)

연별 가구당 샤인머스캣 원물 구매추이
(단위: 원/횟수)

청포도 SNS 언급량
(단위: 건/자료: sometrend)

야채 소비 트렌드에서는 크게 두 가지 양상을 확인할 수 있었다. 먼저 오이, 토마토, 마늘은 시장의 성장이나 감소와는 별개로 품종과 지리적표시제 등으로 차별화한 상품들이 두각을 드러냈다. 배추, 열무, 무, 갓 등 김치 재료가 되는 채소는 원물 시장은 감소했지만 김치를 필두로 한 완성반찬 시장을 중심으로 성장했다.

## 토마토

토마토의 소매가격은 변화가 크지 않지만 토마토 원물의 가구당 구매액은 2016년부터 꾸준한 증가 추세에 있다. 일반적으로 섭취하는 완숙토마토와 방울토마토의 구매 비중은 감소했지만 대저토마토, 흑토마토 등 비교적 새롭고 다양한 품종의 토마토를 구매하는 경향과 함께 1회 구매금액이 증가하고 있기 때문이다. 반면 토마토 주스는 지속적인 감소 추이를 보이고 있다. 가공보다는 신선토마토 원물 자체에 대한 선호가 있는 것을 알 수 있다.

## 마늘

마늘의 가구당 구매액과 구매 횟수는 전반적으로 감소하고 있는 반면 1인당 마늘 소비는 증가하고 있다. 가정에서 구입해 먹는 경우가 줄고 외식 섭취가 증가한 것으로 보인다. 원물의 구매는 감소하고 있는데 단순 가공품인 다진마늘의 구매는 유지되고 있다. 마늘을 다듬고 다지는 번거로운 손질 과정 없이 간편하게 요리에 사용할 수 있기 때문에 다진마늘을 구매하는 것으로 보인다.

마늘 구매 트렌드의 특이한 점은 제품명에 지역(생태), 용도별 특징이 표기된 마늘 원물의 성장이다. 전체 마늘 원물 중 지역 명칭 및 품종에 특화된 표현이 사용된 상품의 비중은 7%로 작지만 유의미한 성장을 보이고 있다. 마늘의 생태적 분류는 크게 한지형과 난지형으로 나뉜다. 한지형은 주로 강원도, 충북, 경북 지역에서 생산되는 알싸한 매운 맛의 마늘로 요리와 김치에 사용되고, 난지형은 주로 경남, 전남 지역에서 생산되며 맵지 않아 장아찌 등에 사용되는 마늘이다. 소비자에게 한지형과 난지형 마늘의 맛, 기능의 차이를 인식시킬 수 있다면 다양한 마늘을 구매하게 만드는 유효한 전략이 될 것이다.

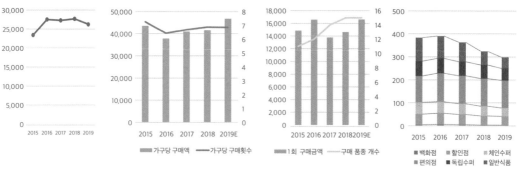

aT Kamis 평균 토마토 소매 가격
(단위: 원/자료: aT Kamis)

연별 가구당 토마토 원물 구매추이
(단위: 원/횟수)

1회 평균 구매금액 및 토마토 품종 구매 개수
(단위: 원/개)

연별 소매점 토마토 주스 매출 추이
(단위: 억 원/자료: aT 닢슨 POS 소매점 매출액)

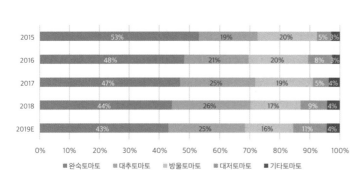

연별 가구당 토마토 품종별 구매금액 비중

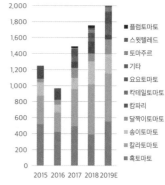

연별 가구당 기타 토마토 세부 품종 구매금액 추이 (단위: 원)

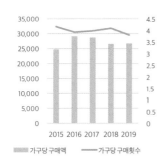

연별 가구당 마늘 원물 구매추이
(단위: 원/횟수)

마늘 평균 도매가격(10kg) 및 1인당 마늘 소비량
(자료: aT Kamis, 통계청, 관세청)

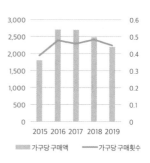

연별 가구당 다진마늘 구매추이
(단위: 원/횟수)

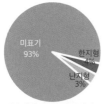

지역 명칭 및 품종에 특화된
표현을 사용하는 마늘 원물 비중

한지형 마늘
알싸한 맛,
매운 맛,
김장용

난지형 마늘
맵지 않아 바로
먹을 수 있음
장아찌용

연별 가구당 지역명/생태형 표기 마늘 구매추이
(단위: 원/횟수)

지리적 표시제 인증 마늘

## 양파

양파는 가격 급락과 함께 소비량도 감소 추세에 있어 가구당 구매액과 구매 횟수 모두 감소하는 품목이다. 오프라인 채널에서의 구매는 감소하고 있는 반면, 온라인 채널을 통한 양파 원물 구매는 유통과 배송이 점점 편리해짐에 따라 약한 증가 추세를 보이고 있다. 주목할 점은 단순 가공 형태인 깐양파는 다진마늘과 마찬가지로 온오프라인을 막론하고 증가하는 추세를 보인다는 것이다. 요리하는 가구의 감소 및 1-2인 가구의 증가로 인해 양파 원물 소비는 감소하지만, 손질의 번거로움을 줄여주는 깐양파는 선호도가 올라간 것으로 보인다. B2C 소비자 뿐만 아니라, 양파를 많이 사용하는 외식업체와의 B2B 거래 기회를 모색할 필요가 있다.

양파 가공품으로는 양파 원액류(양파즙)가 가장 대표적이다. 양파 원액류의 소비는 감소하고 있지만 SNS 상에서 젊은 층을 중심으로 다이어트와 양파즙을 연관짓는 데이터가 증가하는 추세이다. 다이어트 같은 소비자의 새로운 니즈를 파악하고 다양한 가공품을 내는 것이 좋은 전략이 될 것이다. 농촌 마을 단위에서는 양파즙 뿐만 아니라 양파 가루, 양파 드레싱 등 다양한 1차 양파 가공식품을 개발할 필요가 있다.

## 고추

고추와 건고추 소매가격은 2019년 주춤하기는 했지만 전반적으로 상승하는 추세다. 소매가격의 상승세로 가구당 구매 횟수는 감소하는 것으로 보인다. 청양고추는 유일하게 2017년 이후로 소매가격이 하락하면서 증가세를 보이고 있는데, 강렬한 매운맛에 대한 소비자 선호가 증가했기 때문으로 보인다.

고추원물과 달리 고춧가루는 소매가격의 상승에도 불구하고 구매 횟수가 많아지고 있다. 구매 시기는 2017년부터 햇고추 출하시기(9월)에 뚜렷하게 상승하는데, 가정 내 김장 문화가 다시 활성화되는 것으로 해석할 수 있다.

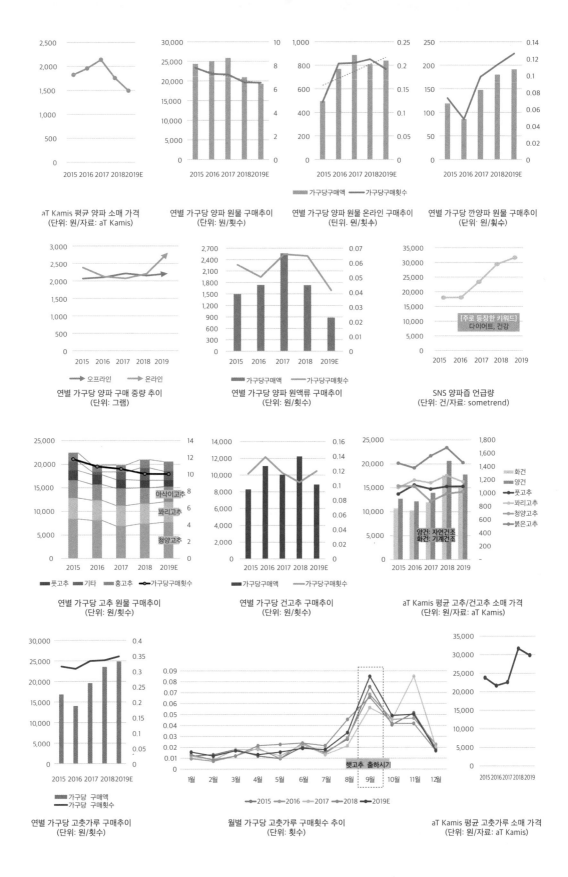

aT Kamis 평균 양파 소매 가격
(단위: 원/자료: aT Kamis)

연별 가구당 양파 원물 구매추이
(단위: 원/횟수)

연별 가구당 양파 원물 온라인 구매추이
(단위: 원/횟수)

연별 가구당 깐양파 원물 구매추이
(단위: 원/횟수)

연별 가구당 양파 구매 중량 추이
(단위: 그램)

연별 가구당 양파 원액류 구매추이
(단위: 원/횟수)

SNS 양파즙 언급량
(단위: 건/자료: sometrend)

연별 가구당 고추 원물 구매추이
(단위: 원/횟수)

연별 가구당 건고추 구매추이
(단위: 원/횟수)

aT Kamis 평균 고추/건고추 소매 가격
(단위: 원/자료: aT Kamis)

연별 가구당 고춧가루 구매추이
(단위: 원/횟수)

월별 가구당 고춧가루 구매횟수 추이
(단위: 횟수)

aT Kamis 평균 고춧가루 소매 가격
(단위: 원/자료: aT Kamis)

## 김치 재료 품목: 배추, 무, 열무, 갓, 파, 완성김치

배추(배추, 얼갈이배추)의 소매가격이 증가추세를 보이면서, 가구당 신선 배추 원물 구매횟수가 감소하고 있다. 반면, 절임배추와 배추김치 등의 배추 가공식품은 구매액과 구매 횟수 모두 증가 추세가 보인다. 고춧가루와 마찬가지로 절임배추 증가세 또한 가족 또는 지인들과 함께하는 김장 문화가 새롭게 확산되는 것으로 해석 가능하다. 다만 2019년도에는 온라인 절임배추 구매가 감소하였는데, 이는 2018년도에 온라인 쇼핑몰에서 판매한 절임배추에서 대장균이 검출되며 이슈화 되었기 때문으로 보인다.

무, 열무, 갓은 대표적인 김치재료인 배추와 마찬가지로 원물 소매 가격이 상승하면서 구매는 감소하는 추세에 있다. 더불어 손질이 번거롭다는 특성이 있어 가정에서 구매를 꺼리게 된 것으로 보인다.

2016년도를 제외하고 파 가격은 크게 움직이지 않고 있음에도, 가정에서 파 원물을 구매하는 빈도는 감소하고 있는 것으로 보인다. 더불어 파의 단순가공식품인 손질대파도 구매가 감소하고 있다. 양파 원물 구매가 줄어들고 깐양파 구매가 많아진 것을 생각해보면 단순가공식품은 손질 난이도가 구매에 영향을 미친다고 할 수 있다. 손질대파보다 손질 난이도가 높은, 한 단계 공정이 더 들어간 파채는 구매액과 구매 횟수 모두 상승하고 있다.

앞서 살펴본 김치 재료가 되는 채소 원물은 모두 소비 감소 추세를 보이는 반면, 완성김치는 대부분 증가추세를 보인다. 가정 내 취식 빈도는 낮아지지만 보존성이 좋아 소량의 김치를 만들기보다 완성김치를 구매하는 것이 더 이익인 경우가 많기 때문이다.

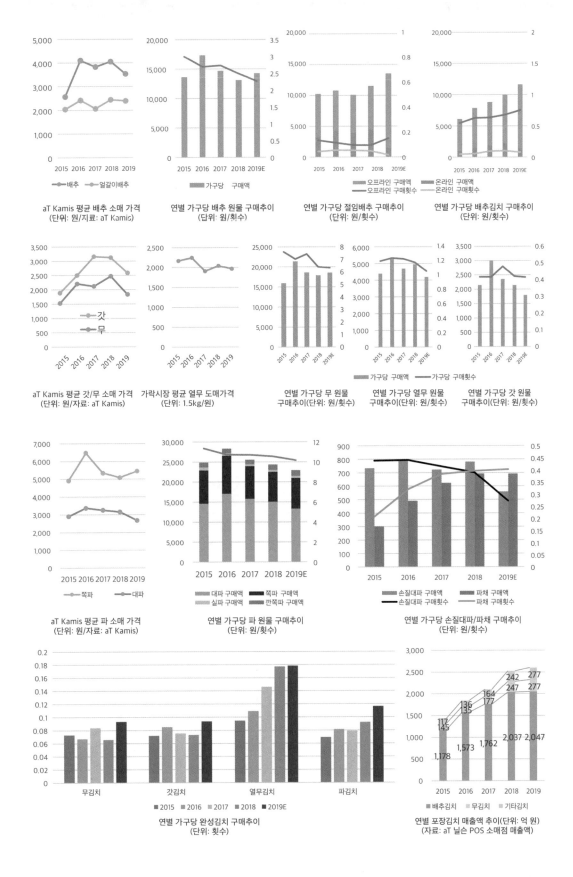

aT Kamis 평균 배추 소매 가격
(단위: 원/지료: aT Kamis)

연별 가구당 배추 원물 구매추이
(단위: 원/횟수)

연별 가구당 절임배추 구매추이
(단위: 원/횟수)

연별 가구당 배추김치 구매추이
(단위: 원/횟수)

aT Kamis 평균 갓/무 소매 가격
(단위: 원/자료: aT Kamis)

가락시장 평균 열무 도매가격
(단위: 1.5kg/원)

연별 가구당 무 원물
구매추이(단위: 원/횟수)

연별 가구당 열무 원물
구매추이(단위: 원/횟수)

연별 가구당 갓 원물
구매추이(단위: 원/횟수)

aT Kamis 평균 파 소매 가격
(단위: 원/자료: aT Kamis)

연별 가구당 파 원물 구매추이
(단위: 원/횟수)

연별 가구당 손질대파/파채 구매추이
(단위: 원/횟수)

연별 가구당 완성김치 구매추이
(단위: 횟수)

연별 포장김치 매출액 추이(단위: 억 원)
(자료: aT 닐슨 POS 소매점 매출액)

## 오이

오이 원물 구매액은 약한 상승세를 보이고, 구매 횟수는 감소 추세를 보인다.
구매액은 오이 원물 소매 가격의 상승과, 온라인 구매 비중이 높아져 1회당 구매액이
커진 것에 영향을 받은 것으로 보인다. 오이 품목에서 주목할 점은 온라인 구매의
상승세이다. 토마토, 마늘과 마찬가지로 품종과 기능에 따른 오이 소비가 이루어지고
있는데, 온라인 쇼핑에서는 좀 더 자세한 정보를 얻을 수 있기 때문인 것으로
추정된다.

오이김치는 다른 완성김치(배추, 무, 갓, 파김치)에 비해 시장 규모도 작고 성장도 정체
중이다. 보관 기간이 짧고 계절의 영향을 많이 받기 때문으로 보인다.

## 콩나물과 숙주나물

콩나물은 구매액과 구매횟수 모두 약한 감소세를 보인다. 그에 반해 콩나물과 비슷한
품목인 숙주나물은 시장 규모는 훨씬 작지만 미세한 성장을 보이고 있다. 이는
쌀국수, 숙주볶음, 마라샹궈 등 숙주나물을 이용한 해외 레시피가 인기를 끌고 있기
때문이다. 숙주는 앞으로도 성장할 전망이다.

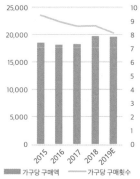

연별 가구당 오이 원물 구매추이 (오프라인)
(단위: 원/횟수)

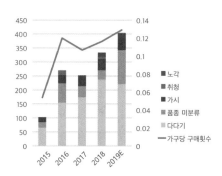

연별 가구당 오이 품종별 원물 구매추이 (온라인)
(단위: 원/횟수)

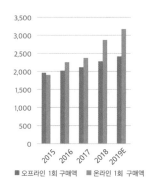

연별 가구당 오이 원물 1회 구매액 추이
(단위: 원)

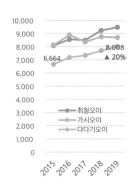

aT Kamis 평균 오이 소매 가격
(단위: 원/자료: aT Kamis)

연별 가구당 오이 가공품 구매추이
(단위: 원/횟수)

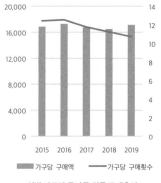

연별 가구당 콩나물 원물 구매추이
(단위: 원/횟수)

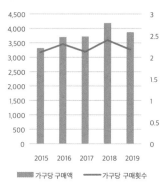

연별 가구당 숙주 원물 구매추이
(단위: 원/횟수)

# 쌀

쌀 원물의 구매 횟수는 꾸준히 감소하지만, 최근 가구당 구매금액은 다시 증가하는 경향을 보이고 있다. 2017년을 기점으로 저가(kg당 2500원 이하)의 쌀 구매가 감소하는 경향을 보이고 고가(kg당 3000원 이상)의 쌀 구매가 증가하는 경향을 보이는 것으로 보아, 소비자들이 프리미엄 쌀 구매로 전환하고 있다고 해석할 수 있다. 프리미엄 쌀은 1~4kg 단위의 소포장으로 팔리는 경향을 보면 맞벌이 가정 및 1~2인 가구 증가로 인해 가정내 취식 빈도가 줄어들었지만, 한편으로는 '한 끼를 먹더라도 제대로 먹자'는 인식이 주도하는 것으로 보인다.

프리미엄 쌀 제품군에는 두 가지 특징이 있다. 첫째, 지리적표시제 인증 여부다. 프리미엄 쌀로 인식되는 제품들은 주로 이천, 여주, 철원 등 지리적표시제 인증을 받은 지역에서 생산되며, 이러한 지리적 특성에 기인하여 생산된 쌀은 고유의 맛과 품질을 형성한다. 소비자는 지리적 특성에 따른 쌀의 상품성을 인식하고 있다. 지역 명칭이 기재된 쌀 구매액을 분석한 결과, 단위 무게(1kg)당 평균 가격 상위 30%는 지리적표시제 등록 지역 쌀이 약 54%을 차지하며, 하위 30%는 약 28%만이 지리적표시제 등록 지역의 쌀이었다.

두 번째는 단일품종이다. 주요 유통사(이마트몰)에서 판매하는 쌀을 분석한 결과 혼합미(3,165원/kg)에 비해 단일미의 단가(4,541원/kg)가 높음에도 6가지 단일품종명이 기재된 쌀의 구매액과 구매 횟수는 꾸준히 증가하는 추세를 보였다. 더불어 기존에 프리미엄 쌀 시장을 대부분 차지하고 있던 고시히카리, 추청 등 일본 품종은 2017년도 이후 정체하고 있다. 대신 해들, 골든퀸3호, 오대 등 고품질 국산 품종과 올벼, 해조, 북흑조 같은 토종쌀에 대한 관심도 함께 높아지고 있다(신세계백화점, 2020).

이 중에서도 마치 누룽지와 같은 향미가 독특한 골든퀸3호의 성장이 두드러진다. 수향미, 월향미, 조선향미 등의 이름으로 유통되는 골든퀸3호는 2017년 이후 온오프라인에서 구매액과 구매횟수가 급격히 증가하고 있다. 마켓컬리 관계자는 "올 상반기 전체 쌀 판매가 전년동기대비 76% 늘었는데…코로나19 이후 소비자들이 프리미엄 쌀을 선호하는 경향이 뚜렷하다"고 밝혔다(세계일보, 2020).

그동안 일본 품종은 병충해에 약하고 재배가 어렵다는 단점이 있지만 맛있는 쌀, 비싼 브랜드라는 인식으로 국산 품종보다 15~20% 높은 가격에 판매됐다. 하지만 일본의 수출규제로 시작된 제품과 기술 '독립' 움직임에 종자를 중심으로 국산화가 이뤄지고 있고, 일본 품종을 뛰어넘는 고품질 국산 벼도 개발되고 있다. 고품질 벼 재배면적은 2006년 0.6%에서 지난해에는 25.2%까지 비중이 높아졌다(이투데이, 2019).

프리미엄 쌀 구매 증가와 더불어 쌀 편집숍의 등장이 눈에 띈다. "동네정미소"는 쌀 판매점으로 다양한 품종의 쌀을 판매하고 있어 품종 각각의 특별한 맛이 있음을 알리고 있다. 처음에는 호기심에 이런저런 품종의 쌀을 구매해서 밥을 해먹던 소비자들이 어느 순간부터는 자신들만의 확고한 쌀 취향을 발견해 나가기 시작하고 있다(농민신문, 2020).

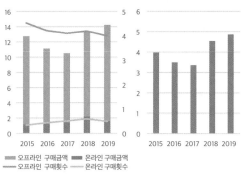

연별 가구당 쌀 원물 구매추이
(단위: 원/회수)

쌀 도매 가격 추이(단위: 만 원/20kg)
(자료: aT Kamis)

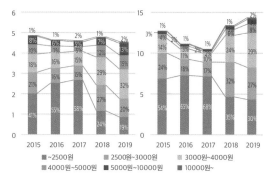

연별 가구당 단위 가격대별 쌀 원물 구매횟수(좌) 및 구매액(우) 비중 추이
(단위: 원)

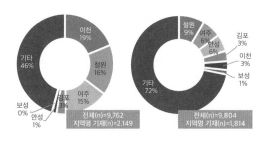

2015~2019년도 단위무게당 평균 단가 상위/하위 30% 쌀 지역별 비중

| 지리적표시제 등록된 쌀의 단위 무게(1kg)당 평균 가격 | | | | | |
|---|---|---|---|---|---|
| 지역 | 지리적표시제 | 가격 | 지역 | 지리적표시제 | 가격 |
| 이천 | 지리적표시 제12호 | 3,606원/kg | 김포 | 지리적표시 제79호 | 3,068원/kg |
| 여주 | 지리적표시 제32호 | 3,428원/kg | 안성 | 지리적표시 제98호 | 2,738원/kg |
| 철원 | 지리적표시 제13호 | 3,333원/kg | 군산 | 지리적표시 제97호 | 2,661원/kg |

| 주요 유통사에서 매출이 크게 오른 쌀 (2019년 1~9월 전년동기대비 매출 증가율) | | | |
|---|---|---|---|
| 이마트 | 의성진쌀(일품) 83.8% | 헬로네이처 | 하이아미 등 단일품종 256% |
| 롯데마트 | 수향미(골든퀸3호) 51.4% | SSG | 신동진쌀 등 단일품종 161% |
| 현대백화점 | 여주쌀(진상미) 51.4% | | (자료: 한국경제, 2019) |

| 품종 | | 이마트몰 판매가 (원/kg) |
|---|---|---|
| 단일 (4,541원/kg) | 해들 | 5,398 |
| | 골든퀸3호 | 5,185 |
| | 오대 | 4,619 |
| | 진상 | 4,595 |
| | 고시히카리* | 4,558 |
| | 추청(아키바레)* | 3,865 |
| | 신동진 | 3,566 |
| 혼합 | | 3,165 |

이마트몰 쌀 품종별 kg당 판매 단가
(자료: 이마트몰, 2020/9/22 조사)

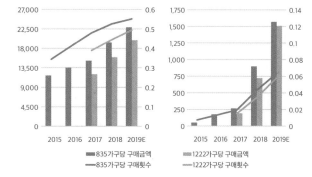

연별 가구당 단일품종(품종명 기재) 쌀 품목(왼쪽) / 골든퀸3호(오른쪽) 구매추이
(단위: 원/횟수)

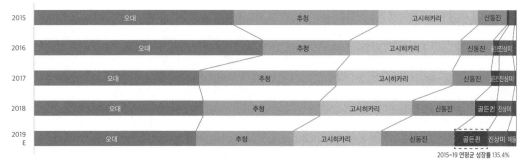

최근 5년간 쌀(품종명 기재) 품목 구매액 비중 추이

쌀 건물은 쌀가루가 대부분을 차지하며 2017년도 이후 구매액과 구매 횟수가 지속적으로 증가하는 모습을 보이고 있다.

쌀 간식류에는 떡, 빵, 과자 등이 있으며, 구매액은 꾸준히 증가하고 있는 한편 구매 횟수는 정체되는 현상이 보인다. 쌀 간식류는 특히 온라인 채널에서 구매금액과 구매 횟수가 꾸준히 증가하는 모습을 보인다. 실제 G마켓 기준 2019년 10~30대의 한과 및 전통과자 판매량이 2016년 대비 50% 늘어났다 (이데일리, 2020). 이는 뉴트로 트렌드의 영향을 받은 데다가, 젊은 층을 중심으로 쉽게 구매할 수 있는 온라인 및 배달 환경이 조성되었기 때문으로 보여진다. 쌀 간식류를 세부적으로 분석해보면 떡류는 젊은 층을 대상으로 한 트렌디한 콘셉트 떡과 식사 대용 떡 제품이 인기를 얻고 있다. 쌀과자는 전통 쌀과자와 유아용 쌀과자로 나눌 수 있는데, 특히 한과, 약과 등의 전통 쌀과자는 구매액과 구매횟수 모두 증가하고 있는 추세이다. 유아용 쌀과자는 규모는 작지만 2017년 대비 2018년 두 배 이상 구매 횟수가 많아졌다.

죽은 지속적으로 구매액과 구매 횟수가 상승하고 있으며, 특히 CJ의 파우치 죽 제품군 등장 이후 2019년부터 두드러진 성장을 보인다.

**국외 시장의 쌀 가공식품** 국외의 주목할만한 쌀 가공식품으로는 라이스 밀크, 쌀 음료, 흑미 요거트 등의 우유를 대체한 대체유 제품을 볼 수 있다. 상온 유통이 가능한 떡 제품도 국내에 도입할 만한 제품이다.

## 고구마

고구마의 가구당 구매액은 원물 가격과 상관 없이 꾸준하게 증가하고 있는 것으로 나타났다. 온라인 구매액 비중도 전체 구매액의 약 10%를 차지하며 다른 품목에 비해 높다. 고구마는 단맛을 내면서도 혈당지수(GI)가 낮은 '저혈당 식품'으로 알려져 있다. 혈당지수가 낮을수록 소화가 늦고, 포만감이 오래 지속되어 다이어트 식품으로 인식된다(리얼푸드, 2019). 이러한 소비자들의 인식이 고구마의 꾸준한 구매로 이어지고 있다고 보여진다. 더불어 코로나19로 집에 있는 시간이 늘면서 에어프라이어로 쉽게 요리할 수 있는 고구마 원물의 구매가 증가하고 있다(농민신문, 2020).

꾸준하게 성장하는 고구마 원물과 달리 고구마 가공식품 구매추이는 등락을 반복하고 있다. 고구마 가공식품은 주로 간식류로 말랭이, 스틱, 칩 등으로 한정되어 판매되고 있다. 고구마는 다이어트 키워드와 연계되어 긍정적인 이미지를 갖고 있기에, 이를 활용한 다양한 확장이 필요하다. 최근 고구마 껍질 째 튀겨낸 고고칩(고창황토고구마사업단), 치즈가 들어간 군고구마(팜스뱅크) 등 새로운 기술개발 및 상품화가 곳곳에서 시도되고 있다(대한급식신문, 2020; 조선일보, 2020). 소비자들의 세세한 니즈에 부합할 수 있는 다양한 가공식품의 개발이 필요한 상황이다.

**국외 시장의 고구마 가공식품** 국외에서도 다양한 고구마 가공식품이 출시되고 있다. 해동하면 먹을 수 있는 냉동 고구마 설탕 절임, 채식주의자를 위한 고구마 스테이크가 있으며, 달콤한 맛을 활용한 고구마 푸딩, 아이스크림도 주목받고 있다.

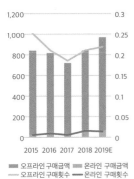

연별 가구당 쌀 건물 구매추이
(단위: 원/횟수)

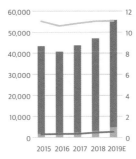

연별 가구당 쌀 간식류 구매추이
(단위: 원/횟수)

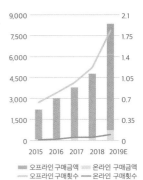

연별 가구당 죽류 구매추이
(단위: 원/횟수)

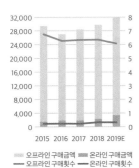

연별 가구당 떡류 구매추이
(단위: 원/횟수)

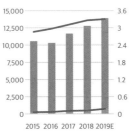

연별 가구당 쌀과자 간식류 구매추이
(단위: 원/횟수)

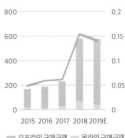

연별 가구당 유아용 쌀과자 구매추이
(단위: 원/횟수)

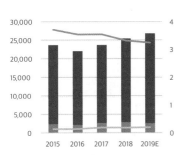

연별 가구당 고구마 구매추이
(단위: 원/횟수)

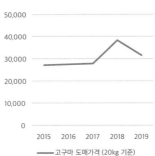

고구마 도매 가격 추이
(단위: 원/20kg)

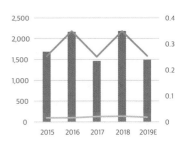

연별 가구당 고구마 간식류 구매추이
(단위: 원/횟수)

# 코로나19 이후의 신선 원예농산 시장의 변화

마켓컬리, 이마트 등의 주요한 유통기업과 파트너십을 맺고 다양한 신선 원예농산 상품들을 판매하고 있는 신선 농산 유통 분야의 슈퍼스타, 록야 권민수 대표를 만나 코로나19 이후의 변화에 대해 이야기 나눴다.

**Q. 대표님이 직면한 코로나19 이후 가장 큰 변화는 무엇이었나요? 어떻게 대처하셨는지 궁금합니다.**

코로나19는 지금까지 한 번도 겪어 보지 못했던 경험입니다. 그래서 단순 예측은 가능하지만, 사람들이 어떤 것을 선택하고 선호하는지는 누구도 알 수가 없죠. 심지어 소비자 스스로도 그렇습니다. 그래서 두려움이 있었습니다. 이렇게 오래 갈 줄도 몰랐고요.

가장 큰 변화는 외식, 급식시장과 긴밀하게 연계되어 있는 식자재 시장에서 있었던 듯합니다. 저희 회사의 식자재 매출도 코로나19 이후 1/10으로 급감했습니다. 올해 상반기에는 학교 급식이 거의 운영되지 않았기에 식자재 시장 안에서도 친환경 농산물이 가장 큰 타격을 입었습니다. 전체 농산물 중 친환경 농산물이 차지하는 비중은 5%정도이지만, 대부분이 학교 급식을 거래처로 삼고 있었거든요.

다만 일반 B2C 소비자 시장에서의 신선 원예농산 소비는 꾸준히 있었습니다. 구매 채널이 오프라인에서 온라인으로 옮겨갔을 뿐 전체 시장 크기는 줄지 않았습니다. 집에서 식사하는 횟수가 증가하게 되어 되려 B2C 신선식품 소비는 더 늘었다고 볼 수 있죠.

저희는 식자재쪽뿐 아니라 기존에 소비자들이 겪고 있는 불편함들을 보완하는 상품들을 출시해 판매했고 호응을 얻을 수 있었습니다. 지금 와서 보면 결국 채널을 다양하게 유지한 것이 큰 어려움 없이 지속할 수 있는 방법이 아니었을까 생각합니다. 거래처 다양성을 유지하고 농산물을 다양하게 소비하는 채널이 필요하다고 생각했거든요.

**Q. 기존에는 주로 채소류를 유통하셨는데 어떻게 화훼 시장 개척을 생각하게 되셨나요?**

원예는 채소, 과수, 화훼 세 분야로 나뉘는데요, 기존에는 과수와 채소 시장을 주력으로 가공상품도 개발하면서 확대해 왔습니다. 우연히 지인과 이야기를 나누다 화훼 시장이 존재한다는 것을 알게 되었고, 저희 방식, 그러니까 크게는 농업이라는 큰 틀 안에서 시장의 문제점을 찾고 해결하는 방법을 그대로 적용해 본 것이지요.

일단 꽃이 산지에서 수확되어 소비자들에게 전달되기까지 유통 과정이 길었고, 가격도 꽃 이외의 것에 많이 할애되고 있음을 발견했습니다. 어떻게 하면 꽃의 본질적인 면을 전달할 수 있을까 고민했고, 역시 저희의 모토인 '산지에'

**물올림한 후 감상하세요**

- 유칼립투스 블랙잭은 수령 즉시 물올림을 하면 점차 향이 짙어지며, 싱싱한 상태로 오랫동안 감상할 수 있어요.
- 줄기를 자를 때, ①과 같이 사선으로 잘라 표면적을 넓혀주세요. 화병에 꽃을 꽂을 때는 ②처럼 물이 닿는 부분의 잎사귀를 모두 떼어내는 것이 좋습니다.

**Tip.** 직사광선이나 선풍기, 에어컨 바람을 직접 맞으면 잎과 줄기가 빠르게 시들어요. 서늘한 환경에 두고 자주 물을 갈아주세요.

사진: 마켓컬리

답이 있었죠. 산지에서 가장 빠르게 꽃 자체로 소비자에게 전달하는 방법을 모색해 보았습니다.

**Q. '농부의 꽃' 상품을 시장에 내놓으시고 나서 어떤 긍정적인 변화가 있었나요?**

2020년 2월 마켓컬리를 통해 처음 선보인 '농부의 꽃'은 사실 팬데믹 상황이 오기 전부터 기획을 했던 상품입니다. 정말 다행히 시기가 잘 맞아떨어졌다고 생각하고요. 그걸 통해서 회사가 더 많이 알려지고 기업가치도 높아진 듯합니다. 무엇보다 록야의 존재인 농업 생태계에 긍정적 영향을 미쳐서 뿌듯합니다.

사실 농산 품목은 채널만 달랐을 뿐 꾸준한 소비가 있지만, 화훼는 대부분 선물용이나 관상용으로 소비되는 품목이기에 코로나19 이후 대면 행사가 줄줄이 취소되는 상황 속에서 기약 없는 하락세가 예측될 수밖에 없었습니다. 소비 방식의 다변화가 필요한 상황이죠.

코로나19 이후 집에 머무는 시간이 늘어나면서 꽃이 기분을 전환하는 일상적인 용도로 사용될 수 있게 되어서 불행 중 다행이 아닌가 싶습니다.

**Q. 덜 핀 꽃을 하기로 하신 이유는 무엇인가요?**

보통 꽃은 가장 예쁜 시기에 상품으로 만들어져 기쁨을 주는 선물로 사용돼 왔는데요. 그 이외에 꽃의 존재의 본질은 뭘까

고민했습니다. 결국 꽃은 자연의 일부이며 감상할 수 있는 것이라고 생각했습니다. 꽃이 피는 과정을 고객이 보고 느낄 수 있다면 새로운 경험을 주는 게 되겠죠. 더 오래 지켜볼 수 있다는 점은 말할 것도 없고요.

처음에는 내부에서도 이견이 많았습니다. 덜 펴 있는 꽃을 본 경험이 적고, 예쁘지 않다고 생각할 확률이 높기 때문이고요. 하지만 이 상품은 선물용이 아닌 고객이 직접 자신의 집에서 소비하기 위해 구매하는 것이므로 과감하게 결정할 수 있었죠. 그뿐 아니라 덜 폈을 때 수확하면 버려질 확률도 적으니 농가에도 이득이고요.

초기에는 구매 고객의 불만도 많았습니다. 그래서 안내 문구도 여러 차례 수정하면서 노력했습니다. 만개했을 때만 꽃이 예쁜 것이 아니라는 점을 알려드리면서 꽃이 피어나는 과정을 함께 지켜봐 달라고요. 실제로 만개했을 때보다 덜 폈을 때 예쁜 꽃도 있었습니다.

지금은 정말 행복해질 정도로 좋은 후기가 많아요. 밖에 못 나가는데 꽃이 있어서 너무 힐링된다, 먹고 싶을 정도로 신선하다 등등, MD에게 "위로가 되는" 후기들이 점점 쌓이고 있다고 합니다.

소비자들의 좋은 반응 덕분에 SKU를 공격적으로 늘리고, 12개월 내내 꽃을 바꿔가면서 마치 에버랜드의 튤립축제, 장미축제 같은 것들을

식탁으로 가져오는 시도를 하게 되었습니다. 소비자 모두가 플로리스트가 되는 것이지요. 12월에는 화분도 론칭합니다. 계절별 필요에 맞춰 국내 농가에서 길러진 화분을 집으로 들이시도록 소개하는 것이죠.

**Q. 상품을 개발하시는 노하우는 무엇인가요?**

기존에 있는 것들 중에 새로운 경험을 전달하는 것이 중요한 것 같습니다. 그런데 모든 상품이 완벽할 수는 없습니다. 소비자가 너무 빠르게 변하거든요. 어디에서 사용하느냐에 따라 상품 특징과 고객 호응은 변할 수 있다고 봅니다. 공간적인 부분에서 사용함에 따라 상품의 특징과 고객호응은 변할 수 있다. 70%정도의 확신이 있으면 파트너들과 제안하고 진행하는 것이 좋다고 판단했습니다. 예를 들어 저희 상품 중에 단백질과 맛을 살린 간식류는 마켓컬리에서 처음 론칭했다가 지금은 카카오 선물하기 올가 등 다양한 채널로 입점하게 되었습니다.

**Q. 마켓컬리라는 채널을 선택하게 된 계기는 무엇인가요? 마켓컬리의 어떤 점이 좋은지 궁금합니다.**

선도를 유지하기 위해서는 수확에서 배송까지 시간을 최소화하는 것이 가장 중요했습니다. 마켓컬리는 입고시간이 오후 3시라 수확하자마자 바로 전달될 가능성이 가장 높은 채널이라고 생각했죠. 처음에는 서울 근교인 춘천 화훼농가에서 출발했는데 지금은 전라도 지역까지 확대해서 상품을 입고하고 있습니다.

무엇보다 마켓컬리는 일단 힙합니다. 다른 곳에 없는, 새로운 것을 찾는 것이 컬리의 구매 모토죠. 그래서 새로운 상품을 받아들이는 것에 컬리가 적합하다고 판단했습니다. 사실 직매입방식이고, 지금껏 꽃을 새벽배송하는 사례가 없었고, 직매입 방식이기 때문에 리스크가 무척 큰 일이었는데 이렇게 도전적인 면을 마켓컬리에서 흔쾌히, 과감하게 받아주었고, 다행히 성공적으로 시장에 안착할 수 있었습니다.

**Q. 온라인 채널은 코로나19 이전에도 성장해 왔지만 코로나19가 특히 신선 원예농산 품목의 성장속도를 가속화시킨 것일까요?**

신선 원예농산 품목은 타 품목에 비해 온라인 구매율이 낮은 품목이었습니다. 그런데 코로나19가 더 많은 소비자들에게 신선 원예농산 품목을 온라인으로 구매하는 경험을 제공하여 온라인 시장을 한층 더 도약하게 한 트리거 역할을 하고 있다고 봅니다. 일상적으로 꽃을 구매하는 경험이 없었지만, 마켓컬리에서 다른 제품을 배송시킬 때 호기심으로 한 번 구매해 본 경험이 집이라는 공간이 더 중요해진 코로나19 상황과 잘 맞아떨어지면서 재구매 행동을 일으킨 것이죠. 농산 품목의 경우도 마찬가지입니다. 코로나19 이전에도 온라인 신선식품 시장이 성장하고 있긴 했지만, 여전히 "농산물은 직접 보고 사야지"라고 생각하던 소비자들에게 긍정적인 경험을 갖게 한 것이죠. 앞으로 이 시장은 더 확대될 것으로 봅니다.

물론 온라인 채널의 특징에 맞춰서 전략을 수립해야 합니다. 예컨대, 오프라인의 경우 몇 개의 초저가 미끼상품을 내세워 소비자들을 끌어 모을 수 있지만 온라인의 경우 그렇지 않습니다. 어떤 상품이 팔리고 있는지, 그리고 무료배송이 가능한 금액 내 장바구니에 담기는 식품의 합산금액으로 판단합니다. 축적된 데이터를 바탕으로 해당 시기에 소비자들이 어떤 품목들을 구매하는지 파악하고, 그에 맞게 적절한 상품기획 및 가격전략을 수립할 필요가 있습니다.

그리고 가능하다면 오프라인에서만 전달할 수 있는 가치와 보완적 관계를 유지하는 것이 중요합니다. 신세계의 스타필드 사례처럼, 오프라인은 소비자의 경험을 극대화시키는 방향으로 온라인 채널과 오프라인 채널 간 보완 관계를 유지하는 것이 중요할 것입니다.

사진: 마켓컬리

Q. 그렇다면 포스트 코로나 시대에 신선
원예농산 품목의 주요 전략은 무엇일까요?

타 품목들에 비해 신선 원예농산 품목에는
가격대가 높은 상품을 쉽게 찾을 수 없기에
중요하지 않게 보일 수 있는 품목입니다. 하지만,
이마트를 필두로 한 기존의 오프라인 리테일러
강자들은 농산 매대에 굉장히 신경을 씁니다.
왜일까요? 가공식품으로는 경쟁우위를 가져오기
어렵습니다. 어떤 소매점에서 구매하든 그 품질이
매한가지이니까요. 하지만, 원예농산 품목은
차별화를 꾀할 수 부분이 많습니다. 예컨대,
다양한 외관 및 관능적인 차별화를 보이는
품종을 진열하고, 다양한 레시피를 제안할 수
있습니다.

즉, 온라인 채널에서도 신선 원예농산 품목의
경쟁력을 내세워야 합니다. 하지만, 신선 원예농산
품목은 표준화하기 어렵고, 자연환경적인 변수가
많이 작용하고, 대규모 농가도 많이 없기에
표준화된 공산품처럼 접근하면 큰 코 다치기
쉽습니다. 마치 증권가의 애널리스트처럼, 충분한
노하우와 축적된 경험이 굉장히 중요합니다. 제일
좋은 것은 신선 원예농산 구매 역량을 꾸준히
키우는 것인데, 시간이 많이 필요하죠.

그렇기에 10~20년의 구매핵심역량을 갖고
있는 사람을 영입하거나, 이러한 역량을 가진
사람/기업과 파트너십을 체결해야 합니다.
마켓컬리가 이런 부분을 참 잘 합니다. 또한
각 품목에 대한 이해가 높은 전문가들과의
파트너십을 체결하여 구매역량을 강화하고 있죠.

현재 오프라인 채널을 필두로 한 이마트
등의 기존 리테일러들과 마켓컬리, 쿠팡 등의
채널이 온라인에서 주도권을 잡으려 노력하고
있지만, 경쟁사의 범위가 넓어지면서 경쟁은 더욱
치열해지고 있습니다. 신선 원예농산 식자재
시장만 하더라도 기존의 식자재 기업 간 경쟁에서
쿠팡, 오픈마켓과의 경쟁으로 확장되고 있습니다.
포스트 코로나 시대에서의 식품산업의 관전
포인트는, 누가 신선 원예농산 품목의 경쟁우위를
가져가느냐가 될 것입니다.

인터뷰, 이동민

# 맺으며

코로나19는 식품산업의 성장속도를 가속 혹은 감속시켰으며, 경쟁의 범위와 흐름의
방향을 뒤바꾸었다. 진입기에 들어서며 서서히 성장하고 있던 밀키트와 새벽배송
영역의 성장 속도가 가속화되고, 성숙기에 놓인 육가공 간편식은 더 치열해진 경쟁을
보인다. 그리고 쇠퇴기로 넘어간 것으로 보였던 조미향신료와 수산물 단백질이
재도약하여 성장하고 있다.

이러한 변화의 흐름은 집밥이라는 키워드로 설명될 수 있다. 코로나19 이후,
사람들은 제약된 상황과 시간 속에서 지켜내고 싶은 일상의 면면들에 더 집중한다.
특히, 가장 많은 시간을 보내게 된 '집'이라는 공간이, 그리고 그 공간에서 먹어야
하는 밥에 대한 의미부여가 커지게 되었다. 이러한 경향은 한 끼를 허투루 먹지
않으려는 소비자의 단호함을 더욱 단단하게 한다. 하지만, 하루에도 몇 번씩
째깍째깍 찾아오는 끼니시간은 집밥을 준비하는 주부들에게는 괴로운 시간이었을
테다. 취업주부의 비중이 늘어나고, 외식이나 간편식을 통해 익숙해진 간편한
식사준비 탓에 매번 신선식품으로 건강한 한 끼를 차리기엔 어려운 상황이
되어버렸다. 집밥 2.0은 이렇게 한끼를 간편하게, 그러나 제대로 먹고자 하는
소비자의 욕구를 반영하는 개념이다. 신선식품의 존재를 강조하며 간편하게 조리가
가능한 밀키트, 집밥의 맛을 더하는 조미향신료, 영양가 있는 한 끼를 위한 육류 및
수산물 단백질, 그리고 집밥을 더 편리하게 준비하게 하는 새벽배송의 성장세가 이를
설명한다.

집에서의 한 끼가 더욱 중요해지며, 소비자들은 그 한 끼에 대해 더 집중할 것이다.
즉, 소비자들은 식품에 대해 더욱 까다로워지게 될 것을 의미한다. 더불어 많은
접점들이 비대면화 되면서 경쟁의 영역이 더욱 넓어지면서 경쟁이 더욱 치열해질
것이다. 급격하게 모든 것이 변해 버린 이 상황 속에서, 이 책을 통해 농식품산업 내
구성원들이 다양한 힌트를 찾아낼 수 있길 바란다.

강릉원주대학교 식품가공유통학과<br>
이동민 교수

# 푸드 트렌드 연구 후기

매년 하반기가 시작될 때마다 각오를 다지지만, 신기하게도 매년 수월해지기보다 점점 더 어려운 듯하다. 그만큼 랩 구성원 모두 의미 있는 트렌드를 발굴하기 위해 고군분투하고 있다는 걸 알아주었으면 좋겠다.

이번에 참여한 주제 '육류 간편식'에서는 선수에 가까운 시장 데이터를 처음 분석해 보았다. 우리가 찾아낸 통찰이 업계에 도움이 될 수 있을 거라는 희망과 사명감을 느끼면서도 데이터에서 과연 현실성 있는 인사이트를 제공할 수 있을지 불안하기도 했다. 올해의 경험을 토대로 더 의미 있는 결과를 자신감 있게 제시할 만큼 발전해 나가길 희망해 본다. 박서영 연구원

지난 트렌드 매거진 1호 취향존중, 2호 펀슈머, 3호 뉴밀리어를 준비했을 때보다 4호를 준비하는 것이 유난히 더 힘들었고, 그래서 더 애정이 간다. 해를 거듭해갈수록 나 자신도, 우리 연구실도 식품 산업을 바라보는 시각이 한층 성숙해지고 넓어지는 것 같다. 특히, 팀 작업을 하며 성장하고 있음을 느낀다. 올해 연구에는 하나의 주제에 할당된 팀원들의 수가 4~7명으로 이전 작업과 비교해서 많은 편이었다. 팀을 리딩하면서 팀원들의 의견을 듣고 피드백이 오가는 과정과 후배와 함께 팀을 공동 리딩하는 과정을 통해서 많은 것을 배울 수 있었다. 임하람 연구원

팀원들과 함께 시중에 출시된 1,600여 개의 밀키트를 가격, 용량, 조리방법, 조리시간 등을 조사하면서 소비자들의 니즈에 맞게 다양한 재료와 소스를 활용한 제품이 많이 출시되고 있음을 확인할 수 있었다. 그리고 육가공 신제품 출시 추이와 카테고리별 매출액을 분석하면서 국내 소비자들의 육가공 소비 트렌드를 다방면으로 파악할 수 있었다는 점이 인상 깊다. 예상과 같이 도출되었던 결과가 있는 반면, 의외로 감소하거나 줄어드는 추이를 보이는 육가공 카테고리도 있어 흥미롭게 분석에 임할 수 있었다. 분석을 통해 도출된 결과가 다양한 필드에 계신 분들에게 도움이 되었으면 좋겠다는 바람이다. 이서윤 연구원

작년, 재작년에 이어 3번째 책 작업에 참여하지만, 매번 새로운 마음으로, 새로운 관점으로 바라보려고 노력한다. 항상 더 좋은 내용을 전달하고 싶어 욕심이 난다. 부푼 기대로 데이터를 분석하고 뿌듯함으로 책을 마무리 지으며 한층 더 성장했음을 느낄 수 있어 감사하다.

2020년은 코로나19로 시작해서 코로나19로 끝나는 한 해인 것 같다. 코로나19의 영향으로 우리의 식생활도 많이 바뀌고 있는데, 그중에서도 밀키트의 성장은 나에게 가장 궁금한 주제였다. 그렇기 때문에 '신선하고 간편하게, 2020 밀키트' 주제를 진심으로 대할 수 있었다. 작년 270개 제품 조사에 이어서 올해 5월에 673개, 10월에 1,010개 제품을 다루었다. 제품을 조사하는 과정에서 다른 주제의 구성원 모두가 참여해 주어서 큰 도움이 되었다. 특히 밀키트 팀과의 정기적인 회의를 통해서 소통하는 법을 배웠고, 인사이트를 뽑아내는 창의력을 키울 수 있었다. 황지희 연구원

올해로 세 번째 트렌드 작업을 맞이하게 되었다. 데이터 분석에 있어서 가장 어려운 점은 인사이트를 도출하는 것이라 생각한다. 데이터는 특정 현상에 대한 동향을 보여줄 수는 있어도 '왜?'라는 물음에 대한 대답은 주지 않기 때문에 이 부분에 대한 고민이 깊어질수록 연구자의 역량이 향상된다고 믿는다. 현장 조사나 전문가 인터뷰도 마다하지 않고 지식의 폭을 넓혀가는 것이 진정한 연구자가 되는 길이라는 것을 알게 되었다. 이 과정을 푸드비즈랩에서 함께할 수 있어서 감사하다. 신현숙 연구원

'농식품 시장의 소비트렌드는 어떻게 변할까?' 궁금증을 가지고 시작한 한 해를 푸드 트렌드 책으로 마무리한다. 매년 하반기, 트렌드의 축이 될 주제에 대한 아이데이션을 시작으로 랩 전원이 트렌드 작업에 몰두한다. 매년 이 시기가 되면 어떤 주제에 참여하게 될지 설레기도 하고 한편으로는 우여곡절이 시작되겠다는 한숨과 함께 다양한 감정과 마주한다.

'첫 단추를 잘 끼워야 한다'는 말이 있듯 어떤 일에서도 첫 순간이야말로 매우 중요하고 의미가 깊다. 이번 푸드트렌드 4호는 많은 첫 단추를 끼워보는 시도를 할 수 있었다는 점에서 더욱 뜻깊고 감회가 남다르다. 첫 챕터인 '식생활을 바꾸다, 코로나19 임팩트' 주제를 맡게 되어 책임감을 가지고 작업에 임할 수 있었으며, 공동 리딩을 통해 팀 구성원들을 이끌어 나가기 위한 리더의 역할을 조금이나마 배울 수 있었다. '집밥의 부활, 조미향신소스유지류' 주제를 통해 이제까지 깊게 들여다보지 않았던 조미향신료 분야를 탐색함으로써 식품 산업을 바라보는 시야를 넓힐 수 있었다. 함께 고생해준 모든 연구실 구성원들에게 감사를 전한다. 김나영 연구원

푸드 트렌드를 준비하는 횟수가 늘어날수록 책임감도 커져가는 것 같다. 시간이 갈수록 더 애착이 커지기도 하겠지만 무엇보다도 나의 분석과 해석이 미칠 영향에 대해 더욱 실감하고 있기 때문이 아닐까 싶다. 올해는 총 세 개의 주제에 참여했다. "산지의 신선함을 담아서, 커뮤니티 농산가공"은 각 품목에 대해 다양한 가설을 세우고 다각도로 분석을 진행했다. 이 과정 자체가 내게는 뼈저린 배움이 아니었나 생각한다. "특별함에서 일상으로, 새벽배송"의 경우, 새벽배송 산업 자체가 우리 생활 속에 스며든지 오래되지 않아 데이터로 접근하는 데 까다로웠으나, 한정된 데이터로도 그 파급력을 실감할 수 있어 놀라웠다. 마지막으로 "바다에서 찾은 대체 단백질, 수산가공식품"은 어종에 대해서 많이 공부할 수 있었던 작업이 아니었나 생각한다. 돌아보니, 올해의 푸드 트렌드도 배움의 여정이었다. 박여운 연구원

미식(美食)이란 무엇일까? 비싼 음식을 먹고 고급 바에 가는 것일까? 전혀 아니다. 미식과 관련해 가장 많이 언급되는 브리야 사바랭은 '미식예찬'에서 미식을 음식과 관련된 모든 지식으로 해석한다. 특히 그의 책에서 빈번히 인용되는 문장인 '당신이 먹는 것을 말해준다면, 당신이 누군지 알려주겠다'를 통해 먹는 것이 사회적이고 정치적인 의미로 확대될 수 있음을 시사한다. 그러나 브리야 사바랭이 책을 집필했던 19세기 초에는 식문화와 계급의 연관성이 매우 밀접하게 연관되어 있어 미식은 하나의 특권이었다. 그러나 지금은 어떤가. 미식을 향유하는 사람이 늘어감에 따라 그 의미가 대중적으로 공유되고 있다.

미식은 나의 취향을 아는 것으로부터 시작한다. 내가 어떤 식재료를, 어떻게 조리하여, 어떤 곳에서 무엇과 함께 먹는지 말이다. 이와더불어 식재료와 음식의 가치에 대한 이해가 접목된다면 미식으로 나아갈 수 있으리라. 본인의 취향을 아는 것은 다양한 경험으로부터 비롯된다면, 그 경험과 더불어 식재료와 음식의 가치에 대한 이해에 도움을 줄 수 있는 곳이 바로 이 트렌드 매거진이다. 한 장 한 장 데이터와 관계자분들의 경험을 토대로 한 식문화 인사이트를 담았다. 이 책이 보는 사람으로 하여금 미식과 한 발자국 더 가까워지며 매일의 음식 소비가 조금 더 까다로워지길 소망한다. 최수현 연구원

2019년 11월 연구실에 들어온 이후, 여름부터 반 년 가까이 몰두한 '푸드 트렌드 매거진' 작업은 녹록지 않았다. 말끔히 데이터를 가공하는 것부터 이를 기반으로 변화를 감지하고 인사이트를 남기는 것까지, 일련의 과정에 세심함을 기울여야 했으며 때로는 일이 뜻대로 풀리지 않아 초조하고 답답한 마음이 들곤 했다. 그러나 힘든 과정을 지나 돌아보니, 열과 성을 다해 작업한 네 가지 주제가 이번 매거진에 오롯이 자리잡아 뿌듯한 마음이 크다. 무엇보다 이 작업물이 농식품 산업에 종사하는 다양한 분야의 관계자 분들에게 영감을 주고, 선한 영향력을 줄 수 있는 연결고리가 되기를 바란다. 이찬형 연구원

푸드 트렌드 1, 2, 3권이 나올 때마다 책을 구입했던 애독자로서 '나도 언젠가 이 작업에 참여할 수 있으면 좋겠다'고 막연히 생각해 왔는데 2021년 푸드 트렌드 4호 작업에 직접 참여할 수 있게 되어 영광이었다. 데이터를 분석하는 것부터 유의미한 결과를 도출하는 것까지 모든 과정이 흥미로웠고, 교수님들, 선배들과 협업하며 어떠한 방식으로 인사이트를 도출해 나가는지 크게 배웠다. 개인적으로는 해수산물 중 "왜 뜨는지, 왜 지는지"에 대한 해답을 찾는 것이 어려웠던 어종들이 기억에 남는다. 랩 구성원 모두가 힘을 합쳐 만든 푸드트렌드 책이 다양한 분야에 계신 분들에게 좋은 자료로 쓰이길 바라고, 올해 참여한 경험을 바탕으로 다음 푸드트렌드엔 더욱 성숙한 연구원으로서 참여하고 싶다. 많은 것을 배우게 해주신 연구실 구성원 모두께 감사의 인사를 전한다. 이현정 보조연구원

책을 읽는 독자의 입장에만 있다가 그 반대의 경험을 처음으로 하여 설레기도 했지만 한편으로는 많은 사람들이 주목하고 관심이 있어서 약간 부담이 됐다. 선배들께서 방향을 잘 잡아 주시고 도움을 주셔서 무사히 마무리 할 수 있지 않았나 싶다. 총 3가지 파트에 참여하면서 단기간에 스스로 많이 성장할 수 있었다. 그간 실험으로 입증하던 공학의 세계에 있다가, 데이터를 기반으로 분석하여 가설을 검정하고 인사이트를 도출하는 사회과학의 세계에 들어오니 그 일련의 과정 하나하나가 모두 흥미로웠고 재밌었다. 데이터는 연구자가 다루기 전까지 그저 한낱 정보 모음에 불과하지만, 이를 연구자가 의도에 맞게 분석하여 그 결과에 대해 고민하고 현상을 설명할 때 그 진가가 발휘된다고 생각한다. 그리고 이는 결국 연구자의 역량과 관련이 있기 때문에 앞으로 나의 능력을 더욱 키워 다음 푸드트렌드 작업에 더 많이 기여하고 싶다. 푸드비즈니스랩의 노고가 가득 들어간 이 책이 많은 사람들에게 도움이 되었으면 좋겠다. 황신하 보조연구원

맛있게 먹는 것을 좋아하던 내가 연구원이 되어 푸드 트렌드 연구에 참여한 것은 매우 뜻깊은 경험이었다. 현재 트렌드로 자리잡고 있는 식품들을 연구하는 작업을 통해 사람들의 소비 패턴은 정직하며, 이유 없는 변화는 없음을 알 수 있었다. 변화를 날카롭게 주시하고 알맞은 대응을 보이는 것이 식품산업에서의 핵심이 아닐까 싶다. 김창규 보조연구원

평생 음악을 공부했지만 어린시절부터 음식에 대한 넘치는 호기심으로 대학 졸업 후 덜컥 런던으로 떠나 여러 주방에서 일하며 외식업과 요리에 대한 호기심을 해소했다. 그러다 한국과는 또 다른 분위기인 런던의 슈퍼마켓에 매료되어 식품업과 유통업이라는 새로운 영역을 탐구하게 되었다. '어떻게 런던 슈퍼마켓 매대에는 세상의 트렌드가 오롯이 반영되어 있고, 소비자의 취향이 담긴 다양한 선택지들이 즐비할까? 어떻게 하면 한국의 소비자들도 이런 혜택을 당연하게 누릴 수 있을까?' 부러움과 아쉬움, 궁금증이 무질서하게 뒤엉켜져 있을 때쯤, 이 질문에 해답을 얻을 수 있는 곳, 푸드비즈니스랩을 알게 되었다.

올해의 푸드 트렌드에서 결코 빠질 수 없는 주제였던 밀키트는 코로나19라는 예측불가능한 이 시대에 가장 역동적으로 성장한, 몇 안되는 아이템이 아닐까 싶다. 이 낯설고 흥미로운 주제를 하나씩 뜯어보고 깊게 분석할수록, 매년 밀키트는 까다로워지는 소비자뿐만 아니라 자연과 환경을 위해 점점 진화하고 있었다(아직 밀키트를 경험해보지 않은 독자분들이 있다면 간편하고 기발한 이 아이템을 꼭 시도해보시길 권하고 싶다!). 또한 데이터를 통해 추이를 분석하고 재미난 인사이트를 발견하면서 분석이 이렇게 흥미로운 것임을 알 수 있던 것도 크나큰 수확이었습니다. 부디 독자분들께서도 이 책을 통해 귀한 인사이트를 얻으신다면 더 바랄게 없겠습니다. 김가은 보조연구원